My Larousse English - French French - English Dictionary in colour

Marthe Fonteneau

Claude Gauvin
agrégé de l'Université

Margaret Melrose, M.A. (Edinburgh)

Illustrated by
S.-E. Bagge

HAMLYN
London · New York · Sydney · Toronto

Foreword

This dictionary is intended for beginners: pupils of first and second years (first foreign language) and third year (second foreign language) in secondary schools; but older pupils will no doubt find in it many a phrase which they have forgotten or never learnt.

It has two essential characteristics:

The reader will find *a French-English and an English-French lexicon in one volume*. It is indispensable for him to use both lexicons consistently when looking up the meaning or use of a word. Every word is illustrated by a sentence showing its use in the meaning given in the entry; when a given word is represented in the other language by several terms, as many sentences illustrate its different uses. A word without such an illustration in one part of the dictionary will be given one in the other.

More than *3,400 simple sentences*—all of them different— and their translations present the more generally used idiomatic forms. The reader *must look for these sentences in both parts of the book, because each half completes and enriches the other*. Thus the reader should find it easier to avoid mistranslation and, moreover, will find this a useful training in the use of more complete dictionaries.

Pupils will no longer encounter words in isolation and devoid of life. As soon as they begin learning a new language, words will be given their place and meaning in a coherent whole, corresponding to the more usual forms of the spoken or written language.

Entries—about 1,700 of them for each part of the dictionary—have been chosen in conformity with the more widely used vocabulary of each language and with a view to their adaptation to the interests and everyday life of children between 10 and 14.

Those words which have been gathered in *vocabulary tables* (from 700 to 800 words for each language) are more specialized and fairly easy to use. They have been included to answer occasional interests.

No grammatical rule is provided. They are only suggested by examples in which the young reader will find confirmation of rules taught at school.

It is suggested that the reader who has time for it should pick out series of sentences in one language and try to memorize their translation (some of these are quite easy in this respect).

The reader can also pick out sentences dealing with any given centre of interest and constitute for himself a stock of useful phrases. Thus he will find more than 150 phrases about clothing, upwards of 130 about eating, 80 about the weather, 40 about road traffic, railways and cars...

He can also select those phrases which illustrate the use of linking words, verbal forms, interrogative or negative constructions, without mentioning phrases which he may find amusing and will naturally memorize.

The pronunciation of each entry is given in conformity with the international phonetic alphabet; its only aim is to prevent the reader from reading the entry in the pronunciation of his native language.

a, an [ei, æn] : un, une
They met an old man. *Ils ont rencontré un vieillard.*
A bird is singing in the tree. *Un oiseau chante dans l'arbre.*

le, la
You must set a good example.
Tu dois (Vous devez) donner le bon exemple.
◆ but : I go to my parents' twice a month.
Je vais chez mes parents deux fois par mois.
Her mother is a teacher. *Sa mère est professeur.*

to be able ['eibl] (to) : être capable (de)
I think he is able to succeed.
Je crois qu'il est capable de réussir.

pouvoir
Will he be able to come? *Pourra-t-il venir?*

about [ə'baut] : autour (de)
Bees were buzzing about his ears.
Des abeilles bourdonnaient autour de ses oreilles.

çà et là
She is picking up cockles about the beach.
Elle ramasse des coques çà et là sur la plage.

à peu près
The room was about three metres long.
La pièce avait à peu près trois mètres de long.

de, au sujet de
I know what I am talking about. *Je sais de quoi je parle.*

above [ə'bʌv] : au-dessus (de)
We live on the floor above. *Nous habitons l'étage au-dessus.*

accident ['æksidənt] n. : accident
They had an accident on their way to Scotland.
Ils ont eu un accident en allant en Écosse.

to ache [eik] v. : faire mal
My head aches. *La tête me fait mal.*

to have ...ache : avoir mal à ...
I have a headache. *J'ai mal à la tête.*

across [ə'krɔːs] : à travers
Tom Thumb ran across the meadow.
Tom Pouce courut à travers la prairie.

idée de traverser
to walk across : *traverser en marchant*
to fly across : *traverser en volant...*

to add [æd] v. : ajouter
Add some butter to the tomato sauce.
Ajoutez du beurre à la sauce tomate.

addition [ə'diʃən] n. : addition

address [ə'dres] n. : adresse
Did you write the address on the envelope?
As-tu (Avez-vous) écrit l'adresse sur l'enveloppe?

to be afraid [ə'freid] : avoir peur
He is not afraid of him. *Il n'a pas peur de lui.*

after [ɑ'ftə*] : après
Dad will come after six p.m.
Papa viendra après six heures du soir.

afternoon ['ɑːftə'nuːn] n. : après-midi
They do not go to school on Saturday afternoon.
Ils ne vont pas en classe le samedi après-midi.

again [ə'gein] : encore
Try again. *Essaie encore. Essayez encore.*

re...
Will you, please, read it again? *Voulez-vous le (la) relire?*

against [ə'geinst] : contre
"He that is not with me is against me."
« Celui qui n'est pas avec moi est contre moi. »

age [eidʒ] n. : âge
We are the same age.
Nous sommes du même âge. Nous avons le même âge.

ago [ə'gou] : il y a
I went to Italy two years ago.
Je suis allé en Italie il y a deux ans.

air [ɛə*] n. : air

BY AIR   PAR AVION

● **A four-engined plane** : un quadrimoteur - **a glider** : un planeur - **gliding** : le vol à voile - **a helicopter** : un hélicoptère - **a jet (plane)** : un avion à réaction. ● **An aircraft-carrier** : un porte-avions - **the Air Force** : L'Armée de L'Air - **a bomber** : un bombardier - **a fighter** : un avion de chasse - **a parachute** : un parachute - **a sea-plane** : un hydravion. ● **An airport** : un aéroport - **the first flight** : le baptême de l'air - **a hangar** : un hangar - **height** : l'altitude - **the line** : la ligne - **the runway** : la piste d'envol - **the sound-barrier** : le mur du son - **a plane crash** : un accident d'avion. ● **The cockpit** : la carlingue - **a compass** : une boussole - **the joy-stick** : le manche à balai - **the radar** : le radar - **a safety belt** : une ceinture de sûreté - **a propeller** : une hélice - **a tank** : un réservoir. ● **A crew** : un équipage - **a parachutist** : un parachutiste - **a hostess** : une hôtesse. ● **To crash (down)** : s'abattre - **to glide** : glisser, planer - **to land** : atterrir - **to take off** : décoller, s'envoler - **to fly over** : survoler.

airman [ɛə*mən] (pl. airmen) n. : aviateur

alarm-clock [ə'lɑ:mklɔk] n. : réveil

Get up! The alarm-clock has rung! *Debout! Le réveil a sonné!*

alike [ə'laik] adj. : pareil, eille

Are those stamps alike? *Ces timbres sont-ils pareils?*

to be, to look alike : se ressembler

"To be alike as two peas in a pod"
(comme deux pois dans une gousse).
« *Se ressembler comme deux gouttes d'eau.* »

all [ɔ:l] : tout, toute; tous, toutes

"All roads lead to Rome." « *Tous les chemins mènent à Rome.*»

all right : d'accord

— Buy some bread. — All right.
— *Achète du pain.* — *D'accord.*

all the same : quand même

The address was wrong, but the parcel arrived all the same.
L'adresse était fausse, mais le paquet est arrivé quand même.

to allow [ə'lau] v. : permettre

I can't allow dancing in this classroom!
Je ne peux pas permettre de danser dans cette salle!

to be allowed to : pouvoir; avoir la permission de

You are allowed to walk on the grass.
Vous pouvez (Vous avez la permission de) marcher sur l'herbe.
He was allowed to camp here.
On lui a permis de camper ici. Il a eu la permission de camper ici.

almost ['ɔ:lmoust] : presque

He is almost never at home. *Il n'est presque jamais à la maison.*

alone [ə'loun] adj. : seul, seule

Françoise remained alone for three days.
Françoise est restée seule pendant trois jours.
Leave her alone. *Laisse-la tranquille.*

along [ə'lɔŋ] : le long de

The boats are lying along the bank.
Les bateaux sont le long de la rive.

already [ɔ:l'redi] : déjà

Have you already been to Montreal?
Êtes-vous déjà allés à Montréal?

also ['ɔ:lsou] : aussi

Will you also come with us?
Viendras-tu (Viendrez-vous) aussi avec nous?

always ['ɔ:lweiz] : toujours

I shall always stay with my grandmother.
Je resterai toujours avec ma grand-mère.

a.m. (ante meridiem) : du matin

The baker comes at eight a.m.
Le boulanger passe à huit heures du matin.

America [ə'merikə] n. : Amérique

There are many great scientists in America.
Il y a beaucoup de grands savants en Amérique.

American [ə'merikən] adj. : américain, aine

an American : un Américain, une Américaine

She married an American.
Elle a épousé un Américain.
Elle s'est mariée avec un Américain.

the Americans : les Américains

The Americans have big cars.
Les Américains ont de grandes voitures.

and [ænd] : et

John and Charles are playing together.
Jean et Charles jouent ensemble.
§ three hundred and twenty : *trois cent vingt.*

and so on : etc.

angry ['æŋgri] : en colère

Don't get angry with me! I'll do it!
Ne te mets pas en colère contre moi! Je le ferai!

animal ['æniməl] n. : animal
The horse is a domestic animal.
Le cheval est un animal domestique.

another [ə'nʌðə*] adj. : un autre, une autre
But that's another story. *Mais c'est une autre histoire.*

answer ['ɑːnsə*] n. : réponse
This boy has an answer to everything.
Ce garçon a réponse à tout.

to answer v. : répondre (à)
We talked to her, but she didn't answer.
Nous lui avons parlé, mais elle n'a pas répondu.

any ['əni] : n'importe quel, quelle
Any pupil can do this exercise.
N'importe quel (quelle) élève peut faire cet exercice.

n'importe lequel, laquelle
Take any of these ties.
Prenez n'importe laquelle de ces cravates.

tout, toute
Meals are served at any time. *On sert les repas à toute heure.*

de, de la, du, des
Did you sell any eggs? *Avez-vous vendu des œufs?*

en
Do you want any? *En voulez-vous? En veux-tu?*

not any : aucun, aucune
You have not any pride. *Vous n'avez aucune fierté.*

anybody ['enibɔdi], **anyone** ['eniwʌn] : quelqu'un
Is there anyone outside? *Y a-t-il quelqu'un dehors?*

personne
I don't see anyone.
Je ne vois personne.

n'importe qui
It could happen to anyone. *Ça pourrait arriver à n'importe qui.*

anyhow ['enihau] : n'importe comment
He sings anyhow. *Il chante n'importe comment.*

anything ['eniθiŋ] : n'importe quoi
I am so hungry I could eat anything.
J'ai si faim que je mangerais n'importe quoi.

quelque chose
Is there anything in the fridge?
Y a-t-il quelque chose dans le réfrigérateur?

anywhere ['eniwɛə*] : (n'importe) où
Go anywhere you like, but leave me alone.
Allez où vous voulez, mais laissez-moi tranquille.

quelque part
Were you going anywhere?
Allais-tu (Alliez-vous) quelque part?

(at) any time : n'importe quand
I shall arrive at any time.
J'arriverai n'importe quand (à n'importe quelle heure).

to appear [ə'piə*] v. : apparaître

apple ['æpl] n. : pomme
Do you want any apple-sauce with your roast-pork?
Veux-tu (Voulez-vous) de la compote de pommes avec ton (votre) rôti de porc?

April ['eipril] n. : avril

arm [ɑːm] n. : bras
They are walking arm-in-arm.
Ils marchent bras dessus, bras dessous.

arm [ɑːm] n. : arme

army ['ɑːmi] n. : armée

● **The captain** : le capitaine - **a general** : un général - **an officer** : un officier - **a regiment** : un régiment - **a sentry** : une sentinelle - **a soldier** : un soldat. ● **The barracks** : la caserne - **a flag** : un drapeau - **a sentry box** : une guérite. ● **A bomb** : une bombe - **a bullet** : une balle - **a gun** : un canon, un fusil - **a machine-gun** : une mitrailleuse - **a pistol** : un pistolet - **a revolver** : un revolver - **a shell** : un obus - **a tank** : un tank - **the report** : la détonation. ● **A battle** : une bataille - **an enemy** : un ennemi - **a defeat** : une défaite - **victory** : la victoire. ● **To attack** : attaquer - **to command** : commander - **to conquer** : vaincre.

armchair [ɑːmtʃɛə*] n. : fauteuil
He is sitting in a leather armchair.
Il est assis dans un fauteuil de cuir.

around [ə'raund] : autour (de)
There is plenty of snow around the house.
Il y a beaucoup de neige autour de la maison.

to arrive [ə'raiv] v. : arriver
Peter did not arrive in time to catch the boat.
Pierre n'est pas arrivé à temps pour attraper le bateau.

as [æz] : comme
As we were going into the school, the bell started ringing.
Comme nous entrions dans l'école, la cloche commença à sonner.

en
He was disguised as a cow-boy. *Il était déguisé en cow-boy.*

as ... as : aussi ... que
Come as often as you like.
Viens (Venez) aussi souvent que tu voudras (vous voudrez).

to be ashamed [ə'ʃeimd] : avoir honte (de)

You ought to be ashamed.
Tu devrais avoir honte.

to ask [ɑːsk] **(for)** v. : demander

Whom are you asking for?
Qui demandez-vous (demandes-tu)?

to ask to : inviter à

asleep [ə'sliːp] adj. : endormi, e

The baby was asleep in its mother's arms.
Le bébé était endormi dans les bras de sa mère.

to fall asleep : s'endormir

ass [æs] n. : âne

at [æt] : à, à la, au, aux

They learn French at school.
Ils apprennent le français à l'école.

at ...'s (house, shop) : chez

I bought nothing at the butcher's (shop).
Je n'ai rien acheté chez le boucher.

to pay attention (to) : faire attention (à)

Pay attention to your work. *Fais attention à ton travail.*

August ['ɔːgəst] n. : août

autumn ['ɔːtəm] n. : automne

I like the colours of autumn. *J'aime les couleurs de l'automne.*

average ['ævəridʒ] n. : moyenne

An average of fifty kilometres an hour is quite normal.
Une moyenne de cinquante kilomètres à l'heure est tout à fait normale.

to avoid [ə'vɔid] v. : éviter (de)

awake [ə'weik] adj. : réveillé, ée

Get up as soon as you are awake.
Lève-toi aussitôt que tu es réveillé.

to awake v. (1) : (se) réveiller

Ann awoke at ten this morning.
Ce matin, Anne s'est réveillée à dix heures.

away [ə'wei] : idée d'éloignement

to run away : *s'éloigner en courant.*
to sweep away : *enlever en balayant...*

baby ['beibi] n. : bébé

back [bæk] n. : dos

My name is on the back of the book.
Mon nom est sur le dos du livre.

arrière

The bicycle is not in the backyard.
La bicyclette n'est pas dans l'arrière-cour.

fond

He always sit at the back of the car.
Il s'asseoit toujours au fond de la voiture.

verbe + back : idée de recul

Please, stand back. *Reculez, s'il vous plaît.*

idée de retour

We shall be back for dinner.
Nous serons de retour pour dîner.

bad [bæd] adj. : mauvais, aise

The little boy received a bad blow.
Le petit garçon a reçu un mauvais coup.

badly ['bædli] : mal

This child has been badly brought up.
Cet enfant a été mal élevé.

bag [bæg] n. : sac

Mary is looking for her shopping bag.
Marie cherche son sac à provisions.

to bake [beik] v. : cuire (au four)

baker ['beikə*] n. : boulanger

The baker bakes bread in an oven.
Le boulanger cuit le pain dans un four.

baker's : boulangerie

ball [bɔːl] n. : balle, ballon

Rugby football is played with an oval ball.
Le rugby se joue avec un ballon ovale.

bank [bæŋk] n. : bord

(bank-)note [nout] n. : billet (de banque)

Can you change this ten pound note for two five pound notes?
Pouvez-vous changer ce billet de dix livres contre deux de cinq?

bare [bɛə*] adj. : nu, nue

Trees are bare in winter. *Les arbres sont nus en hiver.*

basket ['bɑːskit] n. : panier

bath [bɑːθ] n. : bain, baignoire

Turn the tap off before the bath overflows.
Ferme le robinet avant que la baignoire ne déborde.

to bathe [beið] v. : (se) baigner

The children were bathing in the river.
Les enfants se baignaient dans la rivière.

to be [biː] v. (2) : être

I am very strong. *Je suis très fort.*
She was not here. *Elle n'était pas ici.*
Where will they be in a week?
Où seront-ils (elles) dans une semaine?
She is pretty, isn't she?
Elle est jolie, n'est-ce pas?
They are gone. *Ils sont partis.*
It will be quickly done. *Ce sera vite fait.*

avoir

They are asleep. *Ils ont sommeil.*
You were right. *Tu avais (Vous aviez) raison.*
The river is ten feet deep.
La rivière a trois mètres de profondeur.

aller (= se porter)

He is not well today.
Il n'est pas bien aujourd'hui. Il ne va pas bien aujourd'hui.

aller (être allé ...)

Have you been to Paris? *Êtes-vous allés à Paris?*

to be ...ing : être en train de
She is writing to her mother.
Elle est en train d'écrire à sa mère.

beach [biːtʃ] n. : plage
We shall spend the afternoon on the beach.
Nous passerons l'après-midi sur la plage.

bean [biːn] n. : haricot

bear [bɛə*] n. : ours

beast [biːst] n. : bête
What wild beasts live in Africa?
Quelles bêtes sauvages vivent en Afrique?

to beat [biːt] v. (3) : battre
Our team has never been beaten.
Notre équipe n'a jamais été battue.

beautiful [bjuːtiful] adj. : beau, bel, belle
Look! What a beautiful present I have received!
Regarde! Quel beau cadeau j'ai reçu!

because [bi'kɔz] : parce que
He won because he was the best.
Il a gagné parce qu'il était le meilleur.

because of : à cause de

to become [bi'kʌm] v. (4) : devenir
David wants to become a sailor. *David veut devenir marin.*

bed [bed] n. : lit
What! You are not in bed yet!
Quoi! Tu n'es pas encorè au lit!

to go to bed : aller se coucher
He went to bed as soon as he got back.
Il est allé se coucher dès (= aussitôt après) son retour.

bedroom ['bedrum] n. : chambre à coucher
Our bedroom is on the first floor.
Notre chambre (à coucher) est au premier étage.

beef [biːf] n. : viande de bœuf

beefsteak [biːfsteik] n. : bifteck
We like our beefsteak well done.
Nous aimons notre bifteck bien cuit.

beer [biə*] n. : bière
Which kind of beer do you prefer? Ale or stout?
Quelle sorte de bière préférez-vous? La blonde ou la brune?

before [bifɔː*] : avant
I'll come before noon. *Je viendrai avant midi.*

to begin [bi'gin] v. (5) : commencer
We began school with gymnastics.
Nous avons commencé la classe par la gymnastique.

to begin again : recommencer

beginning [bi'giniŋ] n. : commencement

to behave [bi'heiv] (oneself) v. : se conduire, se tenir (bien)
Behave yourselves, children!
Tenez-vous (Conduisez-vous) bien, les enfants!

behind [bi'haind] : derrière
He pushed her from behind. *Il l'a poussée par-derrière.*
en arrière
Don't always remain behind. *Ne reste pas toujours en arrière.*

to believe [bi'liːv] v. : croire

bell [bel] n. : cloche
Can you see the bells in the steeple?
Vois-tu les cloches dans le clocher?

to belong [bi'lɔŋ] **to** v. : appartenir (à)
Does this dog belong to you? *Ce chien vous appartient-il?*

below [bi'lou] : au-dessous (de)
They live on the floor below. *Ils habitent à l'étage au-dessous.*

belt [belt] n. : ceinture

bench [benʃ] n. : banc
The benches of the public park are painted green.
Les bancs du jardin public sont peints en vert.

to bend [bend] v. (6) : (se) pencher
The mother was bending over her child's cot.
La mère se penchait au-dessus du berceau de son enfant.

to bend down : se baisser
He bent down to enter the shop.
Il s'est baissé pour entrer dans la boutique.

beside [bi'said] : à côté de

(the) best [best] : (le) meilleur, (la) meilleure
It's our best quality. *C'est notre meilleure qualité.*
le mieux
It's best to be quiet. *Le mieux est de rester tranquille.*

better ['betə*] : meilleur, eure
These cherries are better than the others.
Ces cerises sont meilleures que les autres.
mieux
You play better than my wife does.
Vous jouez mieux que ma femme.

to be better : valoir mieux

It is better to tell the truth. *Il vaut mieux dire la vérité.*

between [bi'twːin] : entre

beware [bi'wɛə*] **(of)** : attention à

Beware of pickpockets! *Attention aux pickpockets!*

bicycle ['baisikl] n. : bicyclette

He is practising for the bicycle race.
Il s'entraîne pour la course de bicyclette.

bike [baik] n. : vélo

He has no brakes on his bike. *Il n'a pas de freins à son vélo.*

big [big] adj. : gros, grosse

That's a big lie. *C'est un gros mensonge.*

    grand, grande

I was given a big box of sweets.
J'ai reçu une grande boîte de bonbons.

bird [bəːd] n. : oiseau

"A little bird told me..." *(Un petit oiseau m'a dit...)* =
« *Mon petit doigt m'a dit...* » (My little finger told me...).

birth [bəːθ] n. : naissance

He is an Englishman by birth. *Il est anglais de naissance.*

birthday [bəːθdei] n. : anniversaire

Happy birthday to you! *Joyeux anniversaire!*

bit [bit] n. : morceau

Take a bit of chalk and write on the blackboard.
Prenez un morceau de craie et écrivez sur le tableau.

    bout

Pass me a bit of string, please.
Passe-moi un bout de ficelle, s'il te plaît.

to bite [bait] v. (7) : mordre

Leave that dog alone or you'll get bitten.
Laisse ce chien tranquille ou tu vas te faire mordre.

black [blæk] adj. : noir, noire

His face was black with soot. *Son visage était noir de suie.*

blanket ['blæŋket] n. : couverture

blind [blaind] adj. : aveugle

He has been blind for ten years. *Il est aveugle depuis dix ans.*

a blind man : un aveugle

blood [blʌd] n. : sang

blossom ['blɔsəm] n. : fleur (d'arbre)

Apple blossom is pink.
Les fleurs de pommier sont roses.

to blossom v. : fleurir [arbre]

blot [blɔt] n. : tache (d'encre)

blow [blou] n. : coup

They came to blows. *Ils en sont venus aux coups.*

to blow [blou] v. (8) : souffler

The wind blew all last night.
Le vent a soufflé toute la nuit.
◆ Blow your nose! *Mouche-toi!*

blue [bluː] adj. : bleu, bleue

He has blue eyes. *Il a les yeux bleus.*

board [bɔːd] n. : planche

Where did you put the ironing board?
Où as-tu mis la planche à repasser?

    tableau

Look at the time-table on the board.
Regarde l'horaire sur le tableau.

boat [bout] n. : bateau

The fishing boats are sailing in. *Les bateaux de pêche rentrent.*

HE MISSED THE BOAT!   IL A MANQUÉ LE BATEAU!

● **A barge** : une péniche - **a canoe** : un canoë - **a cargo-boat** : un cargo - **a ferry-boat** : un ferry-boat - **a life-boat** : un canot de sauvetage - **a liner** : un paquebot - **a motor-boat** : une vedette - **a raft** : un radeau - **a rowing-boat** : une barque - **a sailing-boat** : un bateau à voile - **a speed-boat** : un hors-bord - **a submarine** : un sous-marin - **a tanker** : un pétrolier - **a torpedo-boat** : un torpilleur - **a tug-boat** : un remorqueur - **a yacht** : un yacht. ● **An anchor** : une ancre - **the bows** : la proue - **a cabin** : une cabine - **the deck** : le pont - **the funnel** : la cheminée - **a mast** : un mât - **the rudder** : le gouvernail - **a sail** : une voile - **the stern** : la poupe - **the**

pitch : le tangage - **the roll** : le roulis. ● **The diver** : le scaphandrier - **the captain** : le commandant - **a naval officer** : un officier de marine - **a ship-boy** : un mousse - **the crew** : l'équipage. ● **The cargo** : la cargaison - **the passage** : la traversée - **a shipwreck** : un naufrage. ● **The buoy** : la bouée - **the crane** : la grue - **the docks** : les docks - **the lighthouse** : le phare - **the pier** : la jetée. ● **To be a good sailor** : avoir le pied marin - **to board** : embarquer - **to float** : flotter - **to go ashore** : descendre à terre - **to row** : ramer - **to sink** : sombrer, couler.

body ['bɔdi] n. : corps
Physical education develops the body.
L'éducation physique développe le corps.

to boil [bɔil] v. : (faire) bouillir
Go and boil some water please.
Va faire bouillir de l'eau, s'il te plaît.

bone [boun] n. : os

book [buk] n. : livre
We bought a cookery-book in France.
Nous avons acheté un livre de cuisine en France.

bookcase [bukeis] n. : bibliothèque (meuble)

bookseller [bukselə*] n. : libraire

bookshop [bukʃɔp] n. : librairie
There is a good bookshop opposite our school.
Il y a une bonne librairie en face de notre école.

to be bored [bɔː*d] : s'ennuyer
He is bored in the country. *Il s'ennuie à la campagne.*

to be born [bɔːn] : naître — **born** adj. : né, née
Shakespeare was born in 1564. *Shakespeare est né en 1564.*

both [bouθ] : (tous) les deux
You'll both go. *Vous irez tous les deux.*

　　l'un et l'autre
I'm waiting for them both. *Je les attends l'un et l'autre.*

bottle ['bɔtl] n. : bouteille
Bring us a bottle of good French wine.
Apportez-nous une bouteille de bon vin français.

bottom ['bɔtəm] n. : bas
The boy ran to the bottom of the street.
Le garçon courut jusqu'au bas de la rue.

　　fond
The bottom of the pail is rusty. *Le fond du seau est rouillé.*

box [bɔks] (pl. **boxes**) n. : boîte
Go and buy a box of matches.
Va acheter une boîte d'allumettes.

　　caisse
There is a mouse's nest in the old box.
Il y a un nid de souris dans la vieille caisse.

boy [bɔi] n. : garçon
You could do better, my boy.
Tu pourrais faire mieux, mon garçon.

branch [brɑːntʃ] n. : branche
The squirrel jumps from branch to branch.
L'écureuil saute de branche en branche.

bread [bred] n. : pain

to break [breik] v. (9) : (se) casser
Patrick broke his arm playing rugby.
Patrice s'est cassé le bras en jouant au rugby.

　　(+ out) éclater
The war broke out in 1914. *La guerre éclata en 1914.*

breakfast ['brekfəst] n. : petit déjeuner
She drinks tea with her breakfast.
Elle boit du thé à son petit déjeuner.

to breathe [briːð] v. : respirer

bridge [bridʒ] n. : pont

bright [brait] adj. : brillant, ante
Her eyes were bright with joy.
Ses yeux brillaient de joie.

to bring [briŋ] v. (10) : apporter

to bring back : rapporter
Don't forget to bring back your books.
N'oubliez pas de rapporter vos livres.

to bring up : élever (des enfants)
They are well brought up children.
Ce sont des enfants bien élevés.

broad [brɔːd] adj. : large
Our teacher is broad-minded. *Notre professeur a l'esprit large.*

broom [bruːm] n. : balai

brother ['brʌðə*] n. : frère
My brother-in-law is a farmer. *Mon beau-frère est fermier.*

brown [braun] adj. : brun, brune

brush [brʌʃ] (pl. **brushes**) n. : brosse
I've left my toothbrush at home.
J'ai laissé ma brosse à dents à la maison.

　　pinceau
We can't paint; our brushes are worn out.
Nous ne pouvons pas peindre ; nos pinceaux sont usés.

to brush v. : brosser

bud [bʌd] n. : bouton (de fleur)

to build [bild] v. (11) : bâtir, construire
The new school will be built here.
On construira ici la nouvelle école.

building [bildiŋ] n. : bâtiment

bunch [bʌnʃ] n. : bouquet

to burn [bəːn] v. (12) : (se) brûler
I burnt my tongue with hot tea.
Je me suis brûlé la langue avec du thé très chaud.

to **burst** [bəːst] v. (13) : éclater
They burst out laughing. *Ils (Elles) éclatèrent de rire.*

bus [bʌs] (pl. **buses**) n. : autobus, (auto)car
I couldn't arrive in time because my bus was late.
Je n'ai pu arriver à l'heure parce que mon autobus (autocar) était en retard.

business ['biznis] n. : affaires
His father is in business. *Son père est dans les affaires.*

commerce
He bought a hardware business.
Il a acheté un commerce de quincaillerie.

BUSINESS AND MONEY   L'ARGENT ET LES AFFAIRES

● **An account** : un compte - **a bank** : une banque. ● **Exchange** : le change - **a cheque** : un chèque - **a debt** : une dette - **an inheritance** : un héritage - **interest** : l'intérêt - **a money-box** : une tirelire - **money-paper** : du papier-monnaie - **a savings bank** : une caisse d'épargne - **a treasure** : un trésor - **a signature** : une signature. ● **A bargain** : une bonne affaire - **profit** : le bénéfice - **to sell at a loss** : vendre à perte - **quality** : la qualité - **quantity** : la quantité. ● **Honest** : honnête - **wealthy** : (très) riche. ● **To borrow** : emprunter - **to make a fortune** : faire fortune - **to inherit** : hériter - **to save** : économiser - **to sign** : signer.

to **be busy** ['bizi] : être occupé à
She is busy cooking lunch. *Elle est occupée à faire le déjeuner.*

but [bʌt] : mais
It's expensive but good. *C'est cher mais bon.*

butcher ['butʃə*] n. : boucher
The butcher sells beef, veal, mutton and pork.
Le boucher vend du bœuf, du veau, du mouton et du porc.

butcher's (shop) : boucherie

butter ['bʌtə*] n. : beurre
He is eating bread and butter. *Il mange du pain beurré.*

butterfly ['bʌtəflai] n. : papillon

button ['bʌtn] n. : bouton
Could you sew this button on for me?
Pourriez-vous me coudre ce bouton?

to **buy** [bai] v. (14) : acheter
I bought it from Selfridge's.
Je l'ai acheté(e) chez Selfridge's.

by [bai] : à
Potatoes are sold by the pound.
Les pommes de terre se vendent à la livre.

par
Begin by drinking your soup.
Commence par manger ta soupe.

près (de)
We shall have a house by the river.
Nous aurons une maison près de la rivière.

en
She spoilt her sight by reading too much.
Elle s'est abîmé la vue en lisant trop.

cabbage ['kæbidʒ] n. : chou

cake [keik] n. : gâteau
"They sell like hot cakes."
« *Ça se vend comme des petits pains* » (*pains* = rolls).

calf (pl. **calves**) [kɑːf, kɑːvz] n. : veau
A calf has just been born on the farm.
Un veau vient de naître à la ferme.

to **call** [kɔːl] v. : appeler
Mummy is calling us for dinner.
Maman nous appelle pour dîner.

to **be called** : s'appeler, se nommer
What is he called? *Comment s'appelle-t-il? (se nomme-t-il?)*

camel ['kæməl] n. : chameau

camera ['kæmərə] n. : appareil photographique

can [kæn] (preterite : **could**) v. : pouvoir (capacity)
Peter Pan could fly like a bird.
Peter Pan pouvait voler comme un oiseau.

savoir
They can swim. *Ils (Elles) savent nager.*
She could not drive. *Elle ne savait pas conduire.*

(conditional) **could**
He could succeed if he worked harder.
Il pourrait réussir s'il travaillait davantage.

cap [kæp] n. : casquette
His cap is navy blue. *Sa casquette est bleu marine.*

car [kɑː*] n. : auto, voiture
He has a new car. *Il a une nouvelle voiture (auto).*

card [kɑːd] n. : carte
Please, show me your identity card.
Montrez-moi votre carte d'identité, s'il vous plaît.

to **take care** (of) : prendre soin (de)
Take care of it; it's fragile. *Prends-en soin; c'est fragile.*
I don't care! *Je m'en moque!*

faire attention
Take care or you'll fall! *Fais attention ou tu tomberas!*

careful ['kɛəful] adj. : prudent, ente
Dad is a careful driver. *Papa est un conducteur prudent.*

careless ['kɛəlis] adj. : imprudent, ente

carpet [ˈkɑːpit] n. : tapis
The carpet in the passage is worn out.
Le tapis du couloir est usé.

carriage [ˈkærids] n. : wagon
a railway carriage : *un wagon de chemin de fer.*

to **carry** [ˈkæri] v. : porter
Quickly go and carry the good news to them.
Porte-leur (Portez-leur) vite la bonne nouvelle.

transporter
I can't carry this bag.
Je ne peux pas porter ce sac.

to **carry away** : emporter
The student carries his books away under his arms.
L'étudiant emporte ses livres sous son bras.

cash-desk [kæʃdesk] n. : caisse

castle [ˈkɑːsl] n. : château
Warwick has a beautiful castle. *Warwick a un beau château.*

cat [ˈkæt] n. : chat

● Puss, pussy : chat - a kitten : un chaton - my pet : mon petit chat -
Puss in Boots : le Chat botté. ● To miaow : miauler - to purr : ron-
ronner - to sharpen its claws : faire ses griffes.

to **catch** [kætʃ] v. (15) : attraper
He managed to catch his train.
Il s'est arrangé pour attraper son train.

ceiling [ˈsiːliŋ] n. : plafond

cellar [ˈselə*] n. : cave
The cellar is very dark. *La cave est très sombre.*

chain [tʃein] n. : chaîne
I broke my bicycle-chain. *J'ai cassé la chaîne de ma bicyclette.*

chair [tʃeə*] n. : chaise

change [tʃeindʒ] n. : monnaie
Don't forget to count your change.
N'oubliez pas de compter votre monnaie.

to **change** [tʃeindʒ] v. : changer (de)
You'll change trains at Birmingham.
Vous changerez de train à Birmingham.

cheap [tʃiːp] : bon marché
Your suit-case is cheaper than mine.
Ta (Votre) valise est meilleur marché que la mienne.

cheek [tʃiːk] n. : joue
Kiss him on both cheeks. *Embrassez-le sur les deux joues.*

cheese [tʃiːz] n. : fromage
Chester cheese is a good English cheese.
Le chester est un bon fromage anglais.

chemist [ˈkemist] n. : pharmacien

cherry [ˈtʃeri] (pl. **cherries**) n. : cerise
These cherries have very small stones.
Ces cerises ont de très petits noyaux.

chicken [ˈtʃikin] n. : poulet
Do you like chicken soup? *Aimes-tu le potage au poulet?*

chief [tʃiːf] n. : chef

child (pl. children) [tʃaild, ˈtʃildrən] n. : enfant
Children need plenty of sleep.
Les enfants ont besoin de beaucoup de sommeil.
"Caution: Children!" *«Attention aux enfants!»*

chimney [ˈtʃimni] n. : cheminée

chocolate [ˈtʃɔkəlit] n. : chocolat
I am specially fond of milk chocolate.
J'aime surtout le chocolat au lait.

to **choose** [tʃuːz] v. (16) : choisir
What dress did she choose? *Quelle robe a-t-elle choisie?*

Christian name : prénom

Christmas [ˈkrisməs] n. : Noël
Merry Christmas to you all! *Joyeux Noël à vous tous!*

church [tʃəːtʃ] n. : église
It is a twelfth century church.
C'est une église du douzième siècle.

cigarette [sigəˈret] n. : cigarette
Cigarettes are sold at the tobacconist's.
On vend les cigarettes au bureau de tabac.

cinema [ˈsinimə] n. : cinéma

circus [ˈsəːkəs] n. : cirque
We went to the circus.
Nous avons été au cirque.

city [ˈsiti] (pl. **cities**) n. : ville
New York City is among the greatest cities in the world.
(La ville de) New York est parmi les plus grandes villes du monde.

class [klɑːs] n. : classe
He travels first class. *Il voyage en première classe.*

classroom n. : salle de classe

clean [kliːn] adj. : propre
"As clean as a new pin."
« Propre comme un sou (= penny) neuf. »

to **clean** v. : nettoyer

clear [kliə*] adj. : clair, claire
His explanation is clear, we understand it well.
Son explication est claire, nous la comprenons bien.

to clear v. : débarrasser

Clear the way, please!
Dégagez (= débarrassez) le chemin, s'il vous plaît!

clerk [klɑːk] n. : employé (de bureau)

to climb [klaim] **(up)** v. : monter, grimper

My car climbs hills easily.
Ma voiture monte (grimpe) facilement les côtes.

clock [klɔk] n. : horloge, pendule

This clock looks nice on the mantlepiece.
Cette pendule (horloge) fait bien sur la cheminée.

... o'clock : ... heure(s)

It is ten o'clock. *Il est dix heures.*

to close [klouz] v. : fermer

This gate closes at nightfall.
Cette porte ferme à la nuit tombante.

cloth [klɔθ] (pl. **cloths**) n. : tissu

I like the cloth of your suit.
J'aime le tissu de votre costume.

    nappe

Joan embroidered this table-cloth. *Jeanne a brodé cette nappe.*

clothes [kləuðz] n. pl. : vêtements

CLOTHES : VÊTEMENTS

Ladies' wear : vêtements de dames - **an apron** : un tablier - **a blouse** : un corsage - **a brassière** : un soutien-gorge - **a corset** : un corset - **a girdle** : une gaine - **an evening dress** : une robe du soir - **a jewel** : un bijou - **a nightdress** : une chemise de nuit - **pants** : une culotte, un slip - **a petticoat** : un jupon - **a slip** : une combinaison. ● **Men's wear** : vêtements d'hommes - **braces** : les bretelles - **suspenders** : les jarretelles - **a vest** : un maillot de corps - **pyjamas** : un pyjama - **a pullover** : un pullover - **a pair of pants** : un slip, un caleçon - **a waistcoat** : un gilet. ● **A beret** : un béret - **a cap** : un bonnet - **a crown** : une couronne - **a bowler, felt, soft, straw, top hat** : un chapeau melon, de feutre, mou, de paille, haut de forme. ● **A boot** : une botte - **a clog** : un sabot - **a canvas-shoe** :

une espadrille - **polish** : du cirage - **a sandal** : une sandale - **a shoe-lace** : un lacet - **a shoemaker** : un cordonnier - **the size** : la pointure. ● **To button** : boutonner - **a buttonhole** : une boutonnière - **a coat-hanger** : un cintre - **cotton** : du coton - **a dressmaker** : une couturière - **a dry-cleaner** : un teinturier - **embroidery** : de la broderie - **a garment** : un vêtement - **a hem** : un ourlet - **a hook** : une agrafe - **to hook up** : agrafer - **to knit** : tricoter - **a knot** : un nœud - **lace** : de la dentelle - **a laundry** : une blanchisserie - **the lining** : la doublure - **to mend** : raccommoder - **Nylon** : du Nylon - **a pattern** : un patron - **pleated** : plissé(e) - **a spool** : une bobine - **a stitch** : un point - **a tailor** : un tailleur - **a thimble** : un dé - **velvet** : du velours - **to weave** : tisser - **a zip fastener** : une fermeture éclair.

cloud [klaud] n. : nuage

What a cloud of dust! *Quel nuage de poussière!*

coach : see MOTOR-COACH

coal [koul] n. : charbon

coast [koust] n. : côte

The south coast of England is bordered with cliffs.
La côte sud de l'Angleterre est bordée de falaises.

coat [kout] n. : manteau

Her coat has a large fur collar.
Son manteau a un grand col de fourrure.

    veste

He has a badge on his coat. *Il a un écusson sur sa veste.*

cock [kɔk] n. : coq

The cock crows : "Cook-a-doodle-doo!"
« *Le coq chante :* « *Cocorico!* »

coffee ['kɔfi] n. : café

Do you want some more coffee? *Voulez-vous encore du café?*

coin [kɔin] n. : pièce (de monnaie)

How much is this coin worth? *Combien vaut cette pièce?*

cold [koud] adj. : froid, froide

Come! The dinner is quite cold.
Venez (Viens)! Le dîner est tout à fait froid!

    n. : rhume

He has a heavy cold in the head.
Il a un gros rhume de cerveau.

to catch a cold : s'enrhumer

to have a cold : être enrhumé

The whole family has got a cold.
Toute la famille est enrhumée.

COLD COUNTRIES   PAYS FROIDS

The blizzard : le blizzard - **a fiord** : un fiord - **an iceberg** : un iceberg - **the ice-pack** : la banquise - **the polar night** : la nuit polaire - **the North pole** : le pôle Nord - **the South Pole** : le pôle Sud - **the tundra** : la toundra. ● **A caribou** : un caribou - **an Eskimo** : un Esquimau - **an elk** : un élan - **a harpoon** : un harpon - **an ice-breaker** : un brise-glace - **an igloo** : un igloo - **a kayak** : un kayak - **a sledge** : un traîneau.

colour ['kʌlə*] n. : couleur

comb [koum] n. : peigne

to comb v. : (se) peigner
Go and comb your hair. *Va te peigner.*

to come [kʌm] v. (17) : venir
Peter won't come today. *Pierre ne viendra pas aujourd'hui.*

to come and + verbe : venir + infinitive
Claudia will come and get her tea.
Claude viendra prendre son thé.

to come back : revenir
I shall not come back here. *Je ne reviendrai pas ici.*

   rentrer
When will your father come back?
Quand ton père rentre-t-il?

to come in : entrer
Come in and shut the door. *Entre et ferme la porte.*

to come near : (s') approcher
Come near me. *Approche-toi (Approchez-vous) de moi.*

to come out : sortir
Have you ever seen a chick come out of its shell?
As-tu jamais vu un poussin sortir de l'œuf?

on the **contrary** ['kɔntrari] : au contraire

to cook [kuk] v. : (faire) cuire
Did you cook the carrots? *As-tu fait cuire les carottes?*

cooking [kukiŋ] n. : cuisine (action)
The cook does his cooking on a gas-cooker.
Le cuisinier fait sa cuisine sur un réchaud à gaz.

cool [kuːl] adj. : frais, fraîche
Keep in a cool place. *A tenir au frais.*

to cool v. : (se) refroidir
Put the milk outside to cool. *Mets le lait à refroidir dehors.*

to copy ['kɔpi] v. : copier
You'll copy this chapter out of your book.
Vous copierez ce chapitre dans votre livre.

copy-book n. : cahier

cork [kɔːk] n. : bouchon
The cork of the champagne bottle flew off.
Le bouchon de la bouteille de champagne a sauté.

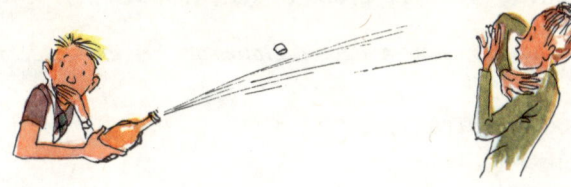

to cork v. : boucher

corn [kɔːn] n. : blé
Larks build their nests in cornfields.
Les alouettes font leurs nids dans les blés (= champs de blé).

   grain
Put a few peppercorns in it.
Mettez-y quelques grains de poivre.

corner ['kɔːnə*] n. : coin

correct [kə'rekt] adj. : exact, te
Are you sure this is the correct time?
Es-tu sûr (sûre) que c'est l'heure exacte?

could [kud] : preterite of CAN

to cost [kɔst] v. (18) : coûter
This suit cost him thirty pounds.
Ce costume lui a coûté trente livres.

to cough [kɔf] v. : tousser

to count [kaunt] v. : compter
Go and hide while I count up to ten.
Va te cacher pendant que je compte jusqu'à dix.

country ['kʌntri] n. : pays
What countries did you visit? *Quels pays avez-vous visités?*

   campagne
Country people are hard workers.
Les gens de la campagne travaillent dur.

courage ['kʌridʒ] n. : courage

courageous [kə'reidʒəs] adj. : courageux, euse
Be courageous, it will soon be over.
Sois courageux (courageuse), ce sera bientôt fini.

of course [kɔːs] : bien sûr
— Will you come with us? — Yes, of course.
— *Voulez-vous venir avec nous? — Oui, bien sûr.*

cousin ['kʌzn] n. : cousin, ine

cover ['kʌvə*] n. : couverture

to cover v. : couvrir
The ground is covered with dead leaves.
Le sol est couvert de feuilles mortes.

cow [kau] n. : vache

cream [kriːm] n. : crème
I bought a jar of cream. *J'ai acheté un pot de crème.*

crop [krɔp] n. : récolte
The potato-crop is poor this year.
La récolte de pommes de terre est mauvaise cette année.

cross [krɔs] n. : croix
The Southern Cross is a group of stars that shines over the south seas.
La Croix du Sud est un groupe d'étoiles qui brillent au-dessus des mers du Sud.

to cross v. : traverser
Look both ways before you cross.
Regarde des deux côtés avant de traverser.

(pedestrian) crossing : passage clouté
He was knocked over on a pedestrian crossing.
Il a été renversé sur un passage clouté.

cross-roads : carrefour, croisement
Caution! Dangerous cross-roads!
Attention! Carrefour (Croisement) dangereux.

crowd ['kraud] n. : foule
The crowd was silent. *La foule était silencieuse.*

to cry [krai] v. : pleurer
The child got up, half laughing, half crying.
L'enfant s'est relevé, moitié riant, moitié pleurant.

cup [kʌp] n. : tasse
The tea-cups are in the cupboard.
Les tasses à thé sont dans le placard.

cupboard ['kʌbəd] n. : placard

to cure [kjue*] v. : guérir
This medicine has cured my rheumatism.
Ce médicament m'a guéri de mon rhumatisme.

curious ['kjuəriəs] adj. : curieux, euse
It was a curious little shop.
C'était une curieuse petite boutique.

curtain ['kəːtn] n. : rideau

customer ['kʌstəmə*] n. : client, cliente
This shop has many customers.
Ce magasin a de nombreux clients.

to cut [kʌt] v. (19) : (se) couper
Cut this melon in five. *Coupe (Coupez) ce melon en cinq.*

dad, daddy [dæd, dædi] n. : papa

dance [dɑːns] n. : danse

to dance v. : danser
I love dancing. *J'adore danser.*

danger ['deinʒə*] n. : danger

dangerous ['deinʒərəs] v. : dangereux, euse
Is this road dangerous? *Cette route est-elle dangereuse?*

dark [dɑːk] adj. : sombre
It's getting dark.
Il commence à faire sombre.

   obscur, re
This is a deep dark cave. *C'est une grotte profonde et obscure.*

   foncé, ée
dark-red : *rouge foncé* — dark-green : *vert foncé...*

   brun, brune
She is dark-skinned. *Elle a la peau brune.*

dark, darkness ['dɑːknis] n. : obscurité

date [deit] n. : date
What's the date today? *Quelle est la date d'aujourd'hui?*

daughter ['dɔːtə*] n. : fille
Their daughter is younger than their son.
Leur fille est plus jeune que leur fils.

day, daylight [dei, deilait] n. : jour
Day was breaking when we started.
Le jour se levait quand nous sommes partis.

day, daytime [deitaim] n. : jour, journée
I saw her one day as she was going through the village.
Je l'ai vue un jour qu'elle traversait le village.
The gardener can only work in the daytime.
Le jardinier ne peut travailler que le jour (= que la journée).
◆ but : Mother's Day : *La fête des Mères.*

dead [ded] adj. : mort, morte

a dead man : un mort
"Dead men tell no tales." « *Les morts ne parlent pas.* »

death [deθ] n. : (la) mort
He died a violent death. *Il est mort de mort violente.*

deaf [def] adj. : sourd, sourde
Please speak louder; I'm a bit deaf.
S'il vous plaît, parlez plus fort, je suis un peu sourd.

dear [diə*] adj. : cher, chère
This dealer became rich by buying cheap and selling dear.
Ce marchand s'est enrichi en achetant bon marché et en vendant cher.
Dear Mrs Smith. *Chère Madame (Smith).*

December [di'sembə*] n. : décembre

deep [diːp] adj. : profond, de

depth [depθ] n. : profondeur
The depth of the well is three metres.
La profondeur du puits est de trois mètres.

to defend oneself [di'fend] v. : se défendre
Defend yourself when you are attacked.
Défendez-vous quand vous êtes attaqué.

desk [desk] n. : bureau

dessert [di'zə:t] n. : dessert
Use your dessert spoon to eat your pudding.
Sers-toi de ta cuiller à dessert pour manger ton pudding.

to destroy [dis'trɔi] v. : détruire

dictionary ['dikʃənri] n. : dictionnaire
This is an English-French dictionary.
C'est un dictionnaire anglais-français.

did : preterit of DO

to die [dai] v. : mourir
He will make you die of laughing. *Il vous fera mourir de rire.*

difference ['difrəns] n. : différence

different ['difrənt] adj. : différent, te
Those two sisters have quite different characters.
Ces deux sœurs ont des caractères tout à fait différents.

difficult ['difikəlt] adj. : difficile

to dig [dig] v. (20) : creuser
A tunnel will be dug under the Channel.
Un tunnel sera creusé sous la Manche.

to dine [dain]; **to have dinner** v. : dîner
We shall have dinner at seven tonight.
Nous dînerons à sept heures ce soir.

dining-room n. : salle à manger
The dining-room and the sitting-room lead into each other.
La salle à manger et le salon communiquent.

dinner n. : dîner

direction [di'rekʃən] n. : direction
She is going in the same direction as you.
Elle va dans la même direction que vous (toi).
◆ Directions for use. *Mode d'emploi.*

    sens
He went away in the wrong direction.
Il est parti dans le mauvais sens.

dirty [də:ti] adj. : sale
Your hands are dirty, go and wash them.
Tes mains sont sales, va les laver.

to dirty v. : salir

to disappear [,disə'piə*] v. : disparaître
The ship is disappearing over the horizon.
Le navire disparaît à l'horizon.

to discover [dis'kʌvə*] v. : découvrir
Who discovered America? *Qui a découvert l'Amérique?*

dish [diʃ] (pl. **dishes**) n. : plat
Will you bring me a dish out of the side-board?
Veux-tu me sortir un plat du buffet?

dishcloth n. : torchon
Use a clean dishcloth to dry the glasses.
Sers-toi d'un torchon propre pour essuyer les verres.

to disobey [,diso'bei] v. : désobéir

distance ['distəns] n. : distance
What is the distance from London to Quebec?
Quelle est la distance de Londres à Québec?
We could not see anything at six metres' distance.
On ne voyait rien à six mètres de distance.

district ['distrikt] n. : quartier

to do [du:] v. (21) : faire
I have nothing to do today. *Je n'ai rien à faire aujourd'hui.*
Your room has not been done. *Ta chambre n'a pas été faite.*
Grandfather does his garden all day long.
Grand-père fait son jardin toute la journée.
(auxiliary)
I see her. *Je la vois.*
I do not see her. *Je ne la vois pas.*
Do you see her? *La voyez-vous?* — Yes, I do. *Oui.*

doctor ['dɔktə*] n. : docteur
Mummy sent for the doctor.
Maman a envoyé chercher le docteur.

dog [dɔg] n. : chien

BEWARE OF THE DOG!   ATTENTION AU CHIEN!

● **Greyhound** : un lévrier - **hound** : chien de chasse - **a pack** : une meute - **a poodle** : un caniche - **a sheep-dog** : un chien de berger - **a watch-dog** : un chien de garde. ● **The collar** : le collier - **the dog's food** : la pâtée - the fangs : les crocs - **the kennel** : le chenil, la niche - **free** : en liberté - **on leash** : en laisse - **faithful** : fidèle - **rabid** : enragé. ● **To bark** : aboyer - **to growl** : grogner - **to howl** : hurler - **to leap** : bondir - **to lick** : lécher.

doll, dolly [dɔl,'dɔli] n. : poupée

done [dʌn] : fait, faite
It's done! *C'est fait!*

fini, ie
"A woman's work is never done."
« *Le travail d'une femme n'est jamais fini.* »

donkey ['dɔŋki] n. : âne

door [dɔ:*] n. : porte
His name is on the front door.
Son nom est sur la porte d'entrée.

down [daun] : idée de descendre
She ran down the hill. *Elle a descendu la colline en courant.*
He rowed down the river. *Il a descendu la rivière en ramant.*

idée de baisser
The blinds are still down. *Les rideaux sont encore baissés.*
She looked down. *Elle baissa les yeux.*
All passengers down, please! *Tout le monde descend!*

downstairs [daun'stɛəz] : en bas
Leave your coat downstairs. *Laissez votre manteau en bas.*

to draw [drɔ:] v. (22) : tirer
He is drawing water from the well. *Il tire de l'eau du puits.*

drawer ['drɔ:ə*] n. : tiroir
The chest of drawers has seven drawers.
La commode a sept tiroirs.

to draw v. : dessiner
He drew the teacher's head!
Il a dessiné la tête du professeur!

drawing ['drɔ:iŋ] n. : dessin

dream [dri:m] n. : rêve

to dream v. (23) : rêver
You must have dreamt it! *Tu dois l'avoir rêvé!*

dress [dres] n. : robe
Her grandmother always wears black dresses.
Sa grand-mère porte toujours des robes noires.

costume
They were in their evening-dresses.
Ils étaient en costume de soirée.

to dress v. : s'habiller
I can dress and undress in the dark.
Je peux m'habiller et me déshabiller dans le noir.

drink [driŋk] n. : boisson

to drink v. (24) : boire
He was drinking milk out of a big bowl.
Il buvait du lait dans un grand bol.

to drive [draiv] v. (25) : conduire
My brother drives too fast. *Mon frère conduit trop vite.*

aller en voiture
We shall drive to Exeter. *Nous irons à Exeter en voiture.*

driver ['draivə*] n. : conducteur
The driver is wearing a white cap.
Le conducteur a une casquette blanche.

drop [drɔp] n. : goutte
A few drops were beginning to fall.
Quelques gouttes commençaient à tomber.

to drown [draun] v. : se noyer

drugstore ['drʌgstɔ:*] n. (U. S.) : drugstore, pharmacie

dry [drai] adj. : sec, sèche
Dry wood burns better than green wood.
Le bois sec brûle mieux que le bois vert.

to dry v. : sécher

to dry the dishes : essuyer la vaisselle
John and Jenny dry the dishes on Sundays.
Jean et Jeannette essuient la vaisselle le dimanche.

duck [dʌk] n. : canard

dumb [dʌm] adj. : muet, muette
He was born deaf-and-dumb.
Il est sourd et muet de naissance.

during ['djuəriŋ] : pendant

dust [dʌst] n. : poussière
He is covered with dust. *Il est couvert de poussière.*

to dust v. : essuyer

each [i:tʃ] : chacun, chacune
How many are there for each of us?
Combien y en a-t-il pour chacun (chacune) de nous?

chaque
Each flower has its own fragrance.
Chaque fleur a son propre parfum.

each other : se, s'
They are kissing each other.
Ils (Elles) s'embrassent.

ear [iə*] n. : oreille
I'll pull your ears, you, naughty boy!
Je te tirerai les oreilles, vilain garçon!

early ['ə:li] : tôt
Do your parents get up earlier than you?
Vos parents se lèvent-ils plus tôt que vous?

en avance
I arrived early at the station to buy my ticket.
Je suis arrivé en avance à la gare pour prendre mon billet.

to earn [ə:n] v. : gagner
Mr Smith earns more than Mr Simson.
M. Smith gagne plus que M. Simson.

earth [əːθ] n. : terre
The Earth revolves around the Sun.
La Terre tourne autour du Soleil.

easily [iːzili] : facilement
Helen is learning French easily.
Hélène apprend facilement le français.

easy ['iːzi] adj. : facile, simple
It's not easy to say. *Ce n'est pas facile à dire.*
The lesson was easier than the exercise.
La leçon était plus simple (facile) que l'exercice.

east [iːst] n. : est
London is in the south-east of England.
Londres est dans le Sud-Est de l'Angleterre.

to eat [iːt] v. (26) : manger
You have eaten nothing all day.
Tu n'as rien mangé de la journée.

edge [edʒ] n. : bord

egg [eg] n. : œuf
The hen is clucking; it has just laid an egg.
La poule chante; elle vient de pondre un œuf.

eight [eit] : huit — **eighth** [eitθ] : huitième

eighteen [ei'tiːn] : dix-huit

eighty ['eiti] : quatre-vingts

either ['aiðə*] : l'un ou l'autre
Give me either hand.
Donne-moi l'une ou l'autre main.

n'importe quel, quelle (de deux)
Give me either hand.
Donne-moi n'importe quelle main.

n'importe lequel, laquelle
— Give me your hand. — Which? — Either.
— Donne-moi la main. — Laquelle? — N'importe laquelle.

elder ['eldə*] adj. : aîné, ée (de deux)
They have two sons, but the elder lives with his grandmother.
Ils ont deux fils, mais l'aîné vit chez sa grand-mère.

eldest ['eldist] : aîné, ée
She is the eldest of five. *Elle est l'aînée de cinq.*

electric [i'lektrik] adj. : électrique

electricity [i'lektrisiti] n. : électricité
What should we do without electricity?
Que ferions-nous sans électricité?

elephant ['elifənt] n. : éléphant

eleven [i'levn] : onze

elsewhere [els'wɛə*] : ailleurs
It is more expensive here than elsewhere.
C'est plus cher ici qu'ailleurs.

empty ['empti] adj. : vide

to empty v. : vider
Empty your pockets. *Vide tes poches.*

end [end] n. : fin
I'll stay here to the end. *Je resterai ici jusqu'à la fin.*

bout
They are at the other end of the town.
Ils sont à l'autre bout de la ville.

to end v. : finir

engine ['endʒin] n. : machine
a steam-engine : *une machine à vapeur.*

locomotive
Our train stopped to change engines.
Notre train s'est arrêté pour changer de locomotive.

moteur (d'auto)

England ['ingland] n. : Angleterre
Have you already been to England?
Es-tu déjà allé en Angleterre?

English ['ingliʃ] adj. : anglais, se
— Do you speak English? — No, but I speak French very well.
— Parlez-vous anglais? — Non, mais je parle très bien français.

an **Englishman** ['ingliʃmən] n. : un Anglais
This Englishman is a great traveller.
Cet Anglais est un grand voyageur.

an **Englishwoman** ['ingliʃwumən] n. : une Anglaise

the **English** : les Anglais

to enjoy [in'dʒɔi] **oneself** v. : s'amuser

enough [i'nʌf] : assez
You are not tall enough. *Tu n'es pas assez grand.*
You'll have enough time to finish your homework.
Tu auras assez de temps pour finir tes devoirs.
That's enough! Be quiet! *C'est assez! Tais-toi!*

to enter ['entə*] v. : entrer
The steamer entered the harbour.
Le vapeur est entré dans le port.
◆ No entrance. *Entrée interdite. Défense d'entrer.*

envelope [in'veləp] n. : enveloppe
Did you seal the envelope? *As-tu cacheté l'enveloppe?*

equal ['iːkwəl] adj. : égal, le

even ['iːvən] : même
Even now, I'll not tell you.
Même maintenant, je ne te le dirai pas.

evening ['iːvniŋ] n. : soir

You will see him tomorrow evening.
Vous le verrez demain soir.

soirée

We shall spend the evening at home.
Nous passerons la soirée à la maison.

ever ['evə*] : toujours

Let's be friends for ever! *Soyons amis pour toujours!*

every ['evri] adj. : chaque, tous, toutes

I pay my rent every month.
Je paie mon loyer tous les mois (= chaque mois).

everybody ['evribɔdi], **everyone** ['evriwʌn] : chacun, chacune

Everyone knows what you have done.
Chacun sait ce que vous avez fait.

tout le monde

Everybody does it. *Tout le monde le fait.*

everyday ['evri'dei] : de tous les jours

It's more interesting than everyday work.
C'est plus intéressant que le travail de tous les jours.

everything ['evriθiŋ] : chaque chose

"A place for everything and everything in its place."
« Une place pour chaque chose et chaque chose à sa place. »

tout

Everything you see is for sale.
Tout ce que vous voyez est à vendre.

everywhere ['evriwɛə*] : partout

Hail fell everywhere. *La grêle est tombée partout.*

exam(ination) [igˌzæmi'neiʃən] n. : examen

They are sitting for their exam.
Ils (Elles) sont en train de passer leur examen.

except [ik'sept] : excepté

You can play everywhere except in this room.
Vous pouvez jouer partout excepté dans cette pièce.

exciting [ik'saitiŋ] adj. : passionnant, te

This story is more and more exciting.
Cette histoire est de plus en plus passionnante.

to **excuse** [eks'kjuːs] v. : excuser

exercise ['eksəsaiz] n. : exercice

I have not finished my French exercise.
Je n'ai pas fini mon exercice de français.

exercise-book : cahier

to **expect** [eks'pekt] v. : espérer

We expect his answer tonight.
Nous espérons sa réponse pour ce soir.

expensive [eks'pensiv] adj. : cher, chère; coûteux, euse

It's more expensive than last year.
C'est plus cher que l'année dernière.

experiment [eks'periment] n. : expérience (scientifique)

He is carrying out experiments in his laboratory.
Il fait des expériences dans son laboratoire.

to **explain** [eks'plein] v. : expliquer

eye [ai] n. : œil (pl. yeux)

I've got something in my eye.
J'ai quelque chose dans l'oeil.

face [feis] n. : figure, visage

The old man has a wrinkled face.
Le vieillard a une figure ridée.

◆ Look! He is making faces! *Regarde! Il fait des grimaces!*

factory ['fæktəri] n. : usine

fair [fɛə*] adj. : juste

fair play : franc jeu

That's not fair play! *Ce n'est pas jouer franc jeu!*

fair adj. : blond, blonde

to **fall** [fɔːl] v. (27) : tomber

It's a trap, don't fall into it.
C'est un piège, ne tombe pas dedans.

false [fɔːls] adj. : faux, fausse

family ['fæmili] n. : famille

The whole family is dining. *Toute la famille dîne.*

● An **adult** : un(e) adulte - **childhood** : l'enfance - **manhood** : l'âge d'homme - **a kid** : un gosse - **an old man** : un vieillard - **old age** : la vieillesse - **to come of age** : devenir majeur. ● **The bride** : la mariée - **the bride-groom** : le marié - **a fiancé(e)** : un(e) fiancé(e) - **a bachelor** : un célibataire - **an orphan** : un(e) orphelin(e) - **a single woman** : une céli- bataire - **a wedding** : un mariage - **a wedding-ring** : une alliance - a

widower : un veuf - **a widow** : une veuve - **to be in mourning** : être en deuil. ● An **aunt** : une tante - **a niece** : une nièce - **a nephew** : un neveu - **an uncle** : un oncle - **twins** : des jumeaux - **a father-in-law** : un beau- père - **a mother-in-law** : une belle-mère - **a son-in-law** : un gendre, un beau-fils - **a daughter-in-law** : une brue, une belle-fille - **a brother- in-law** : un beau-frère - **a sister-in-law** : une belle-sœur.

far [fɑ:*] : loin

Is it far from here? *Est-ce loin d'ici?*

farther, further ['fɑ:ðə*, fə:ðə*] : plus loin

It's farther than the bridge. *C'est plus loin que le pont.*

as far as : jusque

We shall go as far as the river. *Nous irons jusqu'à la rivière.*

how far ...? : (à) quelle distance ...? combien ...?

How far is it from the station to the seaside?
Quelle distance y a-t-il de la gare au bord de la mer? (= Combien y a-t-il de...)

jusque ...?

How far can you run? *Jusqu'où peux-tu courir?*

farm [fɑ:m] n. : ferme

FARMS AND FIELDS   FERMES ET CHAMPS

● **A barn** : une grange - **a cow-shed** : une étable - **a hen-house** : un poulailler - **a hutch** : un clapier - **a loft** : un grenier - **a dove-cot** : un pigeonnier - **a pigsty** : une porcherie - **the poultry-yard** : la basse-cour - **a shed** : un hangar - **a sheep-fold** : une bergerie - **the stable** : l'écurie. ● **The cattle** : le bétail - **a herd** : un troupeau - **the poultry** : la volaille. ● **The cow-herd** : le vacher - **a farm-hand** : un valet de ferme - **the farmer's wife** : la fermière - **a ploughman** : un laboureur - **the shepherd** : le berger. ● **A cart** : une charrette - **a plough** : une charrue - **a pump** : une pompe - **a tractor** : un tracteur - **a trough** : un abreuvoir - **a well** : un puits. ● **To harness** : atteler - **to milk cows** : traire les vaches - **to mow** : faucher - **to plough** : labourer - **to raise animals** : élever des animaux - **to sow** : semer. ● **Barley** : de l'orge - **clover** : du trèfle - **a dandelion** : un pissenlit - **an ear** : un épi - **hay** : le foin - **hops** : le houblon - **maize** : maïs - **a nettle** : une ortie - **oats** : l'avoine - **rye** : le seigle - **a sheaf** : une gerbe - **a truss of hay** : une botte de foin - **wheat** : du froment.

farmer [fɑ:mə*] n. : fermier

fashion ['fæʃən] n. : mode

fashionable ['fæʃənəbl] : à la mode

This hat is quite fashionable, isn't it?
Ce chapeau est à la dernière mode, n'est-ce pas?

fast [fɑ:st] : rapide

The current is too fast. *Le courant est trop rapide.*

vite

Did he run as fast as yesterday?
A-t-il couru aussi vite qu'hier?

to be fast : avancer (clock)

My watch is ten minutes fast.
Ma montre avance de dix minutes.

fat [fæt] adj. : gras, grasse

father [fɑ:ðə*] n. : père

Her father-in-law is very kind to her.
Son beau-père est très gentil avec elle.

fault [fɔlt] n. : faute

It is my fault. The fault is mine. *C'est ma faute.*

feather ['feðə*] n. : plume

I've found a pigeon's feather on my window-sill.
J'ai trouvé une plume de pigeon sur le rebord de ma fenêtre.

February ['februəri] n. : février

to feel [fi:l] v. (28) : (se) sentir

How do you feel today? *Comment te sens-tu aujourd'hui?*

to feel like : avoir envie de

feet [fi:t] : see FOOT

fellow ['felou] n. : camarade

◆ but : He is a good fellow. *C'est un bon garçon.*

to (go and) fetch [fetʃ] v. : aller chercher

Will you fetch my hat? I've left it upstairs.
Veux-tu aller chercher mon chapeau? Je l'ai laissé en haut.

few [fju:] : peu (de)

— Did you find many mushrooms? — No, I found very few.
— As-tu trouvé beaucoup de champignons? — Non, j'en ai trouvé très peu.

a few : quelques

I was in London a few days ago.
J'étais à Londres il y a quelques jours.

field [fi:ld] n. : champ

The hare ran away into the field of oats.
Le lièvre s'est sauvé dans le champ d'avoine.

terrain

It's a good playing-field. *C'est un bon terrain de jeux.*

fifteen ['fif'tiːn] : quinze

fifth [fifθ] : cinquième

fifty ['fifti] : cinquante

to **fight** [fait] v. (29) : se battre
We shall fight for our rights.
Nous nous battrons pour nos droits.

figure ['figə*] n. : chiffre
Your figure three looks like a five.
Votre chiffre trois ressemble à un cinq.

to **fill** [fil] **(up)** v. : remplir
Fill up my glass, I'm thirsty.
Remplis (Remplissez) mon verre, j'ai soif.

film [film] n. : film
Some silent films are still very funny.
Certains films muets sont encore très drôles.

finally ['fainəli] : enfin

to **find** [faind] v. (30) : trouver
You'll find him in his study. *Vous le trouverez dans son bureau.*

fine [fain] adj. : fin, fine
She wears fine linen. *Elle porte du linge fin.*

    beau (temps)
Fine weather is forecast for tomorrow.
Du beau temps est prévu pour demain.

finger ['fiŋgə*] n. : doigt
I have it at my finger-tips.
Je le (la) sais sur le bout du doigt.

to **finish** ['finiʃ] v. : finir
Well! I have finished this book at last!
Ouf! J'ai enfin fini ce livre!

fir-tree [fəː*] n. : sapin

fire ['faiə*] n. : feu, incendie
The fire burnt down the farm.
Le feu (= l'incendie) a détruit la ferme.
Fire! Fire! *Au feu!*

fireman ['faiə*mən] n. : pompier
She called for the firemen, but they came too late.
Elle appela les pompiers, mais ils sont venus trop tard.

fire-place n. : cheminée

first [fəːst] adj. : premier, ière
Read the first two pages carefully.
Lisez attentivement les deux premières pages.

    d'abord
I shall learn my lesson first. *J'apprendrai d'abord ma leçon.*

fish [fiʃ] n. : poisson
There are about twenty goldfish in the pond.
Il y a une vingtaine de poissons rouges dans le bassin.

to **fish** v. : pêcher
The angler fished all day. *Le pêcheur a pêché toute la journée.*

fishing ['fiʃiŋ] n. : pêche
The fishing-boats go out with the tide.
Les bateaux de pêche sortent avec la marée.

to **fit** [fit] v. : aller bien (grandeur)
This key fits. *Cette clé va bien.*
to fit like a glove : *aller comme un gant.*

five [faiv] : cinq

flame [fleim] n. : flamme
This wood burns without flames. *Ce bois brûle sans flammes.*

flat [flæt] n. : appartement
She rented a furnished flat. *Elle a loué un appartement meublé.*

    adj. : plat, plate
The country is rather flat round here.
Le pays est plutôt plat par ici.
a flat-bottomed boat : *un bateau à fond plat.*

floor [flɔː*] n. : étage
We live on the same floor as my sister.
Nous habitons au même étage que ma sœur.

    plancher
They sat down on the floor.
Ils se sont assis sur le plancher.

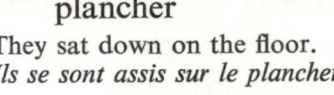

flour ['flauə*] n. : farine

to **flow** [flou] v. : couler
The river flows in the deep valley.
La rivière coule dans la vallé profonde.

flower ['flauə*] n. : fleur
The flowers are still in bud. *Les fleurs sont encore en bouton.*

to **flower** v. : fleurir

fly [flai] (pl. **flies**) n. : mouche

to **fly** v. (31) : voler
We were flying over the Atlantic.
Nous volions au-dessus de l'Atlantique.
◆ Time flies! *Le temps passe!*

to **fly away** : s'envoler
The butterfly flew away when I tried to catch it.
Le papillon s'est envolé quand j'ai essayé de l'attraper.

fog [fɔg] n. : brouillard
London on a foggy day. *Londres un jour de brouillard.*

to fold [fould] v. : plier

to follow ['folou] v. : suivre
She always follows the Paris fashion.
Elle suit toujours la mode de Paris.

following ['folouiŋ] adj. : suivant, te
Read the following directions carefully.
Lisez attentivement les indications suivantes.

to be fond [fond] **of :** aimer
Dad is fond of detective novels. *Papa aime les romans policiers.*

food [fuːd] n. : nourriture
In this hotel, the food is very good.
La nourriture est très bonne dans cet hôtel.

foot [fut] (pl. **feet**) n. : pied
My feet are cold. *J'ai froid aux pieds.*

on foot : à pied
I prefer going there on foot. *Je préfère y aller à pied.*

for [foː*] : pour
This letter is not for you. *Cette lettre n'est pas pour toi (vous).*

pendant
He was in prison for six months.
Il a été en prison pendant six mois.

depuis ; il y a
We have been working in this bank for two years.
Nous travaillons dans cette banque depuis deux ans. Il y a deux ans que nous travaillons dans cette banque.

to forbid [fo'bid] v. (32) : défendre
The doctor forbade him to smoke.
Le docteur lui a défendu de fumer.

forehead ['forid] n. : front

foreign ['forin] adj. : étranger, ère

foreigner ['forinə*] n. : étranger, ère
Foreigners always visit Westminster Abbey.
Les étrangers visitent toujours l'abbaye de Westminster.

forest ['forist] n. : forêt

to forget [fə'get] v. (33) : oublier
I have forgotten the date. *J'ai oublié la date.*

to forgive [fəːgiv] v. (34) : pardonner
Forgive them this naughty trick.
Pardonnez-leur ce vilain tour.

fork [foːk] n. : fourchette

form [foːm] n. : classe
Andrew is in the same form as Anthony.
André est dans la même classe qu'Antoine.

forty ['foːti] : quarante

four [foː*] : quatre — **fourth** [foːθ] : quatrième

fourteen [foː*tiːn] : quatorze

forward ['foːwəd] : idée d'avancer
She goes forwards instead of backwards.
Elle avance au lieu de reculer.

fox [foks] (pl. **foxes**) n. : renard
The old peasant was as sly as a fox.
Le vieux paysan était rusé comme un renard.

France [fraːns] n. : (la) France
France is a beautiful country. *La France est un beau pays.*

free [friː] adj. : libre
I shall not be free this afternoon.
Je ne serai pas libre cet après-midi.

gratuit, te
I've got a free ticket. *J'ai eu un billet gratuit.*

freedom ['friːdəm] n. : liberté

to freeze [friːz] v. (35) : geler
The lake is frozen. *Le lac est gelé.*

French [frentʃ] adj. : Français, -se
Pasteur was a great French scientist.
Pasteur était un grand savant français.

a Frenchman [frentʃman] n. : un Français

a Frenchwoman [-wumən] n. : une Française
Margaret speaks French as well as a Frenchwoman.
Marguerite parle français aussi bien qu'une Française

the French n. : les Français

fresh [freʃ] adj. : frais, fraîche
fresh fish : *poisson frais* — fresh milk : *lait frais.*

Friday ['fraidi] n. : vendredi
She is not at home on Fridays.
Elle n'est pas chez elle le vendredi.

friend [frend] n. : ami, amie
He made friends at school. *Il s'est fait des amis à l'école.*

fright [frait] n. : peur

to frighten [fraitən] v. : faire peur
Nothing frightens him. *Rien ne lui fait peur.*

from [from] : de
I go to the theatre from time to time.
Je vais au théâtre de temps en temps.
We have come back from our aunt's.
Nous sommes revenus de chez notre tante.

à partir de
The weather will be fine from tomorrow on.
Le temps sera beau à partir de demain.

in front of : devant
She fell in front of our house.
Elle est tombée devant notre maison.

en face de
I'll be waiting for you in front of the hospital.
Je t'attendrai en face de l'hôpital.

fruit [fruːt] n. : fruit
"A tree is known by its fruit."
« *On connaît l'arbre à ses fruits.* »

to fry [frai] v. : cuire (à la poêle); (faire) frire
I'll fry the steak while you are having your soup.
Je ferai cuire le bifteck pendant que tu mangeras ta soupe.

frying-pan n. : poêle (à frire)

full (up) adj. : plein, pleine
Your exercise is full of mistakes.
Votre copie est pleine de fautes.

       complet, ète
By three o'clock, the hotel was already full up.
A trois heures, l'hôtel était déjà complet.

funny ['fʌni] adj. : amusant, te; drôle
His story was not as funny as he said.
Son histoire n'était pas aussi amusante (drôle) qu'il le disait.

fur [fəː*] n. : fourrure
In winter, she wears a fur coat.
En hiver, elle porte un manteau de fourrure.

furniture ['fəːnitʃə*] n. : meubles
This house is furnished with antique furniture.
Cette maison est meublée de meubles anciens.

further : see FARTHER

game [geim] n. : jeu
Bowls are a game of skill. *Le jeu de boules est un jeu d'adresse.*

garage ['gærɑːʒ] n. : garage
The car backs into the garage.
La voiture entre en marche arrière dans le garage.

garden ['gɑːdn] n. : jardin

gardener ['gɑːdnə*] n. : jardinier
The gardener waters his lettuces.
Le jardinier arrose ses laitues.

gas [gæs] n. : gaz
Don't turn off the gas. *N'éteins pas le gaz.*

gate [geit] n. : porte (d'extérieur)
At what time does the park gate open?
A quelle heure la porte du parc ouvre-t-elle ?

to gather ['gæðə*] v. : cueillir
I gathered a few flowers in your field.
J'ai cueilli quelques fleurs dans votre champ.

       ramasser
They are gathering dead wood to make a fire.
Ils ramassent du bois mort pour faire du feu.

gentle ['dʒentl] adj. : doux, douce
It's a gentle slope to the castle.
La pente est douce pour aller au château.

gently ['dʒentli] : doucement
She spoke gently to the children.
Elle parla doucement aux enfants.

gentleman ['dʒentlmən] n. : monsieur
Who is this gentleman? *Qui est ce monsieur ?*

gentlemen ['dʒentlmen] : messieurs
Gentlemen, will you please come in.
Messieurs, voulez-vous entrer.

to get [get] v. (36) : devenir
He is getting fatter and fatter every day.
Il devient chaque jour de plus en plus gras.

       obtenir
We get the B.B.C. easily at night.
Nous obtenons la B.B.C. facilement la nuit.

to get down, to get off : descendre
Get off at the third stop. *Descendez au troisième arrêt.*
Get down from that tree! *Descends de cet arbre !*

to get up : se lever
Get up! You lazy bones! *Lève-toi, paresseux !*

gift [gift] n. : cadeau
New Year's gifts : *les étrennes.*

girl [gəːl] n. : fille

to give [giv] v. (37) : donner
I have been given a kitten.
On m'a donné un petit chat.

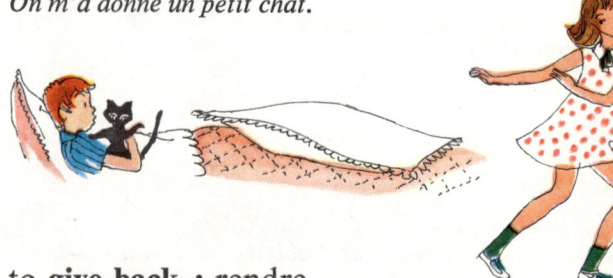

to give back : rendre

glad [glæd] adj. : content, te
I am glad to see you. *Je suis content(e) de vous (te) voir.*

glass [glɑːs] n. : verre
Window-panes are made of glass. *Les vitres sont en verre.*

glasses n. : lunettes

glove [glʌv] n. : gant

to go [gou] v. (38) : aller
I shall go as far as you. *J'irai aussi loin que toi.*
We went to Australia in 1965.
Nous sommes allés en Australie en 1965.
Will you go to the seaside this summer?
Irez-vous au bord de la mer cet été ?

       marcher
My watch is not going. *Ma montre ne marche pas.*

to go and + verbe : aller + infinitive
He went and talked to her. *Il est allé lui parler.*

to be going + infinitive : aller (futur proche)
The train is going to enter the station.
Le train va entrer en gare.

to go away : s'en aller
It's time to go away. *Il est l'heure de s'en aller.*

to go back : rentrer, retourner
Go back home. *Rentre chez toi.*

to go down, downstairs : descendre
Let's go downstairs to dinner. *Descendons dîner.*

to go in, into : entrer
Go in! *Entrez!*

to go near : s'approcher (de)
Don't go so near the edge of the cliff.
Ne t'approche pas tant du bord de la falaise.

to go on : continuer (à)
Go on until I tell you to stop.
Continuez jusqu'à ce que je vous dise d'arrêter.

to go out : sortir
We shall go out after the rain. *Nous sortirons après la pluie.*

to go up, upstairs : monter
Go up to bed. *Monte te coucher.*

goat [gout] n. : chèvre

God [gɔd] n. : Dieu
"Man proposes and God disposes."
« *L'homme propose et Dieu dispose.* »

gold [gould] n. : or

gold, golden : en or, d'or
Mummy has a gold bracelet.
Maman a un bracelet en or.

good [gud] adj. : bon, bonne
It's not a good excuse.
Ce n'est pas une bonne excuse.
It tastes good! *C'est bon!*

n. : bien
I did it for your good. *Je l'ai fait pour ton bien.*

good day : bonjour

good morning : bonjour

good afternoon : bonjour

good evening : bonjour, bonsoir

good night : bonsoir, bonne nuit

good bye ['bai] : au revoir

goose [guːs] (pl. **geese**) n. : oie

government ['gʌvənmənt] n. : gouvernement

GOVERNMENT AND JUSTICE GOUVERNEMENT ET JUSTICE

● **An ambassador** : un ambassadeur - **a Member of Parliament (M. P.)** : un député - **a governor** : un gouverneur - **the mayor** : le maire - **the Prime Minister** : le Premier ministre - **the President of the Republic** : le président de la République - **a prince** : un prince - **a princess** : une princesse - **a minister** : un ministre - **a speaker** : un orateur. ● **The kingdom** : le royaume - **the law** : la loi - **a right** : un droit - **a speech** : un discours - **a tax** : un impôt - **the town hall** : l'hôtel de ville. ● **To elect** : élire - **to be elected** : être élu(e) - **to vote** : voter - **to have a right to** : avoir droit à. ● **A barrister** : un avocat - **a constable** : un gendarme - **a culprit** : un coupable - **an innocent** : un(e) innocent(e) - **a judge** : un juge - **a judgement** : un jugement - **justice** : la justice - **a fine** : une amende - **prison** : la prison - **a prisoner** : un prisonnier, une prisonnière - **to arrest** : arrêter - **to judge** : juger.

grain [grein] n. : grain
Add two grains of salt. *Ajoute deux grains de sel.*

grandchildren n. : petits-enfants

grand-daughter n.; **grandson** n. : petite-fille; petit-fils

grandfather n. : grand-père

grandmother n. : grand-mère

grandparents n. : grands-parents

grapes [greips] n. : raisin
I prefer green grapes to black grapes.
Je préfère le raisin blanc au raisin noir.

grass [grɑːs] n. : herbe
The grass of the lawn is quite green.
L'herbe de la pelouse est bien verte.

grease [griːs] n. : graisse
You put too much grease on this bicycle chain.
Tu as mis trop de graisse sur cette chaîne de bicyclette.

great [greit] adj. : grand, grande
They are great friends. *Ce sont de grands amis.*

green [griːn] adj. : vert, verte
The greengrocer sells green vegetables.
Le marchand de légumes vend des légumes verts.

grey [grei] adj. : gris, grise

grocer [grousə*] n. : épicier

grocer's (shop) : épicerie
The grocer's shop opens at three.
L'épicerie ouvre à trois heures.

ground [graund] n. : terre

The plough turns over the ground.
La charrue retourne la terre.

terrain

There is a football ground behind the school.
Il y a un terrain de football derrière l'école.

sol

His house is built on sandy ground.
Sa maison est construite sur un sol sablonneux.

to grow [grou] v. (39) : (faire) pousser

The gardener grows vegetables.
Le jardinier fait pousser des légumes.

to grow (up) : grandir

This boy has grown too quickly.
Ce garçon a grandi trop vite.

a grown-up : une grande personne

to guess [ges] v. : deviner

It is not easy to guess. *Ce n'est pas facile à deviner.*

guest [gest] n. : invité, ée

hair [hɛə*] n. : cheveu, chevelure

I have had my hair cut. *Je me suis fait couper les cheveux.*

poil

Foxes are long-haired animals.
Les renards sont des animaux à poil long.

to do one's hair : se coiffer

hairdresser [hɛə*dresə*] n. : coiffeur

Mummy is at the hairdresser's. *Maman est chez le coiffeur.*

half (pl. halves) [hɑːf, hɑːvz] n. : demi, demie;
à demi

He read for two hours and a half.
Il a lu pendant deux heures et demie.
She drank half a cup of tea. *Elle a bu une demi-tasse de thé.*
It is half past two. *Il est deux heures et demie.*
He will arrive in half an hour's time.
Il arrivera dans une demi-heure.

moitié, à moitié

The half of ten is five.
La moitié de dix est cinq.
The shutters are half closed.
Les volets sont à moitié fermés.

hammer ['hæmə*] n. : marteau

hand [hænd] n. : main

Give Mummy your hand. *Donne la main à Maman.*

aiguille

The minute-hand is stuck. *La grande aiguille est bloquée.*

handkerchief ['hæŋkətʃif] n. : mouchoir

handle ['hændl] n. : manche

He broke the handle of his whip.
Il a cassé le manche de son fouet.

poignée

Don't play with door-handles.
Ne jouez pas avec les poignées des portes.

to hang [hæŋ] v. (40) : pendre, suspendre

The bat is hanging head down.
La chauve-souris pend (= est suspendue) la tête en bas.

accrocher

The balloon is hanging from the wire, can you reach it?
Le ballon est accroché au fil de fer, peux-tu l'atteindre?

to happen ['hæpən] v. : arriver

What will happen to him? *Que lui arrivera-t-il?*

se passer

I wonder what has happened. *Je me demande ce qui s'est passé.*

happy ['hæpi] adj. : heureux, euse

I shall be happy to spend the evening with you.
Je serai heureux (heureuse) de passer la soirée avec vous.

harbour ['hɑːbə*] n. : port

It is a pleasant fishing harbour.
C'est un agréable port de pêche.

hard [hɑːd] adj. : dur, dure

harvest ['hɑːvist] n. : moisson

hat [hæt] n. : chapeau

In the City you meet many gentlemen wearing bowler hats.
Dans la « Cité », on rencontre de nombreux messieurs portant des chapeaux melons.

to have [hæv] v. (41) : avoir

He had his book under his arm.
Il avait son livre sous le bras.
I shall have too much work. *J'aurai trop de travail.*
Have you your knife with you? *As-tu ton couteau sur toi?*

prendre

What will you have to drink? *Que prendrez-vous?*

auxiliary

I have put on my slippers. *J'ai mis mes pantoufles.*
You haven't written to your aunt yet.
Tu n'as pas encore écrit à ta tante.

to have + past participle : faire + infinitive

I have had my kitchen painted. *J'ai fait peindre ma cuisine.*

to have to : avoir à; falloir; devoir

I have to go to the butcher's. *Je dois aller chez le boucher*

to have just : venir de (near past)

She has just arrived. *Elle vient d'arriver.*

to have : avoie

He has a racing bicycle. *Il a une bicyclette de course.*

he [hi:] : il
You make him poorer than he is.
Vous le faites plus pauvre qu'il n'est.

    lui
It is he who did it. *C'est lui qui l'a fait.*

he is : c'est
He is not my brother. *Ce n'est pas mon frère.*

head [hed] n. : tête
Don't lose your head! *Ne perds pas la tête!*

health [helθ] n. : santé

heap [hi:p] n. : tas
He turned a somersault on the sand-heap.
Il a fait une culbute sur le tas de sable.

to **hear** [hiə*] v. (42) : entendre
She does not hear us. *Elle ne nous entend pas.*

heart [hɑ:t] n. : cœur
I love you with all my heart. *Je vous aime de tout mon cœur.*

heat [hi:t] n. : chaleur

to **heat** v. : (faire) chauffer
They have had central heating installed.
Ils ont fait installer le chauffage central.

heavy ['hevi] adj. : lourd, lourde

help [help] n. : secours

to **help** v. : aider
Will you help me with the washing up?
Veux-tu m'aider à faire la vaisselle?

    (se) servir
Help yourself. *Servez-vous. Sers-toi.*

hen [hen] n. : poule
At nightfall, the hens go back into the hen-house.
A la nuit tombante, les poules rentrent dans le poulailler.

her [hə*] : elle (compl.)
They went away with her. *Ils sont partis avec elle.*

    la, l'
He looks at her. *Il la regarde.*

    lui
He speaks to her. *Il lui parle.*

    sa, son, ses
Did she take her key, her bag and her gloves?
A-t-elle pris sa clé, son sac et ses gants?

here [hiə*] : ici
Stay here and don't go over there.
Reste ici et ne va pas là-bas.

here ... is; here ... are : voici
Here she is (coming). *La voici (qui vient).*
Here are some flowers for you. *Voici des fleurs pour vous.*

here and there : çà et là

hers [hə:z] : à elle
— Is this Mary's? — Yes, it's hers.
— *Est-ce à Marie? — Oui, c'est à elle.*

    le sien, la sienne
My doll and hers are alike.
Ma poupée et la sienne sont pareilles.

a(n) ... of hers : un(e) de ses ...; **one of her ...**
It is a habit of hers. *C'est une de ses habitudes.*
That is one of her kittens. *C'est un de ses chatons.*

herself [hə:'self] : elle-même
She had better go herself.
Elle ferait mieux d'y aller elle-même.

    se, s'
She cut herself with the knife.
Elle s'est coupée avec le couteau.

to **hide** [haid] v. (43) : (se) cacher
The children are playing hide and seek.
Les enfants jouent à cache-cache.

high [hai] adj. : haut, haute
The wall is ten feet high.
Le mur a trois mètres de haut.

hill [hil] n. : colline
There is a windmill on the top of the hill.
Il y a un moulin à vent au sommet de la colline.

    côte
He can't climb this hill on his bicycle.
Il ne peut pas monter cette côte à bicyclette.

him [him] : (compl.) le, l'
I think I'll see him tomorrow. *Je crois que je le verrai demain.*

    lui
Tell him to wait. *Dites-lui d'attendre.*

himself [him'self] : lui-même
Dad said so himself. *Papa l'a dit lui-même.*

    se, s'
He is looking at himself in the mirror.
Il se regarde dans la glace.

his [hiz] : à lui
— Whose pen is this? — It's his.
— *A qui est ce stylo? — Il est à lui.*

    le sien, la sienne
It's not his. *Ce n'est pas le sien (la sienne).*

    sa, ses, son
He needs his cigarette, his newspaper and his glasses.
Il lui faut sa cigarette, son journal et ses lunettes.

a(n) ... of his : un(e) de ses ...; **one of his ...**
It is one pipe of his pipes. *C'est une de ses pipes.*

history ['histəri] n. : histoire
I know nothing of French history.
Je ne connais rien de l'histoire de France.

hobby ['hɔbi] n. : passe-temps favori

His hobby is gardening.
Son passe-temps favori est le jardinage.

to hold [hould] v. (44) : tenir

He was holding his hat in his hand.
Il tenait son chapeau à la main.

to hold out : tendre

◆ but (when on the telephone): Hold on! *Ne quittez pas!*

hole [houl] n. : trou

There's a hole in my sock. *Il y a un trou à ma chaussette.*

holiday(s) ['hɔlidei(z)] n. : vacances

We shall be on holiday in a month's time.
Nous serons en vacances dans un mois.

hollow ['hɔlou] adj. : creux, creuse

The owl nests in a hollow tree.
Le hibou niche dans un arbre creux.

home [houm] n. : maison

Bob spent the winter in a children's home.
Bob a passé l'hiver dans une maison d'enfants.

chez soi

"There's no place like home." « *Rien ne vaut son chez-soi.* »

(at) home : à la maison

My parents are not at home.
Mes parents ne sont pas à la maison.

chez...

They came back home after two months' absence.
Ils sont revenus chez eux après deux mois d'absence.
Make yourself at home. *Faites comme chez vous.*

homework [houmwə:k] n. : devoirs

to hope [houp] v. : espérer

They hope to meet her on the way.
Ils (Elles) espèrent la rencontrer en chemin.

horse [hɔ:s] n. : cheval

ON HORSEBACK   A CHEVAL

● **A cart-, race-, saddle-horse** : un cheval de trait, de course, de selle - **a foal** : un poulain - **a filly** : une pouliche - **a mare** : une jument - **a mule** : un mulet - **a pony** : un poney. ● **A rider** : un cavalier - **a jockey** : un jockey. ● **The bit** : le mors - **a harness** : un harnais - **a horseshoe** : un fer à cheval - **the reins** : les guides, les rênes - **the saddle** : la selle - **a whip** : un fouet - **to walk** : aller au pas - **to trot** : trotter - **to gallop** : galoper - **to kick** : ruer - **to neigh** : hennir. ● **Horsehair** : crin de cheval - **the mane** : la crinière - **the nostril** : le naseau - **the hoof** : le sabot.

hospital ['hɔspitl] n. : hôpital

He fell ill and was taken to the hospital.
Il est tombé malade et a été transporté à l'hôpital.

hot [hɔt] adj. : (très) chaud, chaude

How hot it is! *Qu'il fait chaud!*

HOT COUNTRIES   PAYS CHAUDS

● **The desert** : le désert - **an oasis** : une oasis - **the virgin forest** : la forêt vierge - **the savannah** : la savane - **the jungle** : la jungle - **the bush** : la brousse. ● **An explorer** : un explorateur - **a hut** : une hutte - **a loincloth** : un pagne - **a native** : un indigène - **a negro** : un Noir - **a straw-hut** : une paillote - **the tom-tom** : le tam-tam. ● **A baobab** : un baobab - **cocoa** : le cacao - **a coconut** : une noix de coco - **a eucalyptus** : un eucalyptus - **a palm-tree** : un palmier - **rubber** : le caoutchouc - **sugarcane** : la cane à sucre - **vanilla** : la vanille.

hour ['auə*] n. : heure
We'll be at the hotel within an hour.
Nous serons à l'hôtel en moins d'une heure.

house [haus] n. : maison
He is in his house in Holland.
Il est dans sa maison en Hollande.

how [hau] : comment
How do you eat snails in France?
Comment mangez-vous les escargots en France?
How are you? *Comment allez-vous?*

how ...? : comme ...!; que ...!
How pale you are! *Comme tu es pâle! Que tu es pâle!*

how + adj. : combien (de)
How much is this chicken? *Combien, ce poulet?*
How many planes land here every day?
Combien d'avions atterrissent ici chaque jour?
How long will this work take you?
Combien de temps ce travail vous prendra-t-il?
◆ but : How far did you go? *Jusqu'où es-tu allé?*
How old is your sister? *Quel âge a ta sœur?*
How far is it ...? *A quelle distance ...?*

hundred ['hʌndrəd] : cent
He was a hundred years old when he died.
Il avait cent ans quand il mourut.

to be hungry ['hʌŋgri] : avoir faim
We were so hungry that we ate all the bread.
Nous avions si faim que nous avons mangé tout le pain.

to hurry ['hʌri] **(up)** : se dépêcher
Hurry up! *Dépêche-toi! Dépêchez-vous!*

to be in a hurry : être pressé

to hurt [həːt] v. (45) : (se) blesser
Your remark hurt him. *Votre remarque l'a blessé.*

    (se) faire mal
Did he hurt his arm? *S'est-il fait mal au bras?*

husband ['hʌzbənd] n. : mari
My husband is fond of angling.
Mon mari aime la pêche à la ligne.

I [ai] : je, j'
I listened, but I did not hear anything.
J'ai écouté, mais je n'ai rien entendu.

    moi
My brother is older than I. *Mon frère est plus vieux que moi.*

ice [ais] n. : glace
Do you want ice in your drink?
Voulez-vous de la glace dans votre boisson?

ice-cream : crème glacée, glace
Let's go and buy ice-creams. *Allons acheter des glaces.*

idea [ai'diə] n. : idée
— Do you know where Simone is? — I have not the slightest idea.
— *Sais-tu où est Simone? — Je n'en ai pas la moindre idée.*

if [if] : si
Act as if you were asleep. *Fais comme si tu dormais.*
If you please! *S'il vous plaît!*

ignorant ['ignərənt] adj. : ignorant, te

ill [il] adj. : malade
Danielle looked really ill.
Danielle paraissait vraiment malade.

illness ['ilnis] n. : maladie

important [im'pɔːtənt] adj. : important, te

impossible [im'pɔsibl] adj. : impossible
It will be impossible for us to go with you.
Il nous sera impossible d'aller avec vous.

imprudent [im'prudənt] adj. : imprudent, te

in [in] : dans
I have some money in my pocket.
J'ai de l'argent dans ma poche.

    en
It will be done in no time. *Ce sera fait en un rien de temps.*

    à, à la, au, aux
John arrived in time. *Jean est arrivé à temps.*

    idée d'entrer
to walk in : *entrer en marchant* - to fly in : *entrer en volant...*
She does not work in the morning.
Elle ne travaille pas le matin.

inhabitant [in'hæbitənt] n. : habitant, te

inhabited [in'hæbitid] adj. : habité, ée
The house has been inhabited for six months.
La maison a été habitée pendant six mois.

ink [iŋk] n. : encre
I have run short of blue ink. *Je n'ai plus d'encre bleue.*

insect ['insekt] n. : insecte
She collects insects. *Elle fait collection d'insectes.*

inside ['insaid] : dedans, à l'intérieur
It's warmer inside than outside.
Il fait plus chaud à l'intérieur qu'à l'extérieur (dedans que dehors).

for instance ['instəns] : par exemple
Many famous writers have been Irish, for instance G. B. Shaw...
De nombreux écrivains célèbres étaient Irlandais, par exemple G. B. Shaw...

intelligent [in'teliʒənt] adj. : intelligent, te

interesting ['intristiŋ] adj. : intéressant, te
The news is interesting today.
Les nouvelles sont intéressantes aujourd'hui.

into ['intu] : dans
She is coming into the garden. *Elle entre dans le jardin.*

    en
Divide the cake into six (portions).
Partage le gâteau en six (parts).

invention [in'venʃən] n. : invention

to invite [in'vait] v. : inviter
They didn't invite me. *Ils (Elles) ne m'ont pas invité(e).*

iron ['aiən] n. : fer

to iron v. : repasser
This material needs no ironing. *Ce tissu ne se repasse pas.*

island ['aislənd] n. : île
Have you read "Treasure Island"?
As-tu lu « l'Ile au trésor »?
◆ but : The British Isles : *les îles Britanniques.*

it [it] : (sujet) il; elle (neuter)
Take this book; it is yours. *Prends ce livre; il est à toi.*
It is cold. *Il fait froid.*
— Where is my watch? — It is in the bath-room.
— *Où est ma montre? — Elle est dans la salle de bains.*

　ce, c'
It's quite definite. *C'est tout à fait sûr.*
It was still winter. *C'était encore l'hiver.*

　ça, cela
It does not matter. *Ça ne fait rien.*
It looks fine. *Ça (Cela) fait bien.*

　(compl.) la, le, l'
May I borrow your car? I'll bring it back tomorrow.
Puis-je emprunter ta voiture? Je la ramènerai demain.

　lui
This dog is thin; they don't give it enough to eat.
Ce chien est maigre, on ne lui donne pas assez à manger.

　en
Take your umbrella, you'll need it.
Prends ton parapluie, tu en auras besoin.

　y
I did not think of it. *Je n'y ai pas pensé.*

it is : c'est; **it was** : c'était
It is not difficult. *Ce n'est pas difficile.*

　il fait
It was hot yesterday. *Il faisait chaud hier.*

　il y a
It is a long time since I last saw him.
Il y a longtemps que je l'ai vu pour la dernière fois.

its [its] : sa, ses, son (neuter)
The cuckoo lays its eggs in other birds' nests.
Le coucou pond ses œufs dans les nids d'autres oiseaux.
The dog broke its chain and lost its collar.
Le chien a cassé sa chaîne et perdu son collier.

itself [it'self] : lui-même, elle-même (neuter)
In this old village, the church itself is falling to ruins.
Dans ce vieux village, l'église elle-même tombe en ruine.

se, s' (neuter)
The monkey looks at itself in the mirror.
Le singe se regarde dans la glace.

its own : le sien, la sienne (neuter)
These are not our hen's chickens, its own are older.
Ce ne sont pas les poussins de notre poule, les siens sont plus vieux.

jam [dʒæm] n. : confiture(s)
Where did he put the jam-jar?
Où a-t-il mis le pot de confitures?

January ['dʒænjuəri] n. : janvier
The first of January is New Year's Day.
Le premier janvier est le jour de l'an.

job [dʒɔb] n. : travail
Does he likes his job? *Est-il content de son travail?*

joke [dʒouk] n. : plaisanterie
He loves making jokes. *Il adore faire des plaisanteries.*

journey ['dʒəːni] n. : voyage
During his journey, he met a lot of people.
Il a rencontré beaucoup de gens pendant son voyage.

● **The border** : la frontière - **the customs** : la douane - **the customs officer** : le douanier. ● **We are going abroad** : nous allons à l'étranger - **Have your passports ready!** : Préparez vos passeports! - **How long does the passage take?** : Combien dure le voyage (la traversée)? - **What to see in ...** : Que faut-il voir à ... - **A haunt of tourists** : un endroit fréquenté par les touristes - **Can you direct me to ... ?** : Pouvez-vous m'indiquer le chemin de ...? - **Where is there a good restaurant?** : Où y a-t-il un bon restaurant?

jug [dʒʌg] n. : pot
I broke the water-jug. *J'ai cassé le pot à eau.*

juice [dʒuːs] n. : jus
Pears are juicy fruit. *Les poires sont des fruits juteux.*

July [dʒuːˈlai] n. : juillet

jump [dʒʌmp] n. : saut

to **jump** v. : sauter
How high can you jump?
Quelle hauteur (Combien) peux-tu sauter ?

June [dʒuːn] n. : juin

just [dʒʌst] adj. : juste
His success is the just reward of his efforts.
Son succès est la juste récompense de ses efforts.

adv. : juste
She woke just as I arrived.
Elle s'est réveillée juste comme j'arrivais.

to **keep** [kiːp] v. (44) ; garder
We must keep some bread for tomorrow's breakfast.
Nous devons garder du pain pour le petit déjeuner de demain.

tenir
He kept his promise. *Il a tenu sa promesse.*
Keep in a cool place. *A tenir au frais.*

kerb [kəːb] n. : bord du trottoir
Don't walk too near the kerb.
Ne marche (marchez) pas trop près du bord du trottoir.

key [kiː] n. : clef, clé
The key is in the lock. *La clé (= clef) est dans la serrure.*

to **kick** [kik] v. : donner un coup de pied
He kicked it out of the house.
Il l'a chassé(e) à coups de pied de la maison.

to **kill** [kil] v. : tuer
He was killed in a car-accident.
Il a été tué dans un accident d'auto.

kind [kaind] n. : sorte

kind adj. : bon, bonne
He is a very kind man. *C'est un homme très bon.*

gentil, ille
Oliver's parents have been very kind to him.
Les parents d'Olivier ont été très gentils avec lui.

king [kiŋ] n. : roi

to **kiss** [kiss] v. : embrasser
She kissed her nephew on both cheeks.
Elle embrassa son neveu sur les deux joues.

kitchen ['kitʃin] n. : cuisine

knee [niː] n. : genou
We were knee-deep in water.
Nous avions de l'eau jusqu'aux genoux.

knife [naif] (pl. **knives**) n. : couteau
My pocket-knife is made of stainless steel.
Mon canif est en acier inoxydable.

to **knock** [nɔk] v. : frapper
He was knocked on the head.
On l'a frappé sur la tête.
Knock before entering. *Frappez avant d'entrer.*

knot [nɔt] n. : nœud
to tie a knot : *faire un nœud.*

to **know** [nou] v. (47) : connaître
Do you know Paris? *Connaissez-vous Paris ?*

savoir
John doesn't know his lesson. *Jean ne sait pas sa leçon.*
He knows how to repair his bike. *Il sait réparer son vélo.*

ladder ['lædə*] n. : échelle
This ladder has a rung missing.
Il manque un barreau à cette échelle.

lady ['leidi] (pl. **ladies**) n. : dame (mesdames)
"Ladies and Gentlemen..." « *Mesdames et messieurs...* »

lake [leik] n. : lac
Which is the largest lake in America?
Quel est le plus grand lac d'Amérique ?

lamp [læmp] n. : lampe

land [lænd] n. : terre, pays
Scotland is my native land.
L'Écosse est ma terre natale (mon pays natal).

language ['læŋgwidʒ] n. : langage
Watch your language! *Surveillez votre langage !*

langue
Our teacher speaks three languages.
Notre professeur parle trois langues.

large [lɑːdʒ] adj. : grand, grande
They live in a large ruined house.
Ils vivent dans une grande maison en ruine.

last [lɑːst] adj. : dernier, ière
"It's the last rose of summer..."
« *C'est la dernière rose de l'été...* »

to **last** v. : durer
This overcoat lasted me two years.
Ce manteau m'a duré deux ans.
It's too good to last. *C'est trop beau pour durer.*

at last : enfin
There you are at last! *Vous voilà enfin !*

late [leit] : tard
We shall talk about that later. *Nous parlerons de cela plus tard.*

to **be late** : être en retard
Christian was late for school this morning.
Christian a été en retard à l'école ce matin.

to **be ... late** : avoir ... de retard
You are ten minutes late! *Vous avez dix minutes de retard!*

latest ['leitist] adj. : dernier, ière
The latest news! *Les dernières nouvelles!*

to **laugh** [lɑːf] v. : rire
Peter is laughing and Lewis is crying.
Pierre rit et Louis pleure.

to **laugh at** : se moquer (de)
Poor Lewis! Peter is laughing at him!
Pauvre Louis! Pierre se moque de lui!

lawn [lɔːn] n. : pelouse

to **lay** [lei] v. (48) : poser (à plat)
He laid his hands on hers. *Il posa les mains sur les siennes.*

mettre la table
Is the table laid for tea? *La table est-elle mise pour le thé?*

lazy ['leizi] adj. : paresseux, euse
This lazy boy does not learn his lessons.
Ce garçon paresseux n'apprend pas ses leçons.

to **lead** [liːd] v. (49) : conduire

leader ['liːdə*] n. : chef
The leader of the gang ran away.
Le chef de la bande s'est sauvé.

leaf, pl. **leaves** [liːf, liːvz] n. : feuille

lean [liːn] adj. : maigre
I eat only lean meat.
Je ne mange que de la viande maigre.

to **lean** v. (50) : (se) pencher
This wall is leaning dangerously.
Ce mur penche dangereusement.

(s') appuyer
He leant the ladder against the wall.
Il appuya l'échelle contre le mur.

leap [liːp] n. : saut

to **leap** v. (51) : sauter
Can you leap over this ditch?
Peux-tu sauter par-dessus ce fossé?

to **learn** [ləːn] v. (52) : apprendre
Daisy learns her lessons by heart.
Marguerite apprend ses leçons par cœur.

leather ['leðə*] n. : cuir

to **leave** [liːv] v. (53) : laisser
I left the light on. *J'ai laissé la lumière allumée.*

quitter
He will leave London to go and live in the country.
Il quittera Londres pour aller vivre à la campagne.

partir
At what time do you intend to leave?
A quelle heure avez-vous l'intention de partir?

there is ... left : il reste
Is there any coffee left for me? *Reste-t-il du café pour moi?*

I have ... left : il me reste...
I have nothing left. *Il ne me reste rien.*

(on, to the) left : (de, à) gauche
Don't turn left. *Ne tournez pas à gauche.*

leg [leg] n. : jambe
The old sailor has a wooden leg.
Le vieux marin a une jambe de bois.

patte
The heron is resting on one leg.
Le héron se repose sur une patte.

(table, chaise) pied
One leg of the table is broken. *Un pied de la table est cassé.*

lemon ['lemən] n. : citron
Will you have a lemon-squash? *Voulez-vous un citron pressé?*

to **lend** [lend] v. (54) : prêter

length [leŋθ] n. : longueur
The length of the rope is three metres.
La longueur de la corde est de trois mètres.

less [les] : moins
Eight less three equals five. *Huit moins trois égale cinq.*

lesson ['lesn] n. : leçon, cours
He gives private lessons.
Il donne des leçons particulières (des cours particuliers).

to **let** [let] v. (55) : laisser, permettre
Let him speak. *Laisse-le parler.*
Let him alone! *Laisse-le tranquille!*
(imperative)
Let's say. *Disons.*
Let's not sing so loudly. Don't let's sing so loudly.
Ne chantons pas si fort.

letter ['letə*] n. : lettre

liberty ['libəti] n. : liberté
The liberty of the press is essential.
La liberté de la presse est essentielle.

library ['laibrəri] n. : bibliothèque
Is there a public library in your district?
Y a-t-il une bibliothèque publique dans votre quartier?

lid [lid] n. : couvercle

to lie [lai] v. (54) : être couché

The two little girls were lying in a large bed.
Les deux petites filles étaient couchées dans un grand lit.

être étendu

We were lying on the sand when the storm broke.
Nous étions étendus sur le sable quand l'orage éclata.

to lie down : se coucher

Lie down on the sofa. *Couchez-vous sur le canapé.*

to lie [lai] v. : mentir

You should not lie.
Tu ne devrais pas mentir.

life [laif] n. : vie

Long live the Queen! : Vive la reine!

to lift [lift] v. : soulever

The bag is not too heavy, I can lift it.
Le sac n'est pas trop lourd, je peux le soulever.

lever

Lift your left arm. *Lève ton bras gauche.*

light [lait] adj. : léger, ère

Aluminium is a very light metal.
L'aluminium est un métal très léger.

clair, claire

In spring, leaves are light green.
Au printemps, les feuilles sont vert clair.

light n. : lumière

You need more light to sew.
Il te faut plus de lumière pour coudre.

jour

It is light. *Il fait jour.*

feu

The traffic lights are out of order.
Les feux tricolores ne fonctionnent pas.

to light v. (57) : allumer

I forgot to light the fire. *J'ai oublié d'allumer le feu.*

éclairer

This little street is very badly lighted (= lit).
Cette petite rue est très mal éclairée.

like [laik] adj. : pareil, eille

My pen is like yours. *Mon stylo est pareil au tien (vôtre).*

comme

You must do it like that.
Tu dois (Vous devez) le faire comme ça.

to like v. : aimer

I don't like him to go out so late.
Je n'aime pas qu'il sorte si tard.
He likes her. *Elle lui plaît.*
He is fond of her. *Elle lui plaît beaucoup.*
He loves her. *Il l'aime.*
She thinks he's nice. *Il lui est sympathique.*

vouloir

She can do as she likes. *Elle peut faire comme elle veut.*

to be like; to look like : ressembler à

He is like no one else. *Il ne ressemble à personne d'autre.*
It looks like dead wood. *Ça ressemble à du bois mort.*

line [lain] n. : ligne

His uncle is an airline pilot. *Son oncle est pilote de ligne.*

rang, rangée

There are six lines of leeks at the bottom of the garden.
Il y a six rangées de poireaux au fond du jardin.

linen ['linin] n. : linge

Go and hang the linen on the line.
Va étendre le linge sur le fil (la corde).

toile

Her handkerchiefs are made of fine Irish linen.
Ses mouchoirs sont en fine toile d'Irlande.

lion ['laiən] n. : lion

lip [lip] n. : lèvre

She uses lip-stick. *Elle se sert de rouge à lèvres.*

to listen (to) ['lisn] v. : écouter

I listened, but I didn't hear.
J'ai écouté, mais je n'ai pas entendu.

little ['litl] adj. : petit, te

Little birds are hungry in winter.
Les petits oiseaux ont faim en hiver.

peu (de)

She eats little. *Elle mange peu.*
You have little work today. *Tu as peu de travail aujourd'hui.*

a little : un peu (de)

She is a little better. *Elle va un peu mieux.*
Can you wait a little? *Peux-tu (Pouvez-vous) attendre un peu?*

little one : petit (d'animal)

to live [liv] v. : vivre

What do they live on? *De quoi vivent-ils (vivent-elles)?*

habiter

My cousins live in Rome. *Mes cousins habitent Rome.*

living : vivant, te

R. Crusoe thought he was the only living man on his island.
R. Crusoé croyait qu'il était le seul homme vivant sur son île.

to load [loud] v. : charger

He loaded his cart with stones.
Il a chargé sa charrette avec des pierres.

lock [lɔk] n. : serrure

to lock v. : fermer à clé

She could not get in because the door was locked.
Elle n'a pas pu entrer parce que la porte était fermée à clé.

long [lɔŋ] adj. : long, longue

long; a long time adv. : longtemps
This happened long (a long time) ago.
Ceci est arrivé il y a longtemps.

no longer, not any longer : ne … plus
I no longer go there. *Je n'y vais plus.*

to look [luk] v. : paraître, avoir l'air
She looks tired. *Elle paraît fatiguée. Elle a l'air fatiguée.*

to look (at) : regarder
Look where you are walking. *Regarde où tu marches.*

to look after : surveiller

to look for : chercher
What are you looking for? *Que cherches-tu (cherchez-vous)?*

looking-glass : glace

lorry ['lɔri] (pl. **lorries**) n. : camion

to lose [luːz] v. (58) : perdre
You lose nothing by waiting. *Tu ne perds rien pour attendre.*

to get lost : se perdre
Don't get lost on the way! *Ne te perds pas en chemin!*

a lot of : beaucoup de
A lot of people watch television on Saturday night.
Beaucoup de gens regardent la télévision le samedi soir.

loud [laud] adj. : (sounds) haut, haute; fort, forte
A loud report shook the house.
Une forte détonation a ébranlé la maison.

love [lʌv] n. : amour
He is in love with my sister. *Il est amoureux de ma sœur.*

to love v. : aimer
Love one another. *Aimez-vous les uns les autres.*

low [lou] adj. : bas, basse
We went fishing at low tide.
Nous sommes allés pêcher à marée basse.

lower ['lauə*] adj. : inférieur, re
Your marks are lower than his.
Tes notes sont inférieures aux siennes.

to lower v. : baisser
Wait until he lowers his prices. *Attendez qu'il baisse ses prix.*

to be lucky : avoir de la chance

luggage ['lʌgidʒ] n. : bagages
Will you put your luggage in the rack?
Voulez-vous mettre vos bagages dans le filet?

lump [lʌmp] **(of sugar)** n. : morceau (de sucre)
How many lumps of sugar do you want in your coffee?
Combien de morceaux de sucre voulez-vous dans votre café?

lunch [lʌnʃ] (pl. **lunches**) n. : déjeuner
What shall we have for lunch? *Qu'aurons-nous au déjeuner?*

to lunch, to have lunch : déjeuner
They will lunch at their aunt's. *Ils déjeuneront chez leur tante.*

machine [mə'ʃiːn] n. : machine
a washing-machine : *une machine à laver.*
machine-made : *fait à la machine.*

mad [mæd] adj. : fou, folle
He was mad with fright.
Il était fou de peur.

madam ['mædəm] n. : madame
You have forgotten your umbrella, Madam.
Vous avez oublié votre parapluie, madame.
Dear Madam, — *Chère Madame, —*

made [meid] : fait, faite; fabriqué, ée
Cheese is made from milk. *Le fromage est fait avec du lait.*
Made in England. *Fabriqué en Angleterre.*

made of : en
Their furniture is made of teak.
Leurs meubles sont en bois de teck.

main [mein] adj. : principal, le
Go down the main street, it's quicker.
Prenez la rue principale, c'est plus rapide.

to make [meik] v. (59) : faire, fabriquer
The baker makes bread. *Le boulanger fait du pain.*
Camembert is made in Normandy.
On fabrique le camembert en Normandie.

to make + infinitive : faire + infinitif
I made him taste my jam. *Je lui ai fait goûter mes confitures.*

mammal ['mæməl] n. : mammifère

man [mæn] (pl. **men**) n. : homme
He is a very generous man. *C'est un homme très généreux.*

to manage ['mænidʒ] v. : s'arranger (pour)
Can you manage to bring back my record-player?
Peux-tu t'arranger pour rapporter mon tourne-disque?

many ['meni] : beaucoup (de); de nombreux, euses
Many foreigners visit Paris in spring.
De nombreux (Beaucoup d') étrangers visitent Paris au printemps.

as many … as : autant de … que
They did not collect as many shells as we did.
Ils (Elles) n'ont pas ramassé autant de coquillages que nous.

map [mæp] n. : carte

March [mɑːtʃ] n. : mars

mark [mɑːk] n. : note
Have you got good marks? *As-tu eu de bonnes notes?*

market ['mɑːkit] n. : marché

to marry ['mæri] v. : se marier
My brother will marry her. *Mon frère se mariera avec elle.*

master ['mɑːstə*] n. : maître
Masters and servants were working in the fields.
Maîtres et serviteurs travaillaient dans les champs.

    monsieur (jeune garçon)
Master Paul Watson... *Monsieur Paul Watson...*

match [mætʃ] (pl. **matches**) n. : allumette

material [mə'tiəriəl] n. : tissu

to matter ['mætə*] v. : avoir de l'importance
Do you think it matters?
Pensez-vous que ça a de l'importance?
It doesn't matter. *Ça ne fait rien. Ça n'a pas d'importance.*

may [mei] v. : pouvoir (permission)
May she go there with us? *Peut-elle y aller avec nous?*
(probabilité)
They may leave at any moment.
Ils peuvent partir à n'importe quel moment.

    (conditional) **might**
Anything might happen. *Tout pourrait arriver.*
It might be too late. *Il pourrait être trop tard.*

May [mei] n. : mai

me [miː] : (compl.) me, m'
He asked me the time. *Il m'a demandé l'heure.*

    moi
Tell me the whole story.
Racontez-moi (Dites-moi) toute l'histoire.

meadow ['medou] n. : pré
The cows are chewing the cud in the meadow.
Les vaches ruminent dans le pré.

meal [miːl] n. : repas

to mean [miːn] v. (60) : vouloir dire
What does this word mean? *Que veut dire ce mot?*

meaning ['miːniŋ] n. : sens
What is the meaning of this word?
Quel est le sens de ce mot?

means [miːnz] n. : moyen
The plane is the quickest means of transport.
L'avion est le moyen de transport le plus rapide.

to measure ['meʒə*] v. : mesurer
He is measuring the yard with a tape-measure.
Il mesure la cour avec un mètre à ruban.

meat [miːt] n. : viande
Vegetarians don't eat any meat.
Les végétariens ne mangent pas de viande.

medecine ['medsin] n. : médicament

to meet [miːt] v. (61) : (se) rencontrer
They met the postman at the station.
Ils ont rencontré le facteur à la gare.

to melt [melt] v. : fondre
Butter melts in the heat. *Le beurre fond à la chaleur.*

men : SEE MAN

to mend [mend] v. : réparer
The road has been badly mended.
La route a été mal réparée.

merry ['meri] adj. : joyeux, euse
John is a merry boy. *Jean est un joyeux garçon.*

    gai, gaie
She is as merry as a cricket (= *grillon*).
Elle est gaie comme un pinson (= chaffinch).

mess [mes] n. : désordre
What a mess in this room!
Quel désordre dans cette pièce!
◆ but : We are in a pretty mess!
Nous sommes dans de beaux draps!

metre ['miːtə*] n. : mètre

midday ['midei] n. : midi

middle ['midl] n. : milieu
Cut this pear through the middle.
Coupe cette poire par le milieu.

midnight ['midnait] n. : minuit
We'll come back about midnight.
Nous rentrerons vers minuit.

might : SEE MAY

milk [milk] n. : lait
The milkman brings the milk every day.
Le laitier apporte le lait chaque jour.

mill [mill] n. : moulin

to mind [maind] v. : faire attention à
Mind my feet! *(Fais) attention à mes pieds!*
◆ but : Do you mind my smoking?
— I don't mind.
— *Est-ce que ça vous dérange que je fume?*
— *Ça m'est égal.*

mine [main] : le mien, la mienne
Your shoes are next to mine.
Tes chaussures sont près des miennes.

    à moi
It was mine, but I gave it to my sister.
C'était à moi, mais je l'ai donné(e) à ma sœur.

a(n) ... of mine : un(e) de mes ...
He is a friend of mine. *C'est un de mes amis.*

minute ['minit] n. : minute
Wait a minute! *Attends une minute!*

miss [mis] n. : mademoiselle
Yes, miss. *Oui, mademoiselle.*
Miss Simpson : *mademoiselle Simpson.*

misses : mesdemoiselles
the Misses Burton : *mesdemoiselles Burton.*

to miss [mis] v. : manquer
Let's hurry or we'll miss the boat.
Dépêchons-nous ou nous manquerons le bateau.

regretter
The children missed their grandmother badly.
Les enfants ont beaucoup regretté leur grand-mère.

mistake [mis'teik] n. : faute
His letter is full of mistakes. *Sa lettre est pleine de fautes.*

to make a mistake : se tromper
The postman has made a mistake : this letter is not for us.
Le facteur s'est trompé : cette lettre n'est pas pour nous.

to be mistaken : se tromper
You must be mistaken; Mr Smith doesn't live here.
Vous devez vous tromper; M. Smith n'habite pas ici.

mistress ['mistris] n. : maîtresse, institutrice
Is your school-mistress married?
Votre maîtresse (institutrice) est-elle mariée?

modern ['mɔdən] adj. : moderne
Their house has got all modern conveniences.
Leur maison a tout le confort moderne.

moment ['moumənt] n. : moment
Don't wait a moment longer.
N'attendez pas un moment de plus.

Monday [mʌndi] n. : lundi

money ['mʌni] n. : argent
Nicholas hadn't any money on him that morning.
Nicolas n'avait pas d'argent sur lui ce matin.

monkey ['mʌŋki] n. : singe

month [mʌnθ] n. : mois
We shall be back in a month's time.
Nous reviendrons dans un mois.

moon [muːn] n. : lune
It will be full moon tomorrow.
Demain, ce sera la pleine lune.

more [mɔː*] : plus
Stephen has had more than the others.
Stéphane en a eu plus que les autres.

encore
Who wants some more tea? *Qui veut encore du thé?*

not any more; no more : ne ... plus
We shall not lend him any more books.
Nous ne lui prêterons plus de livres.
Say no more! *N'en dis pas plus!*

morning ['mɔːniŋ] n. : matin
There is often dew in the morning.
Il y a souvent de la rosée le matin.

mosquito [mɔs'kiːtou] n. : moustique

(the) most [moust] : le plus
He is the most intelligent boy in this class.
C'est le garçon le plus intelligent de la classe.

mother ['mʌðə*] n. : mère
My regards to your mother. *Mes respects à votre mère.*

motionless ['mouʃənlis] adj. : immobile

motor ['moutə*] n. : moteur
Our lawn mower has a new motor.
Le moteur de notre tondeuse est neuf.

(motor-)car : auto(mobile)

(motor-)coach : (auto)car
If we are numerous enough, we shall hire a coach.
Si nous sommes assez nombreux, nous louerons un car.

mountain ['mauntin] n. : montagne

mouse, pl. **mice** [maus, mais] n. : souris
"When the cat is away, the mice will play."
« Quand le chat n'est pas là, les souris dansent. »

mouth [mauθ] n. : bouche
Open your mouth and shut your eyes.
Ouvre la bouche et ferme les yeux.

to move [muːv] v. : remuer

to move forward : avancer
The ship is slowly moving forward into the harbour.
Le bateau avance lentement dans le port.

movie [muːvi] n. : (U. S.) film
He likes a good Chaplin movie.
Il aime un bon film de Chaplin.

movies ['muːviz] : (U. S.) cinéma
Did you go to the movies? *Es-tu allé(e) au cinéma?*

Mr ['mistə*] : monsieur (M.)
Good bye, Mr Chips! *Au revoir, M. Chips!*

Mrs : Madame (Mme)
Mrs Adam : *madame (Mme) Adam.*

much [mʌtʃ] : beaucoup (de)
She has not much courage. *Elle n'a pas beaucoup de courage.*

as much ... as : autant de ... que
There is as much snow as last year.
Il y a autant de neige que l'année dernière.

mud [mʌd] n. : boue
There is mud on your shoes. *Il y a de la boue sur tes chaussures.*

mum, mummy [mʌm, 'mʌmi] n. : maman
Will you come with us, Mummy?
Viendras-tu avec nous, Maman?

music ['mju:zik] n. : musique
Our music teacher plays the organ.
Notre professeur de musique joue de l'orgue.

must [mʌst] : falloir
We must thank her. *Il faut que nous la remerciions.*

> devoir

Cars must stop when the traffic lights are red.
Les voitures doivent s'arrêter quand les feux sont au rouge.

mutton ['mʌtn] n. : (viande de) mouton

my [mai] : ma, mon mes,
My aunt, my uncle and my cousins have come.
Ma tante, mon oncle et mes cousins sont venus.

myself [mai'self] : me, m'
I have helped myself. *Je me suis servi(e).*

> moi-même

I shall not go myself. *Je n'irai pas moi-même.*

nail [neil] n. : ongle
Your nails are dirty, haven't you got a nail-file?
Tes ongles sont sales, n'as-tu pas de lime à ongles?

> clou

I feel a nail in my shoe. *Je sens un clou dans ma chaussure.*

to nail v. : clouer

naked ['neikid] adj. : nu, nue
They saw naked savages on the little island.
Ils virent des sauvages nus dans la petite île.

name [neim] n. : nom
What's your name? *Quel est votre nom?*
surname : *nom de famille.*
Christian name : *prénom.*

to be named : se nommer
She is named Ingrid. *Elle s'appelle Ingrid.*

napkin ['næpkin] n. : serviette
We change our napkins and the table-cloth every Sunday.
Nous changeons de serviette et de nappe chaque dimanche.

narrow ['nærou] adj. : étroit, te
This quilt is too narrow for my bed.
Ce couvre-pieds est trop étroit pour mon lit.

nature [neitʃə] n. : nature

naughty ['nɔ:ti] adj. : méchant, te

near ['niə*] : près (de)
The dog is near its master. *Le chien est près de son maître.*

> idée d'approcher

We must be getting near London.
Nous devons approcher de Londres.

nearly ['niə*li] : presque
It's nearly the same thing. *C'est presque la même chose.*

necessary ['nesəsəri] adj. : nécessaire

neck [nek] n. : cou

to need [ni:d] v. : avoir besoin (de)
This apron needs washing. *Ce tablier a besoin d'être lavé.*

needle ['ni:dl] n. : aiguille
They slipped on pine-needles.
Ils (Elles) ont glissé sur des aiguilles de pin.

neighbour ['neibə*] n. : voisin, ne
We have a nurse for a neighbour.
Nous avons une infirmière pour voisine.

neighbouring ['neibə*iŋ] adj. : voisin, ne
There is a lot of game in the neighbouring woods.
Il y a beaucoup de gibier dans les bois voisins.

neither ['naiðə*] : ni l'un ni l'autre; aucun, ne
— Do you know either of these girls? — Neither.
— Connais-tu une de ces filles? — Aucune. — Ni l'une ni l'autre.

neither ... nor : ni ... ni
Neither Henry nor James wants to do it.
Ni Henri ni Jacques ne veulent le faire.

never ['nevə*] : ne ... jamais

new [nju:] adj. : nouveau, nouvelle
It's the new fashion!
C'est la nouvelle mode!

> neuf, neuve

They live in the new district. *Ils habitent le quartier neuf.*

news [nju:z] n. : nouvelle(s)
What's the news from America?
Quelles nouvelles d'Amérique?

(news)paper : journal
a daily newspaper : *un journal quotidien.*

New Year's gifts : étrennes

next [nekst] adj. : prochain, ne
I shall be twelve next year.
J'aurai douze ans l'année prochaine.

> suivant, te

He came again the next Saturday.
Il est revenu le samedi suivant.

nice [nais] adj. : gentil, ille
It was nice of you to come. *C'est gentil d'être venu.*

> agréable

She lives in a nice little village.
Elle habite un agréable petit village.

> bon, bonne

It's nice outside today. *Il fait bon dehors aujourd'hui.*

night [nait] n. : nuit
It will soon be night. *Il fera bientôt nuit.*

    soir
Grandfather works in his garden from morning to night.
Grand-père travaille dans son jardin du matin au soir.

nine [nain] : neuf — **ninety** ['nainti] : quatre-
  vingt-dix

ninth [nainθ] : neuvième — **nineteen** ['nain'tiːn] :
  dix-neuf

no [nou] : pas de
They have no horses in their stables.
Ils n'ont pas de chevaux dans leurs écuries.

    aucun, ne
You have no excuse. *Vous n'avez aucune excuse.*

    non
She answered : "No!" *Elle a répondu : « Non! »*
◆ but : No admittance : *Défense d'entrer; Entrée interdite.*

nobody ['noubədi], **no one** : personne
Nobody (No one) understands him. *Personne ne le comprend.*

noise [nɔiz] n. : bruit
Don't make any noise when your father is asleep.
Ne fais (faites) pas de bruit quand ton (votre) père dort.

none [nʌn] : aucun, ne
None of them succeeded.
Aucun d'eux (Aucune d'elles) n'a réussi.

north [nɔːθ] n. : nord
The North wind has been blowing for two days.
Le vent du nord souffle depuis deux jours.

nose [nouz] n. : nez

not [nɔt] : pas
— Is it true? — Why not?
— *Est-ce vrai? — Pourquoi pas?*

    ne ... pas
She will not come tonight. *Elle ne viendra pas ce soir.*

    non
Will you take it or not? *Le (La) prendrez-vous ou non?*

not any : pas de
He hasn't got any Japanese stamps in his collection.
Il n'a pas de timbres japonais dans sa collection.

    aucun, ne
You have not any excuse. *Vous n'avez aucune excuse.*

not at all : pas du tout
— Is it far? — Not at all.
— *Est-ce loin? — Pas du tout.*

not yet [nɔtjet] : pas encore
— Are you ready? — Not yet.
— *Es-tu prêt(e)? — Pas encore.*

(bank-)note : billet (de banque)

notebook : carnet
I wrote down your address in my notebook.
J'ai écrit votre adresse sur mon carnet.

nothing ['nʌθiŋ] : rien
He is good for nothing. *Il n'est bon à rien.*

November [no'vembə*] n. : novembre

now [nau] : maintenant
You must do it now. *Il faut que tu le fasses maintenant.*

nowhere ['nou(h)wɛə*] : nulle part
I looked for it everywhere and could find it nowhere.
Je l'ai cherché(e) partout et ne l'ai trouvé(e) nulle part.

number ['nʌmbə*] n. : nombre; numéro (n°)
The number one hundred and sixty-three.
Le nombre cent soixante-trois.

NUMBERS, LINES, SURFACES
NOMBRES, LIGNES, SURFACES

● **An addition** : une addition - **to divide** : diviser - **a division** : une division - **a multiplication** : une multiplication - **to multiply** : multiplier - **the proof** : la preuve - **to substract** : soustraire - **a substraction** : une soustraction. ● **A dozen** : une douzaine - **double** : le double - **an even, odd number** : un nombre pair, impair - **a fraction** : une fraction - **a third** : un tiers. ● **A billion** : un milliard - **a million francs** : un million de francs - **twenty-one** : vingt et un - **twenty-two** : vingt-deux - **one hundred and one** : cent un - **one hundred and two** : cent deux - **one thousand two hundred and one** : mille deux cent un. ● **A circle** : un cercle - **(a pair of) compasses** : un compas - **a cube** : un cube - **a rectangle** : un rectangle - **a triangle** : un triangle - **horizontal** : horizontal(e) - **oval** : ovale - **perpendicular** : perpendiculaire - **vertical** : vertical(e) - **a rule** : une règle.

numerous ['njuːmərəs] adj. : (de) nombreux, euse(s)
Numerous passers-by had gathered in the square.
De nombreux passants s'étaient rassemblés sur la place.

oak [ouk] n. : chêne

to obey [ə'bei] v. : obéir
You must obey your teacher. *Tu dois obéir à ton professeur.*

object [ɔ'bdʒekt] n. : objet

ocean ['ouʃən] n. : océan

The Pacific Ocean is larger than the other oceans.
L'océan Pacifique est plus grand que les autres océans.

October [ɔk'toubə*] n. : octobre

of [ɔv], **of the** : de, d', de la, du, des

Give me a pound of tea. *Donnez-moi une livre de thé.*
Tomorrow is the last day of the year.
C'est demain le dernier jour de l'année.
From here, you can hear the noise of the waves.
D'ici, on entend le bruit des vagues.

off [ɔːf] : idée d'éloignement

The mill is three kilometres off. *Le moulin est à trois kilomètres.*
He fell off a ladder. *Il est tombé d'une échelle.*

idée d'enlever

He took off his hat. *Il enleva son chapeau.*

idée d'interruption

She was off duty when the accident happened.
Elle n'était pas de service quand l'accident est arrivé.

to offer ['ɔfə*] v. : offrir (à)

office ['ɔfis] n. : bureau

Apply to the enquiry office.
Adressez-vous au bureau de renseignements.

often ['ɔfən] : souvent

He often reads before going to sleep.
Il lit souvent avant de s'endormir.

oil [ɔil] n. : huile

The French eat their salads with oil and vinegar.
Les Français mangent leurs salades à l'huile et au vinaigre.

pétrole

Texas is rich in oil. *Le Texas est riche en pétrole.*

o.k. [ou'kei] (U.S.) : d'accord

old [ould] adj. : vieux, vieille

His house is full of old things.
Sa maison est pleine de vieilles choses.
◆ How old is your brother? *Quel âge a ton frère?*

on [ɔn] : sur

The boat sails on the lake. *Le bateau navigue sur le lac.*

à

Andrew was hit on the head. *André a été frappé à la tête.*

on ... : dessus

The police laid hands on him. *La police a mis la main dessus.*

verbe + **on** : idée de continuer

Let's not stop, let's go on. *Ne nous arrêtons pas, continuons.*
Go on! *Continue! Continuez!*

once [wʌns] : une fois

Once upon a time ... : *Il était une fois ...*

at once : tout de suite

He told us to go there at once.
Il nous a dit d'y aller tout de suite.

one [wʌn] adj. : un, une

Take one apple each. *Prenez une pomme chacun.*

one pr. : un, une

I've lost my rubber, have you got one?
J'ai perdu ma gomme, en as-tu une?

one of my, your, his, her, our, their

un(e) de mes, tes, ses, ses, nos, leur.
One of my friends. *L'un de mes amis.*

one another : se, s'

The pupils are waiting for one another at the street corner.
Les élèves s'attendent au coin de la rue.

one's : sa, son, ses

One must love one's parents. *On doit aimer ses parents.*
One must do one's duty. *On doit faire son devoir.*

oneself : se, s'

One washes oneself every morning.
On se lave chaque matin.

soi, soi-même

One should not live for oneself alone.
On ne devrait pas vivre pour soi seul.
One should love one's neighbour as oneself.
On devrait aimer son prochain comme soi-même.

only ['ounli] : seulement, ne ... que

She speaks only English.
Elle parle seulement anglais. Elle ne parle qu'anglais.

open ['oupən] adj. : ouvert, (te)

The shop is open from 9 a.m. to 6 p.m. *La boutique est ouverte de 9 heures (du matin) à 6 heures (du soir).*

to open v. : ouvrir

It was broad daylight when I opened my eyes.
Il faisait grand jour quand j'ai ouvert les yeux.

opposite ['ɔpəzit] : en face de

or [ɔː*] : ou, ou bien

Are you playing or working?
Joues-tu ou (ou bien) travailles-tu?

orange ['ɔrindʒ] n. : orange

I drink a glass of orange juice every morning.
Je bois un verre de jus d'orange chaque matin.

to order ['ɔːdə*] v. : ordonner

She was ordered to go to the mountains.
On lui a ordonné d'aller à la montagne.

commander

When will you order your new car?
Quand commanderez-vous votre nouvelle voiture?

other ['ʌðə*] adj. : autre
His other sisters are not here.
Ses autres sœurs ne sont pas ici.

other(s) pr. : autre
These eggs are not fresh, I want some others.
Ces œufs ne sont pas frais, j'en veux d'autres.

ought [ɔːt] **(to)** : devoir (conditional)
He ought to be in bed by this time.
Il devrait être au lit à cette heure.

our ['auə*] : notre, nos
We put our skates in our bag.
Nous mettons nos patins dans notre sac.

ours ['auəz] : le nôtre, à nous
— Whose car is this? — It's ours.
— *A qui est cette voiture? — Elle est à nous. C'est la nôtre.*

a(n) ... of ours : un(e) de nos ...
We spent a week with a relative of ours.
Nous avons passé une semaine chez un de nos parents.

ourselves : nous
We shut ourselves in to work.
Nous nous sommes enfermés pour travailler.

    nous-mêmes
We shall tell him ourselves. *Nous le lui dirons nous-mêmes.*

out [aut] : dehors
Let us go out for a walk. *Allons nous promener dehors.*

    idée de sortir
Take your hands out of your pockets.
Sors les mains de tes poches.

    idée de fin
The fire was out when I came home.
Le feu était éteint quand je suis arrivé(e) à la maison.

    idée d'effacer
Ink is difficult to rub out.
L'encre est difficile à effacer.

out of : par
He threw his toys out of the window.
Il a jeté des jouets par la fenêtre.

    sur
She stays at home one day out of seven.
Elle reste à la maison un jour sur sept.

    dans
He took a cigarette out of my packet.
Il a pris une cigarette dans mon paquet.

outside [aut'said] : dehors, à l'extérieur
In summer, I prefer to be outside.
En été, je préfère être dehors (à l'extérieur).

over ['ouvə*] : sur
She has no influence over him.
Elle n'a pas d'influence sur lui.

    au-dessus (de)
We flew over Le Havre. *Nous avons volé au-dessus du Havre.*

    par-dessus
She was looking at us over her spectacles.
Elle nous regardait par-dessus ses lunettes.

    fini, ie
The play is over. *La pièce est finie.*
That's over! *C'est fini!*

overcoat [-kout] n. : manteau

to owe [ou] v. : devoir
We owe the grocer a lot of money.
Nous devons beaucoup d'argent à l'épicier.

ox (pl. oxen) [ɔks, 'ɔksən] n. : bœuf

page [peidʒ] n. : page
Read the first two pages carefully.
Lisez attentivement les deux premières pages.

pail [peil] n. : seau

pain [pein] n. : douleur, mal

to have a pain in : avoir mal à
I had a pain in my back.
J'avais une douleur dans le dos. J'avais mal dans le dos.

pains : peine
"Without pains no gains." « *Pas de salaire sans peine.* »

paint, painting [peint, peintiŋ] n. : peinture
There is no painting by Van Dyck in this gallery.
Il n'y a pas de peinture de Van Dyck dans ce musée.

to paint v. : peindre
The walls are painted grey. *Les murs sont peints en gris.*

pair [pɛə] n. : paire
I need a pair of stockings. *Il me faut une paire de bas.*

pan : see SAUCE-PAN

paper ['peipə*] n. : papier
The sheets of paper have been scattered by the wind.
Les feuilles de papier ont été dispersées par le vent.

(news)paper : journal

parcel ['pɑːsl] n. : paquet

parents [pɛərənts] n. pl. : parents (father and mother)
He lost both his parents in the accident.
Il perdit ses parents dans l'accident.

part [pɑːt] n. : partie
The major part of his story is true.
La plus grande partie de son histoire est vraie.

party ['pɑːti] n. : fête
Will you go to John's birthday party?
Iras-tu à la fête d'anniversaire de Jean?

to pass [pɑːs] v. : passer
We passed in front of his house.
Nous sommes passés devant sa maison.

passage ['pæsidʒ] n. : couloir
My (bed)room is at the end of the passage.
Ma chambre est au bout du couloir.

passenger ['pæsindʒə*] n. : passager, ère
This deck is for first class passengers.
Ce pont est réservé aux passagers de première classe.

   voyageur, euse
The passengers were getting off the train.
Les voyageurs descendaient du train.

past [pɑːst]
I'll come at twenty past ten. *Je viendrai à dix heures vingt.*

pavement [peivmənt] n. : trottoir
Please, walk on the pavement.
Marchez sur le trottoir, s'il vous plaît.

pay [pei] n. (62) : paye
Saturday is payday. *Le samedi est jour de paye.*

to pay (for) v. : payer
How much did he pay for it? *Combien l'a-t-il payé(e)?*

pea [piː] n. : pois
I laid aside two tins of green peas.
J'ai mis de côté deux boîtes de petits pois.

peace [piːs] n. : paix

peach [piːtʃ] n. : pêche
The peach is a stone-fruit. *La pêche est un fruit à noyau.*

pear [pɛə*] n. : poire
Pears have pips. *Les poires ont des pépins.*

peasant ['pezənt] n. : paysan

pen [pen] n. : plume, stylo

pen-holder [-houldə*] : porte-plume

(fountain-)pen : stylo

pencil ['pensl] n. : crayon

people ['piːpl] : gens
Rich people have servants.
Les gens riches ont des domestiques.

   personnes
How many people were there?
Combien de personnes y avait-il?

   monde
Did you see many people at the show?
Avez-vous vu beaucoup de monde au spectacle?

   on
In France, people dance in the streets on the fourteenth of July. *En France, on danse dans les rues le 14-Juillet.*

people(s) : peuple
Democracy is the government of the people by the people.
La démocratie est le gouvernement du peuple par le peuple.

perhaps [pə'hæps] : peut-être
Perhaps I shall come tomorrow. *Je viendrai peut-être demain.*

person ['pəːsn] n. : personne
Do you know this person?
Connais-tu (Connaissez-vous) cette personne?

pet [pet] n. : animal familier
Dogs, cats, parrots are pet animals.
Les chiens, les chats, les perroquets sont des animaux familiers.

petrol ['petrol] n. : essence

photo(graph) ['foutəgrɑːf] n. : photo(graphie)
Did you take many photos in Spain?
Avez-vous pris beaucoup de photos en Espagne?

to photograph v. : photographier
Stop moving while I photograph you.
Arrête de remuer pendant que je te photographie.

to pick [pik] v. : cueillir
Let's go and pick some gooseberries.
Allons cueillir des groseilles à maquereau.

to pick up : ramasser
Where did you pick up these snails?
Où avez-vous ramassé ces escargots?

picture ['piktʃə*] n. : image
Jack received a lovely picture-book for Christmas.
Jeannot a reçu un beau livre d'images pour Noël.

   tableau
Who painted this picture? *Qui a peint ce tableau?*

pictures n. : cinéma

pie [pai] n. : pâté
The children are making sand-pies.
Les petits font des pâtés de sable.

piece [piːs] n. : morceau

pig [pig] n. : cochon, porc
They rear Yorkshire pigs on their farm.
Ils élèvent des porcs du Yorkshire dans leur ferme.

pin [pin] n. : épingle
The needles are in the pincushion.
Les aiguilles sont sur la pelote à épingles.

pine(-tree) [paintriː] n. : pin

pink [piŋk] adj. : rose

place [pleis] n. : place
It's my place! *C'est ma place!*

   endroit
No place suits him. *Aucun endroit ne lui convient.*

plain [plein] adj. : simple

(aero)plane [ˈɛərəplein] n. : avion
The plane flew past as quick as lightning.
L'avion est passé, rapide comme l'éclair.

plant [plɑːnt] n. : plante
Ivy is a creeping plant. *Le lierre est une plante grimpante.*

to **plant** v. : planter

plate [pleit] n. : assiette
Their plates are made of china.
Leurs assiettes sont en porcelaine.

platform [ˈplætfɔːm] n. : quai

to **play** [plei] v. : jouer
I'd like to hear him play the violin.
J'aimerais l'entendre jouer du violon.

    s'amuser
Go and play with your brother.
Va t'amuser (= jouer) avec ton frère.

to **please** [pliːz] v. : plaire (à)
Do as you please. *Fais comme il te plaît.*

(if you) please : s'il vous plaît
Please, Sir, may I ask you a question?
S'il vous plaît, Monsieur, puis-je vous poser une question?

pleasant [ˈpleznt] adj. : agréable
It's more pleasant to watch television than to go out in this cold.
Il est plus agréable de regarder la télévision que d'aller dehors par ce froid.

pleased [pliːzd] adj. : content, te
He is pleased with his new job.
Il est content de son nouveau travail.

pleasure [ˈpleʒə*] n. : plaisir
I take pleasure in listening to music.
Je prends plaisir à écouter de la musique.

plenty [ˈplenti] **of** : beaucoup de
There will be plenty of cherries this year.
Il y aura beaucoup de cerises cette année.

plum [plʌm] n. : prune

p.m. (post meridiem) : de l'après-midi (heure)

pocket [ˈpɔkit] n. : poche
He arrived with his hands in his pockets.
Il arriva, les mains dans les poches.

point [point] n. : pointe
I pricked my finger with the point of the scissors.
Je me suis piqué le doigt avec la pointe des ciseaux.

policeman [pəˈliːsmən] (pl. **policemen**) n. : agent (de police)
The policemen are running after the thief.
Les agents courent après le voleur.

to **polish** [ˈpɔliʃ] v. : cirer
Polish your shoes before going out.
Cire tes chaussures avant de sortir.

    frotter
This morning, I polished the furniture of my room.
Ce matin, j'ai frotté les meubles de ma chambre.

polite [pəˈlait] adj. : poli, ie

pool [puːl] n. : mare

swimming-pool : piscine

poor [puə*] adj. : pauvre
We flew over a poor region.
Nous avons survolé une région pauvre.

    mauvais, aise
His health is poor. *Sa santé est mauvaise.*

pork [pɔːk] n. : viande de porc

port [pɔːt] n. : port
Portsmouth is a naval port. *Portsmouth est un port de guerre.*

possible [ˈpɔsibl] adj. : possible
I shall come as soon as possible.
Je viendrai aussitôt que possible.

post-office [poustˈɔfis] n. : poste

postman [ˈpoustmən] n. : facteur
The postmen are leaving the post-office.
Les facteurs sortent du bureau de poste.

THE G. P. O. (GENERAL POST-OFFICE)
LES P. et T. (POSTES ET TÉLÉCOMMUNICATIONS)

● **The collection** : la levée - **the counter** : le guichet - **the delivery** : la distribution - **Hello!** : Allo! - **the mail** : le courrier - **a postcard** : une carte postale - **the postmark** : le cachet de la poste - **a postal parcel** : un colis postal - **the telephone box** : la cabine téléphonique - **the telegraph** : le télégraphe - **a telegram** : un télégramme - **the telephone directory** : l'annuaire du téléphone. ● **To deliver** : distribuer - **to post** : poster - **to ring up** : appeler (au téléph.) - **to stamp** : affranchir.

pot [pɔt] n. : pot
◆ but : a teapot : *une théière*.

potato [pə'teitou] (pl. **potatoes**) n. : pomme de terre
Have you peeled the potatoes?
As-tu épluché les pommes de terre?

to **pour** [pɔː*] v. : verser
The waiter pours coffee into our cups.
Le garçon verse le café dans nos tasses.

to **pray** [prei] v. : prier

prayer [preiə*] n. : prière

to **prefer** [pri'fə*] v. : préférer
Take the one you prefer. *Prends celui (celle) que tu préfères.*

to **prepare** [pri'pɛə*] v. : préparer

present ['preznt] n. : cadeau

to **present (with)** v. : offrir
What will you present her with for her birthday?
Que lui offriras-tu pour son anniversaire?

to **press** [pres] v. : appuyer (sur)
Press the accelerator gently when the engine is cold.
Appuyez légèrement sur l'accélérateur quand le moteur est froid.

pretty ['priti] adj. : jolie, ie

to **prevent** [pri'vent] **(from)** v. : empêcher (de)
Prevent him from going too far. *Empêche-le d'aller trop loin.*

price [prais] n. : prix

to **prick** [prik] v. : piquer
Careful! This brooch may prick you!
Attention! Cette broche peut vous piquer!

priest [priːst] n. : prêtre

prize [praiz] n. : prix
We have won the first prize.
Nous avons gagné le premier prix.

probably ['prɔbabli] : sans doute

promise ['prɔmis] n. : promesse
Try to keep your promise. *Essaie de tenir ta promesse.*

to **promise** v. : promettre
He was promised a bicycle. *On lui a promis une bicyclette.*

to **prove** [pruːv] v. : prouver
Prove it if you can. *Prouve-le si tu peux.*

to **pull** [pull] v. : tirer
Pull hard on the rope.
Tire fort sur la corde.

to **pull down** : démolir

to **punish** ['pʌniʃ] v. : punir
He was punished for lying.
Il était puni pour avoir menti.

pupil ['pjuːpil] n. : élève

on purpose ['pəːpəs] : exprès
This was done on purpose and not by accident.
Cela a été fait exprès et non par accident.

purse [pəːs] n. : porte-monnaie (U.S. : sac à main)
Where did I put my purse? *Où ai-je mis mon porte-monnaie?*

to **push** [puʃ] v. : pousser
They are pushing the car. *Ils poussent la voiture.*

to **put** [put] v. (63) : mettre
Don't put your elbows on the table!
Ne mets pas tes (les) coudes sur la table!

to **put away** : ranger
You should put away your toys better than that.
Tu devrais ranger tes jouets mieux que ça.

to **put on** : mettre (vêtements)
Have you put on your woollen socks?
As-tu mis tes chaussettes de laine?

to **put out** : éteindre
I forgot to put out the fire before leaving.
J'ai oublié d'éteindre le feu avant de partir.

to **quarrel** [kwɔrəl] v. : se disputer

quarter ['kwɔːtə*] n. : quart
It was a quarter past two when he arrived.
Il était deux heures un quart quand il est arrivé.

quay [kiː] n. : quai

queen [kwiːn] n. : reine
Queen Elizabeth I reigned for fourty-five years.
La reine Elisabeth Iʳᵉ a régné pendant quarante-cinq ans.

question ['kwestʃən] n. : question
He refused to answer my question.
Il a refusé de répondre à ma question.

to **queue** [kju] v. : faire la queue
Queue here for the bus. *Faites la queue ici pour l'autobus.*

quick [kwik] adj. : rapide

quickly [kwikli] adv. : rapidement, vite
You did your sum too quickly and you were wrong.
Vous avez fait votre problème trop vite (rapidement) et vous vous êtes trompé(s).

quiet ['kwaiət] adj. : tranquille

to **be quiet** : se taire

to **keep quiet** : rester tranquille
Keep quiet while I do your hair.
Reste tranquille pendant que je te coiffe.

quite [kwəit] : tout à fait
I have not quite finished. *Je n'ai pas tout à fait fini.*

rabbit ['ræbit] n. : lapin
Bunny the rabbit ran off into the garden.
Jeannot lapin s'est sauvé dans le jardin.

race [reis] n. : course

radio [reidio] n. : radio
I heard it on the radio. *Je l'ai entendu à la radio.*

railway [reilwei] n. : chemin de fer

TRAVELLING BY RAIL   LES VOYAGES EN CHEMIN DE FER

● **A dining-car** : un wagon-restaurant - **an express train** : un express - **a local train** : un omnibus - **a rail-car** : un autorail - **a sleeping-car** : un wagon-lit. ● **A door** : une portière - **the luggage van** : le fourgon à bagages - **a sleeping-berth** : une couchette. ● **The booking-office** : le guichet - **to book seats** : louer des places - **the buffet** : le buffet - **the connection** : la correspondance - **the foot-bridge** : la passerelle - **the left-**

luggage office : la consigne - **a platform ticket** : un ticket de quai - **the subway** : le passage souterrain - **the terminus** : le terminus - **the time-table** : l'horaire - **the waiting-room** : la salle d'attente. ● **The railway** : le chemin de fer - **a railway accident** : un accident de chemin de fer - **a tunnel** : un tunnel - **a viaduct** : un viaduc. ● **The gate-keeper** : le garde-barrière - **the porter** : le porteur - **a railwayman** : un employé de chemin de fer - **a station-master** : un chef de gare.

rain [rein] n. : pluie

to rain v. : pleuvoir
It's going to rain. *Il va pleuvoir.*

raincoat [raincout] n. : imperméable

to raise [reiːz] v. : lever
I raise my glass to your happiness.
Je lève mon verre à votre bonheur.

    élever
They raised a monument in memory of John Kennedy.
On a élevé un monument à la mémoire de John Kennedy.

rather ['rɑːðə*] : plutôt
Well! Working is rather tiring!
Eh bien! Le travail est plutôt fatigant!

    assez
It is rather a large village. *C'est un assez grand village.*

raw [rɔː] adj. : cru, crue

to reach [riːtʃ] v. : atteindre
The baby can't reach the box.
Le bébé ne peut atteindre la boîte.

to read [riːd] v. (64) : lire
I like reading when I have time. *J'aime lire quand j'ai le temps*

READING AND WRITING   LIRE ET ÉCRIRE

● **An album** : un album - **a bill** : une affiche - **an illustrated magazine** : un illustré - **a magazine** : une revue - **a weekly (paper)** : un hebdomadaire. ● **A class-book** : un livre de classe - **a paper-back, bound, illustrated book** : un livre broché, relié, illustré - **to print** : imprimer - **a printing-press** : une imprimerie. ● **An article** : un article - **a novel** : un roman -

an adventure novel : un roman d'aventures - **poetry** : la poésie - **a theatre play** : une pièce de théâtre - **verses** : des vers. ● **An author** : un auteur - **a journalist, a reporter** : un journaliste - **a reader** : un lecteur - **a translator** : un traducteur - **a writer** : un écrivain. ● **To spell** : épeler - **a consonant** : une consonne - **a syllable** : une syllabe.

ready ['redi] adj. : prêt, prête
Your television set is ready to work.
Votre appareil de télévision est prêt à marcher.

reasonable ['riːznəbl] adj. : raisonnable
It's the most reasonable thing to do.
C'est la chose la plus raisonnable à faire.

to **receive** [ri'siːv] v. : recevoir
What sum did he receive? *Quelle somme a-t-il reçue?*

record [ri'kɔːd] n. : disque
They offered me a long-playing record.
Ils m'ont offert un disque de longue durée.

to **recover** [ri'kʌvə*] v. : guérir
He has completely recovered by now.
Il est maintenant tout à fait guéri.

red [red] adj. : rouge

refrigerator [ri'fridʒəreitə*] n. : réfrigérateur

to **refuse** ['refjus] v. : refuser
One can't refuse her anything. *On ne peut rien lui refuser.*

relative ['relətiv] n. : parent (family)
She is a relative of mine. *C'est une de mes parentes.*

religion [ri'lidʒən] n. : religion

● A **catholic** : un catholique - a **christian** : un chrétien - the **creed** : la croyance - a **free-thinker** : un libre penseur - a **jew** : un juif - a **moslem** : un musulman - a **protestant** : un protestant. ● A **minister** : un pasteur - a **monk** : un moine - the **Pope** : le pape - a **vicar** : un curé - a **rabbi** : un rabbin. ● A **cathedral** : une cathédrale - a **chapel** : une chapelle - a **convent** : un couvent - a **mosque** : une mosquée - a **synagogue** : une synagogue - the **altar** : l'autel - the **church service** : le service religieux - the **mass** : la messe - a **pew** : un banc d'église.

remains [ri'meins] n. pl. : restes

to **remain** v. : rester
In spite of his age, he remained the same.
Malgré son âge, il est resté le même.

to **remember** [ri'membə*] v. : se rappeler
Remember that you must go to the bank.
Rappelle-toi que tu dois aller à la banque.

se souvenir (de)
I remember my first day at school.
Je me souviens de mon premier jour de classe.

to **repair** [ri'pɛə*] v. : réparer

to **repeat** [ri'piːt] v. : répéter
I'll tell you, but don't repeat it.
Je vais vous le dire, mais ne le répétez pas.

reptile ['reptail] n. : reptile

rest [rest] n. : repos

to **rest**, to **have a rest** v. : se reposer
Let us rest here. *Reposons-nous ici.*

return [ri'təːn] n. : retour
Many happy returns of the day! *Bon anniversaire!*

to **return** v. : retourner
— Where are you going? — I'm returning home.
— Où allez-vous? — Je retourne à la maison.

rendre
Did I return the book you lent me?
T'ai-je rendu le livre que tu m'as prêté?

ribbon ['ribən] n. : ruban

rice [rais] n. : riz

rich [ritʃ] adj. : riche

to **ride** [raid] v. (63) : aller à cheval, à bicyclette
The Queen rode on horseback to Whitehall.
La reine est allée à cheval à Whitehall.

all right [rait] : d'accord

right adj. : droit, droite
She broke her right arm. *Elle s'est cassé le bras droit.*

bon, bonne
We arrived at the right moment.
Nous sommes arrivés au bon moment.

juste
"It's the right answer," the master said.
« C'est la réponse juste », a dit le maître.

(on, to the) right : (à) droite
The French drive on the right.
Les Français conduisent à droite.

to **be right** : avoir raison
They were right and we were wrong.
Ils avaient raison et nous avions tort.

to **ring** [riŋ] v. (66) : sonner
Who's ringing the door-bell? *Qui sonne à la porte?*

to **ring up** : téléphoner

ripe [raip] adj. : mûr, mûre
Are the strawberries ripe? *Les fraises sont-elles mûres?*

to **ripen** [raipən] v. : mûrir

to **rise** [raiz] v. (67) : se lever
The sun rises behind the mountains.
Le soleil se lève derrière les montagnes.

river ['rivə*] n. : rivière
There is an old inn by the river.
Il y a une vieille auberge près de la rivière.

fleuve
What is the longest river in the world?
Quel est le plus long fleuve du monde?

road [roud] n. : route
Which is the Paris road? *Laquelle est la route de Paris?*

● **A moped** : un vélomoteur - **a fire-engine** : une auto de pompier - **a motor-bike** : une motocyclette - **a motor-scooter** : un scooter - **a racing car** : une voiture de course - **a taxi (-cab)** : un taxi - **a trailer** : une remorque - **a van** : une camionnette. ● **A bend** : un virage - **a breakdown** : une panne - **hitch-hiking** : l'auto-stop - **a motorway** : une autoroute.

● **No entry** : sens interdit - **a milestone** : une borne - **parking** : le stationnement - **a signpost** : un poteau indicateur - **no thoroughfare** : voie sans issue - **one-way street** : sens unique. ● **A breakdown mechanic** : un dépanneur - **a garage-man** : un garagiste - **a mechanic** : un mécanicien.

to rob [rɔb] v. : voler
I've been robbed of my money. *On m'a volé mon argent.*

robber [rɔbə*] n. : voleur, euse

roof [ruːf] n. : toit
James's house has a red-tiled roof.
La maison de Jacques a un toit de tuiles rouges.

room [rum] n. : place
You take up a lot of room! *Tu prends beaucoup de place!*

pièce
How many rooms are there in their house?
Combien de pièces y a-t-il dans leur maison?

salle
I have painted the bath-room blue.
J'ai peint la salle de bains en bleu.

chambre
Our room is sunny. *Notre chambre est ensoleillée.*

root [ruːt] n. : racine

rope [roup] n. : corde
The sailors are climbing up the rope-ladder.
Les marins montent à l'échelle de corde.

rose [rouz] n. : rose

round [raund] adj. : rond, ronde
The clock-dial is round. *Le cadran de l'horloge est rond.*

adv. : autour (de)
There is a path round the pond.
Il y a une allée autour de l'étang.

row [rou] n. : rang, rangée
Our house is the third in the first row.
Notre maison est la troisième de la première rangée.

to **rub** [rʌb] v. : (se) frotter
The cat is hungry, she is rubbing against my leg.
Le chat a faim, il se frotte contre ma jambe.

to **rub out** : effacer

rule [ruːl] n. : règle

to **run** [rʌn] v. (68) : courir
Don't run across the street.
Ne cours pas en traversant la rue.

(faire) couler
Run some cold water in your bath.
Fais couler de l'eau froide dans ton bain.

to **run over** : écraser
I very nearly ran over a dog yesterday evening.
J'ai bien manqué écraser un chien hier soir.

to be run over : être écrasé, se faire écraser

Poor animal! it was run over by a car.
Pauvre bête! elle a été écrasée par une voiture.

to run away : se sauver

's : de, des, de la, du (possessive case)

Dad's tools are in the cupboard.
Les outils de Papa sont dans le placard.
The pupils' books have been distributed.
Les livres des élèves ont été distribués.

celui de, celle de

This napkin is not mine, it is my sister's.
Cette serviette n'est pas la mienne, c'est celle de ma sœur.

ceux de, celles de

Use your own pencils and leave your brother's.
Sers-toi de tes crayons et laisse ceux de ton frère.

sad [sœd] adj. : triste

safe [seif] adj. : sûr, sûre

Is the foot-bridge safe? *La passerelle est-elle sûre?*

to sail [seil] v. : naviguer

About fifteen boats were sailing in the bay.
Quinze bateaux environ naviguaient sur la baie.

sailor [seilə*] n. : marin

He is a good sailor. *Il a le pied marin.*

salad ['sæləd] n. : salade

sale [seil] n. : vente

Sales have been low this month.
Les ventes ont été faibles ce mois-ci.

salt [sɔlt] n. : sel

to salt v. : saler

Did you salt the mashed potatoes?
As-tu salé la purée de pommes de terre?

same [seim] : même

We live in the same house as our parents.
Nous habitons la même maison que nos parents.

sand [sænd] n. : sable

He put his towel to dry on the sand.
Il a mis sa serviette sécher sur le sable.

Saturday ['sætədei] n. : samedi

(sauce)pan [sɔːspæn] n. : casserole

to saw [sɔː] v. (69) : scier

I was told to saw the board. *On m'a dit de scier la planche.*

to say [sei] v. (70) : dire

He says you must go and see him immediately.
Il dit que tu dois aller le voir immédiatement.

réciter

May I say my lesson? *Puis-je réciter ma leçon?*

scales [skeils] n. pl. : balance

Are your scales right? *Votre balance est-elle juste?*

school [skuːl] n. : école

My little brother is too young to go to school.
Mon petit frère est trop jeune pour aller à l'école.

classe

Is Saturday a school-day in your country?
Le samedi est-il un jour de classe dans votre pays?

school-bag : cartable

schoolboy, girl : écolier, écolière

(school)master : instituteur; maître (d'école)

(school)mistress : institutrice; maîtresse (d'école)

Their mistress took them out for a walk.
Leur institutrice (maîtresse) les a emmenés promener.

science ['saiəns] n. : science

scissors [sizəz] n. pl. : ciseaux

to scratch [skrætʃ] v. : (se) gratter

The dog is scratching at the door. *Le chien gratte à la porte.*

(se) griffer

Joan scratched her cheek. *Jeanne s'est griffée à la joue.*

sea [siː] n. : mer

AT THE SEASIDE   AU BORD DE LA MER

● **The cliff** : la falaise - **a pebble** : un galet - **a rock** : un rocher - **a sand-bank** : un banc de sable - **the shore** : le rivage - **high, low tide** : la marée haute, basse. ● **A bather** : un baigneur - **the beach guard** : le maître nageur - **a bathing-costume** : un costume de bain - **a deck-chair** : une chaise longue - **the diving board** : le plongeoir - **to sun-bathe** : prendre le soleil - **sunstroke** : un coup de soleil - **a tent** : une tente - **water-skiing** : le ski nautique - **a pedal-boat** : un Pédalo. ● **To dive** : plonger - **to float** : flotter - **to get tanned** : brunir - **to paddle** : barboter - **to row** : ramer. ● **A crab** : un crabe - **a lobster** : un homard - **a mussel** : une moule - **an oyster** : une huître - **a crayfish** : une écrevisse - **a sea-urchin** : un oursin - **a shell** : un coquillage - **a shrimp** : une crevette - **a shrimp-net** : un filet à crevettes - **a starfish** : une étoile de mer.

season ['siːzn] n. : saison
When does the football season start?
Quand commence la saison du football?

seat [siːt] n. : place
I've booked two seats for "Macbeth".
J'ai pris deux places pour « Macbeth ».

second ['sekənd] adj. : second, de
Did you take a first or second class ticket?
As-tu pris un billet de première ou de seconde classe?

> deux Elizabeth the Second. *Elisabeth II.*

> deuxième
He was punished for the second time.
Il a été puni pour la deuxième fois.

to see [siː] v. (71) : voir
Can cats really see at night?
Les chats voient-ils réellement la nuit?

to seem [siːm] v. : paraître, sembler
Things are not what they seem.
Les choses ne sont pas ce qu'elles paraissent.
It seems to me that you haven't learnt your lesson.
Il me semble que vous n'avez pas appris votre leçon.

> avoir l'air
She doesn't seem to be much interested in her work.
Elle n'a pas l'air de s'intéresser beaucoup à son travail.

to sell [sel] v. (72) : vendre
She sells sea-shells on the seashore.
Elle vend des coquillages sur la plage.

best-seller : le mieux vendu
This novel is the month's best-seller.
Ce roman est le mieux vendu du mois.

to send [send] v. (73) : envoyer

to send for : envoyer chercher
He felt sick and sent for the doctor.
Il s'est senti malade et a envoyé chercher le docteur.

sensible ['sensibl] adj. : raisonnable
She is a sensible girl. *C'est une fille raisonnable.*

September [sep'tembə*] n. : septembre

to serve [səːv] v. : servir
My umbrella will serve me as a parasol.
Mon parapluie me servira d'ombrelle.
◆ but : It serves you right!
C'est bien fait pour toi!

set [set] n. : appareil
I need new batteries for my radio-set.
J'ai besoin de piles neuves pour mon appareil de radio.

> service (tea, coffee)
He presented me with a tea-set. *Il m'a offert un service à thé.*

seven ['sevn] : sept — **seventh** ['sevnθ] : septième

seventeen ['sevn'tiːn] : dix-sept

seventy ['seven'ti] : soixante-dix

several ['sevrəl] : plusieurs
He read it several times. *Il l'a lu(e) plusieurs fois.*

to sew [sou] v. : coudre

shade [ʃeid] n. : ombre
It is cooler in the shade. *Il fait plus frais à l'ombre.*

shadow ['ʃædou] n. : ombre
He is afraid of his own shadow. *Il a peur de son ombre.*

to shake [ʃeik] v. (74) : secouer
Shake the plum-tree to shake the plums down.
Secoue le prunier pour faire tomber les prunes.

> trembler
Your story makes me shake with fear.
Votre histoire me fait trembler de peur.
Shake hands with him. *Donne-lui une poignée de main.*

shall [ʃæl] : future (1st persons)
We shall have a car soon.
Nous aurons bientôt une voiture.
I shall not be afraid. *Je n'aurai pas peur.*
Shall we see her at her brother's wedding?
La verrons-nous au mariage de son frère?

shape [ʃeip] n. : forme
My hat is out of shape. *Mon chapeau n'a plus de forme.*

to share [ʃɛə*] v. : partager

sharp [ʃɑːp] adj. : pointu, ue
The mouse has a sharp nose. *La souris a un nez pointu.*

to sharpen [ʃɑːpn] v. : tailler

she [ʃiː] : elle
— Where is she? — She is in the garden.
— Où est-elle? — Elle est dans le jardin.

she is : c'est
She is a teacher. *C'est un professeur.*

sheep [ʃiːp] n. inv. : mouton
The shepherd has lost two sheep.
Le berger a perdu deux moutons.

sheet [ʃiːt] n. : feuille (de papier)
He has his pay-sheet. *Il a sa feuille de paye.*

> drap
The sheets are drying outside. *Les draps sèchent dehors.*

to shine [ʃain] v. (75) : briller
The sun shines when there are no clouds.
Le soleil brille quand il n'y a pas de nuages.

ship [ʃip] n. : navire, bateau

There are two warships in the harbour.
Il y a deux navires (bateaux) de guerre dans le port.

shirt [ʃɔːt] n. : chemise

to shiver ['ʃivə*] v. : trembler

She was shivering with cold. *Elle tremblait de froid.*

shocking [ʃɔkiŋ] adj. : choquant, te; scanda-
leux, euse

shoe [ʃuː] n. : chaussure, soulier

Take your shoes to the shoemaker's.
Porte tes chaussures chez le cordonnier.

to shoot [ʃuːt] v. (76) : tirer

Hands up or I'll shoot you! *Haut les mains ou je tire sur vous!*

shop [ʃɔp] n. : boutique

This shop is well stocked. *Cette boutique est bien garnie.*

    magasin

A clothing shop will open soon in the main street.
*Un magasin de vêtements va bientôt ouvrir dans la grand-rue
(rue principale).*

shopping [ʃɔpiŋ] n. : achats, commissions

to go shopping : (aller) faire des achats, des ...

Mummy is not at home; she has gone out shopping.
*Maman n'est pas à la maison; elle est allée faire des achats
(des commissions).*

shop-keeper [ʃɔpkiːpə*] n. : commerçant, te

This shop-keeper is honest.
Ce commerçant (Cette commerçante) est honnête.

shop-window [ʃɔp'windou] n. : vitrine

short [ʃɔːt] adj. : court, te

Her dress has become too short.
Sa robe est devenue trop courte.

I'm short of money. *Je suis à court d'argent.*

    petit, te

He is too short to reach the shelf.
Il est trop petit pour atteindre l'étagère.

should [ʃud] : conditional (1st persons)

I should like you to hurry up. *J'aimerais que tu te dépêches.*
We should have arrived earlier if it had not rained.
Nous serions arrivés plus tôt s'il n'avait pas plu.

to shout [ʃaut] v. : crier

shovel ['ʃɔvl] n. : pelle

Take this shovel and shift this sand-heap.
Prends cette pelle et déplace ce tas de sable.

to show [ʃou] v. (77) : montrer

He showed us his new car. *Il nous a montré sa nouvelle voiture.*

to shut [ʃʌt] v. (78) : fermer

She is playing at opening and shutting my umbrella.
Elle s'amuse à ouvrir et à fermer mon parapluie.

to shut in : enfermer

Didn't you shut the cat in the cellar?
N'as-tu pas enfermé le chat dans la cave?

sick [sik] adj. : malade

He was sick all night. *Il a été malade toute la nuit.*
◆ but : He was seasick. *Il a eu le mal de mer.*

side [said] n. : côté

On what side of the square is the town hall?
De quel côté de la place est la mairie (l'hôtel de ville)?

    bord

We'll go to the seaside. *Nous irons au bord de la mer.*

sight [sait] n. : vue

She has weak sight and wears spectacles.
Elle a la vue faible et porte des lunettes.

silence ['sailəns] n. : silence

Silence, please! *Silence, s'il vous plaît!*

silk [silk] n. : soie

Where have I put my silk scarf?
Où ai-je mis mon écharpe de soie?

silver ['silvə*] n. : argent

simple ['simpl] adj. : simple

My parents are simple people.
Mes parents sont des gens simples.

since [sins] : depuis (que)

They have been living in the village since 1926.
Ils habitent le village depuis 1926.

    puisque

Stay here, since you don't want to come with us.
Reste ici puisque tu ne veux pas venir avec nous.

to sing [siŋ] v. (79) : chanter

Let's not sing here. *Ne chantons pas ici.*

single ['siŋgl] adj. : seul, seule

There was not a single one left.
Il n'en restait pas un seul (une seule).

    simple

Do you want a single or a return ticket?
Voulez-vous un billet simple ou un billet d'aller et retour?

sir [sə:*] n. : monsieur (conversation)

— Have you learnt your lesson, John? — No, Sir, I haven't.
— *Jean, as-tu appris ta leçon? — Non, monsieur.*

sister ['sistə*] n. : sœur

Do you get on well with your sister?
T'entends-tu bien avec ta sœur?

to **sit down** [sit] v. (80) : s'asseoir

She sat down on a bench. *Elle s'assit (s'est assise) sur un banc.*

to **be sitting** : être assis

sitting-room : salon

They bought two armchairs and a sofa for their sitting-room.
Ils ont acheté deux fauteuils et un canapé pour leur salon.

six [siks] : six — **sixth** [siksθ] : sixième

sixteen [siks'ti:n] : seize — **sixty** [siksti] : soixante

to **skate** [skeit] v. : patiner

The lake was frozen and you could skate on it.
Le lac était gelé et on pouvait patiner dessus.

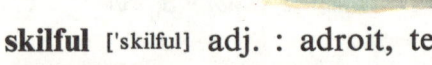

skilful ['skilful] adj. : adroit, te

skin [skin] n. : peau

Babies have a fine skin.
Les bébés ont la peau fine.

skirt [skə:t] n. : jupe

sky [skai] n. : ciel

skyscraper : gratte-ciel

New York skyscrapers are famous.
Les gratte-ciel de New York sont célèbres.

● **Dawn** : l'aurore - **a (flash of) lightning** : un éclair - **a crescent moon** : un croissant de lune - **moonlight** : le clair de lune - **the new moon** : la nouvelle lune - **a rainbow** : un arc-en-ciel - **space** : l'espace - **a sunbeam** : un rayon de soleil - **the sunrise** : le lever du soleil - **the sunset** : le coucher du soleil. ● **Sunny** : ensoleillé(e) - **in the open air** : à la belle étoile **sky-blue** : bleu ciel.

sleep [sli:p] n. : sommeil

He talks in his sleep. *Il parle pendant son sommeil.*

to **sleep** v. (81) : dormir, coucher

They will sleep at their grandmother's.
Ils dormiront (coucheront) chez leur grand-mère.

to **go to sleep** : s'endormir

He went to sleep as soon as he was in bed.
Il s'endormit aussitôt qu'il fut couché.

to **be, to feel sleepy** : avoir sommeil

I feel sleepy because I went to bed late last night.
J'ai sommeil parce que je me suis couché tard la nuit dernière.

sleeve [sli:v] n. : manche

Her dress is sleeveless. *Sa robe est sans manches.*

slice [slais] n. : tranche

to **slide** [slaid] v. (82) : glisser, faire des glissades

The children are sliding on the frozen canal.
Les enfants font des glissades (glissent) sur le canal gelé.

slipper [slipə*] n. : pantoufle

slow [slou] adj. : lent, te

His progress is slow. *Ses progrès sont lents.*

slowly [slouli] : lentement

The clouds were moving forward slowly.
Les nuages avançaient lentement.

to **be slow** : retarder (clock)

No, my watch isn't slow. *Non, ma montre ne retarde pas.*

small [smɔ:l] adj. : petit, te

They live in a small house. *Ils habitent une petite maison.*

smell [smel] n. : odeur

to **smell** v. (83) : sentir

The room smells of cooking. *La pièce sent la cuisine.*

to **smile** [smail] v. : sourire

smoke [smouk] n. : fumée

to **smoke** v. : fumer

The old sailor smokes a pipe.
Le vieux marin fume la pipe.

smooth [smu:ð] adj. : doux, douce

snake [sneik] n. : serpent

Are you afraid of snakes? *As-tu peur des serpents?*

snow [snou] n. : neige

to **snow** v. : neiger
It snowed a lot last winter.
Il a beaucoup neigé l'hiver dernier.

so [sou] : ainsi
Why did he speak so? *Pourquoi a-t-il parlé ainsi?*

   si
You are so nice!
Tu es si gentille (gentil)!

   aussi
He will come tomorrow and so shall we.
Il viendra demain et nous aussi.

   le, l'
— Will you be able to find your way? — Yes, I think so.
— *Pourras-tu trouver ton chemin? — Oui, je le crois.*

not so ... as : pas aussi ... que
She is not so tall as her mother.
Elle n'est pas aussi grande que sa mère.

so many : tant de
I did not think there were so many teachers.
Je ne croyais pas qu'il y avait tant de professeurs.

so much : tant de
They have so much money that they can live without working.
Ils ont tant d'argent qu'ils peuvent vivre sans travailler.
◆ So much the better! *Tant mieux!*

soap [soup] n. : savon
Who has been using my toilet-soap?
Qui s'est servi de mon savon de toilette (ma savonnette)?

sock [sɔk] n. : chaussette

soft [sɔft] adj. : mou, molle; doux, douce
My bed is soft. *Mon lit est doux. Mon lit est mou.*

soil [sɔil] n. : terre
The soil of these flower-pots wants changing.
La terre de ces pots de fleurs a besoin d'être changée.

some [sʌm] : de, de la, du, des
I have some old papers to throw out.
J'ai de vieux papiers à jeter.
Give me some tea. *Donne-moi du thé.*

   (les) uns
He kept some and gave us the others.
Il a gardé les uns et nous a donné les autres.

   en
I have no milk, would you like to give me some?
Je n'ai pas de lait, voudriez-vous m'en donner?

somebody ['sʌmbɔdi], **someone** ['sʌmwən] : quelqu'un
I think this is someone else's hat.
Je crois que c'est le chapeau de quelqu'un d'autre.

on
Somebody took my pen. *On (= quelqu'un) a pris mon stylo.*

something ['sʌmθiŋ] : quelque chose
— Did you bring anything? — Yes, I brought something good.
— *As-tu apporté quelque chose? — Oui, j'ai apporté quelque chose de bon.*

sometimes ['sʌmtaimz] : quelquefois
He sometimes goes this way.
Il prend quelquefois cette direction (ce chemin).

somewhere ['sʌmwɛə*] : quelque part
Yes, I hid it somewhere and you won't find it.
Oui, je l'ai caché(e) quelque part et tu ne le (la) trouveras pas.

son [sʌn] n. : fils
It's my son's birthday today.
C'est l'anniversaire de mon fils aujourd'hui.

song [sɔŋ] n. : chant, chanson
I don't know this bird's song.
Je ne connais pas le chant de cet oiseau.

soon [suːn] : bientôt
See you soon! *A bientôt!*

   tôt
It is too soon to go to bed.
Il est trop tôt pour aller se coucher.

as soon as : aussitôt que

sorrow ['sɔrou] n. : peine
His failure gave them much sorrow.
Son échec leur a fait beaucoup de peine.

   douleur
Her sorrow was great. *Sa douleur était grande.*

to **be sorry** ['sɔri] : être désolé, regretter
I'm sorry to trouble you.
Je regrette (Je suis désolé) de vous déranger.
◆ Sorry! *Pardon!*

sound [saund] n. : son
The sound of the bells awoke us.
Le son des cloches nous a réveillés.

soup [suːp] n. : soupe

south [sauθ] n. : sud
Brazil is in South America. *Le Brésil est en Amérique du Sud.*

to **speak (to)** [spiːk] v. (84) : parler (à)
I'll speak to your teacher. *Je parlerai à ton professeur.*

spectacle ['spektəkl] n. : spectacle

spectacles ['spektaklz] n. pl. : lunettes

speed [spiːd] n. : vitesse

to speed v. : faire de la vitesse
He was fined for speeding.
Il a eu une amende pour excès de vitesse.

to spend [spend] v. (85) : dépenser
She doesn't spend all (that) she earns.
Elle ne dépense pas tout ce qu'elle gagne.

passer
Where will you spend your holiday?
Où passerez-vous vos vacances?

spider ['spaidə*] n. : araignée

spoon [spuːn] n. : cuiller

sport [spɔːt] n. : sport

IT'S NOT CRICKET!   CE N'EST PAS DE JEU!

● **Athletics** : l'athlétisme - **an athlete** : un athlète - **a champion** : un champion - **gymnastics** : la gymnastique - **a team** : une équipe - **the track** : la piste. ● **A bicycle-race** : une course de bicyclettes - **boxing** : la boxe - **a car-race** : une course automobile - **cricket** : le cricket - **golf** : le golf - **judo** : le judo - **skating** : le patinage - **wrestling** : la lutte - **tennis** :

le tennis - **the net** : le filet - **a racket** : une raquette. ● **Basketball** : le basket - **football** : le football - **a goal** : un but - **the goal-keeper** : le gardien de but - **the kick-off** : le coup d'envoi - **rugby football** : le rugby. ● **A set** : une manche - **the score** : la marque - **the referee** : l'arbitre - **to miss a goal** : manquer un but - **to score** : marquer (un but).

spot [spɔt] n. : endroit
This is the spot where Mary Stuart died.
Voici l'endroit où mourut Marie Stuart.

bouton
He gets spots when he eats fish.
Il a des boutons quand il mange du poisson.

spring [spriŋ] n. : printemps
The sun looks nicer in spring.
Le soleil paraît plus agréable au printemps.

spring n. : source

square [skwɛə*] adj. : carré, (ée)
Is your watch round or square?
Ta montre est-elle ronde ou carrée?

n. : carré
The square of four is sixteen. *Le carré de quatre est seize.*

place
Trafalgar Square is famous.
La place de Trafalgar est célèbre.

to squeeze [skwiːz] v. : serrer

stain [stein] n. : tache

to stain v. : tacher
Don't stain the carpet with your dirty feet.
Ne tache pas le tapis avec tes pieds sales.

stairs [stɛəz] n. pl. : escalier

stamp [stæmp] n. : timbre
She sent me a letter without a stamp.
Elle m'a envoyé une lettre sans timbre.

to stand [stænd] v. (86) : être debout
I'm tired of standing. *Je suis fatigué(e) d'être debout.*

to stand up : se lever
The Mayor stood up and drank the Queen's health.
Le maire se leva et but à la santé de la reine.

star [stɑːr*] n. : étoile
We saw plenty of shooting stars that autumn.
Nous avons vu beaucoup d'étoiles filantes cet automne.

to start [stɑːt] v. : commencer
— Have you finished? — No, I've just started shaving.
— As-tu fini? — Non, je viens de commencer à me raser.

partir
The engine won't start. *Le moteur ne veut pas partir.*

to start again : recommencer

state [steit] n. : État
The United States of America (U.S.A.) is made up of fifty states.
Les États-Unis sont composés de cinquante États.

station ['steiʃən] n. : poste

There is a first-aid station at the cross-roads.
Il y a un poste de secours au carrefour.

      station

Mr Smith catches the tube at Marble Arch station every day.
M. Smith prend tous les jours le métro à la station Marble Arch.

      gare

The train is in the station. *Le train est en gare.*

to stay [stei] v. (87) : rester

How long did you stay in Italy?
Combien de temps êtes-vous resté en Italie?

steak [steik] n. : bifteck

I want my steak underdone. *Je veux mon bifteck saignant.*

to steal [stiːl] v. (88) : voler

The kids stole apples in our orchard.
Les gamins ont volé des pommes dans notre verger.

steam [stiːm] n. : vapeur

Stevenson invented the steam-engine.
Stevenson inventa la machine à vapeur.

steep [stiːp] adj. : raide

step [step] n. : marche

How many steps do you need to climb to get to the top?
Combien de marches faut-il monter pour arriver en haut?

      pas

It's only a few steps from here. *Ce n'est qu'à quelques pas d'ici.*

stick [stik] n. : bâton

John cut a stick with his knife.
Jean a coupé un bâton avec son couteau.

to stick v. (89) : coller

Resin sticks to one's fingers. *La résine colle aux doigts.*
◆ "Stick no bills." « *Défense d'afficher.* »

still [stil] : encore

What! You are still in bed! You are not dressed yet!
Quoi! Tu es encore au lit! Tu n'es pas encore habillé(e)!

      toujours

He still has his milk-teeth. *Il a toujours ses dents de lait.*

to sting [stiŋ] v. (90) : piquer (insects)

What stung you on the forehead?
Qu'est-ce qui t'a piqué(e) au front?

stocking [stɔkiŋ] n. : bas

stone [stoun] n. : pierre

The stone walls were covered with ivy.
Les murs de pierre étaient couverts de lierre.

stop [stɔp] n. : arrêt

You'll get off at the next stop.
Vous descendrez au prochain arrêt.

to stop v. : (s') arrêter

The workers stop at noon. *Les ouvriers s'arrêtent à midi.*

to stop up : boucher

The wash basin is stopped up. *Le lavabo est bouché.*

(department) store [stɔː*] n. : (grand) magasin

Is there a department store in your town?
Y a-t-il un grand magasin dans votre ville?

storm [stɔːm] n. : orage

story ['stɔːri] n. : histoire

But that's another story. *Mais c'est une autre histoire.*

stove [stouv] n. : poêle

straight [streit] : droit

After school, go straight home.
Après l'école, allez tout droit à la maison.

straw [strɔː] n. : paille

Put on your straw hat. *Mets ton chapeau de paille.*

strawberry [stræbəri] (pl. **strawberries)** n. : fraise

stream [striːm] n. : rivière

street [striːt] n. : rue

We live in (U. S. : on) Victory Street.
Nous habitons rue de la Victoire.

strength [streŋθ] n. : force

to strike [straik] v. (91) : frapper

His head struck the kerb. *Sa tête a frappé le bord du trottoir.*
◆ but : I have nothing to strike my match on.
Je n'ai rien pour frotter mon allumette.

string [striŋ] n. : ficelle

strong [strɔŋ] adj. : fort, forte

study ['stʌdi] n. : étude

to study v. : étudier

He likes studying insects very much.
Il aime beaucoup étudier les insectes.

suburbs ['sʌbəːbs] n. pl. : banlieue

subway ['sʌbwei] n. : (U.S.) métro

to succeed [sək'siːd] v. : réussir

The prisoner succeeded in escaping.
Le prisonnier a réussi à s'évader.

such [sʌtʃ] : tel, telle

There was such a storm that we stayed at home.
Il y avait un tel orage que nous sommes restés à la maison.

all of a sudden ['sʌdn] : tout à coup

All of a sudden, the sea became rough.
Tout à coup, la mer devint houleuse.

to **suffer** ['sʌfə*] v. : souffrir

Our garden did not suffer from the storm.
Notre jardin n'a pas souffert de l'orage.

sugar ['ʃugə*] n. : sucre

Did you put sugar in your tea? *As-tu mis du sucre dans ton thé?*

to **suit** [sjuːt] v. : aller bien

The colour of this dress suits your complexion.
La couleur de cette robe va bien avec votre teint.

suit n. : costume

His suit suits him very well. *Son costume lui va très bien.*

suit-case ['sjutkeis] n. : valise

summer ['sʌmə*] n. : été

Days are longer in summer than in winter.
Les jours sont plus longs en été qu'en hiver.

sun [sʌn] n. : soleil

A sunbeam crept through the shutters.
Un rayon de soleil se glissait à travers les volets.

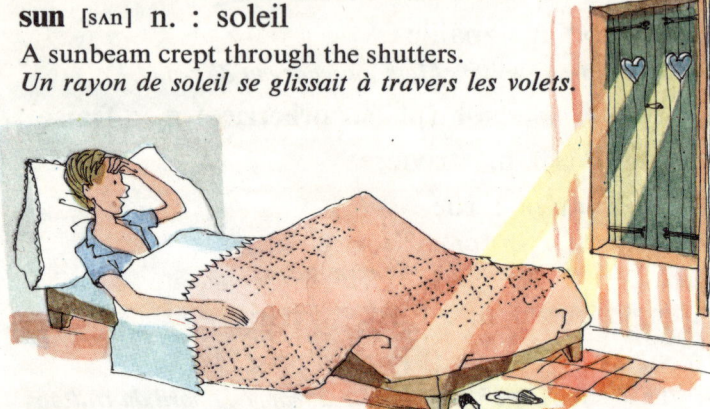

Sunday ['sʌndi] n. : dimanche

Accidents are numerous on Sundays.
Les accidents sont nombreux le dimanche.

sure [ʃuə*] adj. : sûr, sûre

surely [ʃuə*li] : sûrement

You surely don't mean it.
Vous ne voulez sûrement pas dire ça (cela).

to **surprise** [sə'praiz] v. : étonner, surprendre

I should not be surprised if it snowed.
Je ne serais pas surpris (étonné) s'il neigeait.

surprising [sə'praiziŋ] adj. : étonnant, te

What you tell me is so surprising that I cant' believe it.
Ce que tu me dis est si étonnant que je ne peux pas le croire.

swallow ['swɔlou] n. : hirondelle

to **sweep** [swiːp] v. (92) : balayer

Go and sweep away the snow. *Va (Allez) balayer la neige.*

sweet [swiːt] adj. : doux, douce

The band was playing sweet music.
L'orchestre jouait de la musique douce.

sweet n. : bonbon

Sweets are bad for your teeth.
Les bonbons sont mauvais pour les dents.

    dessert (plat sucré)

What will you have for a sweet : rice pudding or ice-cream?
Que voulez-vous pour dessert : du gâteau de riz ou une glace?

to **swim** [swim] v. (93) : nager

swimmer [swimə*] n. : nageur, euse

My sister is a good swimmer.
Ma sœur est une bonne nageuse (nage bien).

swimming-pool : piscine (en plein air)

switch [switʃ] n. : bouton (électrique)

to **switch on** : allumer (électricité)

to **switch off** : éteindre (électricité)

I switched off the lamp and I switched on the night-light.
J'ai éteint la lampe et allumé la veilleuse.

table ['teibl] n. : table

(table-)cloth n. : nappe

to **take** [teik] v. (94) : prendre

Have you taken your umbrella? *As-tu pris ton parapluie?*

to **take (away)** : emmener

Take her away from here. *Emmenez-la d'ici.*

    enlever, ôter

Take away these boxes and clean the floor.
Enlevez (Otez) ces caisses et nettoyez le plancher.

to **take off** : enlever, ôter (vêtements)

He helped her to take off her coat.
Il l'aida à enlever (ôter) son manteau.

to **talk** [tɔːk] v. : parler

She talks like a parrot. *Elle parle comme un perroquet.*

tall [tɔːl] adj. : grand, grande

The sequoia is the tallest tree of all.
Le séquoia est le plus grand de tous les arbres.

to **taste** [teist] v. : goûter

taxi ['tæksi] n. : taxi

The taxi-rank is two hundred metres from here.
La station de taxis est à deux cents mètres d'ici.

tea [tiː] n. : thé

Come on, children, it's tea-time.
Venez, les enfants, c'est l'heure du thé.

to **teach** [tiːtʃ] v. (95) : apprendre

I can't teach him to keep silent.
Je ne peux pas lui apprendre à se taire.

    enseigner

What will she teach in her new school?
Qu'enseignera-t-elle dans sa nouvelle école?

teacher [tiːtʃə*] n. : professeur

tear [tiə*] n. : larme

These are only crocodile tears. *Ce sont des larmes de crocodile.*

to **tear** ['tɛə*] v. (96) : déchirer

She tore her dress on a nail. *Elle a déchiré sa robe à un clou.*

teeth : see TOOTH

(tele)phone ['telifoun] n. : téléphone

There is a telephone call for you.
On vous demande au téléphone.

television ['telivizən] n. : télévision

to tell [tel] v. (97) : raconter

He told me all about his journey.
Il m'a raconté tout son voyage.

> dire

Could you tell us how this happened?
Pourriez-vous (Pourrais-tu) nous dire comment c'est arrivé?

temperature ['temprətʃə*] n. : température

The temperature is mild today.
La température est douce aujourd'hui.

> fièvre

Has he a temperature? *A-t-il de la fièvre?*

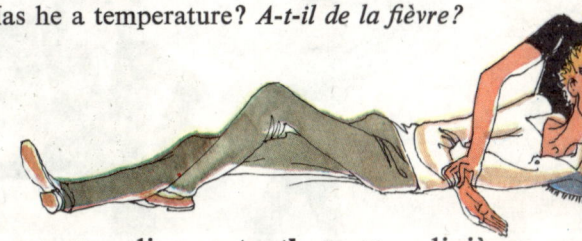

ten [ten] : dix — **tenth** [tenθ] : dixième

than [ðæn] : que, qu'

"Two heads are better than one."
« *Deux têtes valent mieux qu'une.* »

to thank [θæŋk] v. : remercier

Did you thank her for making your bed?
L'as-tu remerciée d'avoir fait ton lit?

thanks; thank you : merci

No, thanks. No, thank you. *Non, merci.*

that [ðæt] pr. : ce, ce ...-là

That boy is not a thief.
Ce garçon (Ce garçon-là) n'est pas un voleur.
Who was that? *Qui était-ce?*

> cet, cette; cet ...-là, cette ...-là

That man came last week.
Cet homme (Cet homme-là) est venu la semaine dernière.
They will live in that house. *Ils habiteront cette maison-là.*

> ça, cela

Put that in your pocket. *Mets ça (cela) dans ta poche.*
That must be done quickly.
Cela (Ça) doit être fait rapidement.

> conj. : que, qu'

The bag is so heavy that I can't carry it.
Le sac est si lourd que je ne peux pas le porter.

that one : celui-là, celle-là

Don't take this chair, take that one.
Ne prends pas cette chaise, prends celle-là.

that is : c'est, voilà

That's right. *C'est juste.*
That was what I wanted to tell you.
C'était (Voilà) ce que je voulais vous dire.

the [ðe] : le, l', la, les

The boys, the man and the dog are on the beach.
Les garçons, l'homme et le chien sont sur la plage.

theatre ['θiətə*] n. : théâtre

I am very fond of the theatre. *J'aime beaucoup le théâtre.*

their [ðɛə*] : leur

Their flat is too small. *Leur appartement est trop petit.*

theirs [ðɛə*z] : le leur, la leur, les leurs

Our car is bigger than theirs.
Notre voiture est plus grande que la leur.

> à elles, à eux

It was theirs, but they gave it to me.
C'était à eux (à elles), mais ils (elles) me l'ont donné.

a(n) ... of theirs : un(e) de leurs ...

He is a cousin of theirs. *C'est un de leurs cousins.*

them [ðem] : eux, elles

I always think of them first.
Je pense toujours d'abord à eux (à elles).

> les

Look at them playing on the sand.
Regarde-les jouer sur le sable.

> leur

Tell them to come later. *Dites-leur de venir plus tard.*

themselves [ðem'selvz] : se, s'

Mary and John are drying themselves in the sun.
Marie et Jean se sèchent au soleil.

> eux-mêmes, elles-mêmes

They did it themselves.
Ils l'ont fait eux-mêmes. Elles l'ont fait elles-mêmes.

then [ðen] : alors

Then, I shouted louder and he heard me.
Alors, j'ai crié plus fort et il m'a entendu(e).

> puis

Then I didn't see her any more. *Puis je ne l'ai plus vue.*

there [ðɛə*] : là

I was not there when he arrived.
Je n'étais pas là quand il est arrivé.

> y

We went to their house, but they were not there.
Nous sommes allés chez eux, mais ils n'y étaient pas.

from there : en, de là
They will go to Rome and from there they will **fly to** New York.
Ils iront à Rome et de là ils s'envoleront pour New York.

there is, there are : il y a
There is nothing to eat. *Il n'y a rien à manger.*
There are nine cars in the garage.
Il y a neuf voitures dans le garage.

voilà
There they are. *Les voilà.*

these [ðiːz] : ces, ces ...-ci
Whose socks are these? *A qui sont ces chaussettes?*

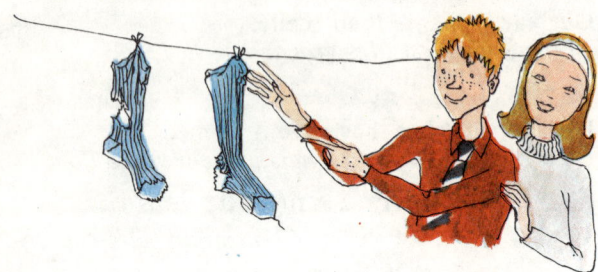

ceux-ci, celles-ci
— Which shoes do you want? — I'll take these.
— *Quelles chaussures voulez-vous?* — *Je prendrai celles-ci.*

these are : voici
These are your new school-fellows.
Voici vos nouveaux camarades (de classe).

they [ðei] : ils
The boys have left because they were in a hurry.
Les garçons sont partis parce qu'ils étaient pressés.

eux, elles
We are older than they (are).
Nous sommes plus vieux qu'eux. Nous sommes plus vieilles qu'elles.
These girls are cheerful; they are going to the pictures.
Ces filles sont joyeuses; elles vont au cinéma.

on
They let that child do anything.
On laisse cet enfant faire n'importe quoi.

they are : ce sont
They are skilful workers. *Ce sont des ouvriers adroits.*

thick [θik] adj. : épais, épaisse
The thick fog did not lift until noon.
L'épais brouillard ne s'est pas levé avant midi.

thief [θiːf] (pl. **thieves**) n. : voleur, euse
Stop thief! *Au voleur!*

thin [θin] adj. : mince
His book is thin, mine is thick.
Son livre est mince, le mien est épais.

thing [θiŋ] n. : chose
What a lot of things to do before going!
Que de choses à faire avant de partir!

things [θiŋz] n. pl. : affaires
I'll leave my things at Peter's.
Je laisserai mes affaires chez Pierre.

to think [θiŋk] v. (98) : penser
What do you think of this book?
Que pensez-vous de ce livre?

croire
— Has he arrived? — I think so.
— *Est-il arrivé?* — *Je le crois.*

third [θəːd] : troisième — **thirteen** ['θəː'tiːn] : treize
thirty ['θəːti] : trente

thirst [θəːst] n. : soif
We were dying of thirst. *Nous mourions de soif.*

to be thirsty : avoir soif

this [ðis] : ce, ce ...-ci
This little boy is my cousin. *Ce petit garçon est mon cousin.*
Read this chapter attentively.
Lisez attentivement ce chapitre-ci.

cet, cette; cet ...-ci, cette ...-ci
Do you like this girl? *Aimes-tu cette fille?*

ceci
Say this rather than that. *Dites ceci plutôt que cela.*

this one : celui-ci, celle-ci
Of all these monkeys, this one is the funniest.
De tous ces singes, celui-ci est le plus drôle.
This one looks like Helen's dress.
Celle-ci ressemble à la robe d'Hélène.

this is : voici
This is Cathy and that is Dorothy.
Voici Cathy et voilà Dorothée.

those [ðouz] : ces, ces ...-là
Whose sheep are those? *A qui sont ces moutons?*

ceux-là, celles-là
I like these plates better than those.
J'aime mieux ces assiettes-ci que celles-là.

those are : voilà
Those are your shoes. *Voilà tes chaussures.*

thousand ['θauzənd] adj. : mille
They did more than two thousand kilometres.
Ils ont fait plus de deux mille kilomètres.

thread [θred] : n. fil
Sew the button on with a stronger thread.
Couds le bouton avec du fil plus fort.

three [θriː] : trois

through [θruː] : à travers

Can you see through this paper?
Vois-tu à travers ce papier?

    par

Will it go through the door? *Passera-t-il par la porte?*

to throw [θrou] v. (99) : jeter

You have just thrown off your shoes again!
Tu as encore jeté tes chaussures n'importe où!

    lancer

I threw the ball over the wall.
J'ai lancé la balle par-dessus le mur.

thumb [θʌm] n. : pouce

Thursday ['θəːzdi] n. : jeudi

ticket ['tikit] n. : billet, ticket

to tidy ['taidi] **up** v. : ranger, mettre en ordre

You must tidy up this cupboard. *Il faut ranger ce placard.*

tie [tai] n. : cravate

to tie v. : attacher

Tie your shoe-strings. *Attache tes lacets.*

tiger ['taigə*] n. : tigre

till, until [til, ʌn'til] : jusque, jusqu'

Work until I come back. *Travaille jusqu'à ce que je revienne.*
I'll wait for you till tomorrow. *Je t'attendrai jusqu'à demain.*

time [taim] n. : temps

They all spoke at the same time.
Ils ont tous parlé en même temps.

    heure

It's time to go. *Il est l'heure de partir.*

    fois

He drinks tea four times a day.
Il boit du thé quatre fois par jour.

WHAT DAY IS IT?
QUEL JOUR SOMMES-NOUS?

● **The next day** : le lendemain - **the day after tomorrow** : après-demain - **the day before yesterday** : avant-hier - **a century** : un siècle - **a term** : un trimestre - **annual** : annuel, annuelle - **the future** : le futur, l'avenir - **the past** : le passé - **a second** : une seconde. ● **The correct time** : l'heure exacte - **a quarter of an hour** : un quart d'heure - **half an hour** : une demi-heure - **it is six o'clock** : il est six heures - **ten to six** : six heures moins dix - **ten past six** : six heures dix - **a quarter past six** : six heures un quart - **half past six** : six heures et demie - **6 a. m.** : 6 heures du matin - **6 p. m.** : 6 heures du soir. ● **The day before** : la veille - **today** : aujourd'hui.

tin [tin] n. : boîte

a tin of green peas : *une boîte de petits pois.*

tip [tip] n. : bout, pointe

He walked on tiptoe, holding a spider between his finger-tips.
Il marchait sur la pointe des pieds, tenant une araignée du bout des doigts.

tired ['taiə*d] adj. : fatigué, ée

to [tu] : à, à la, au, aux

I didn't go to Dublin. *Je ne suis pas allé à Dublin.*
The farmer is going to the fields. *Le fermier va aux champs.*

    de la, de l', du, des

What's the way to the woods, to the village?
Quel est le chemin des bois, du village?

    pour

I'm too tired to run. *Je suis trop fatigué pour courir.*

    en

She went to town. *Elle est allée en ville.*

    jusque, jusqu'

I read your book to the end. *J'ai lu votre livre jusqu'au bout.*

    (marque de l'infinitif)

to eat : *manger* - to drink : *boire* - to sleep : *dormir...*
I am going to learn French. *Je vais apprendre le français.*

    moins (heure)

It is twenty to six. *Il est six heures moins vingt.*

to ...'s (house, shop...) : chez

Henry is going to Peter's (house). *Henri va chez Pierre.*
I'll go to the chemist's (shop) if I have time.
J'irai chez le pharmacien si j'ai le temps.

tobacco [tə'bækou] n. : tabac

today [tə'dei] : aujourd'hui

How cold it is today! *Qu'il fait froid aujourd'hui!*

together [tə'geðə*] : ensemble

tomorrow [tɔ'mɔrou] : demain

I shall go and see him tomorrow morning.
J'irai le voir demain matin.

tongue [tʌŋ] n. : langue

tonight [te'nait] : ce soir, cette nuit

We'll come back late tonight.
Nous rentrerons tard ce soir (cette nuit).

too [tuː] : aussi

She lost her bag and her key, too.
Elle a perdu son sac et aussi sa clé.

    trop

It is too difficult for her. *C'est trop difficile pour elle.*

too many : trop de
There are too many pupils in this school.
Il y a trop d'élèves dans cette école.

too much : trop de
Don't put too much coal on the fire.
Ne mets pas trop de charbon dans le feu.

tool [tu:l] n. : outil

tooth (pl. **teeth**) [tu:θ, ti:θ] : n. : dent
The dog shows its teeth. *Le chien montre les dents.*

top [tɔp] n. : haut
From the top of the hill, you can see the sea.
Du haut de la colline, on peut voir la mer.

at the top : en haut
The nightingale is singing at the top of the tree.
Le rossignol chante en haut de l'arbre.

to **touch** [tʌtʃ] v. : toucher
I was deeply touched by her kindness.
J'ai été profondément touché(e) par sa gentillesse.

towards [tɔ:dz] : vers
We shall come back towards the end of the month.
Nous reviendrons vers la fin du mois.

towel ['tauəl] n. : serviette
Take a clean towel and get washed.
Prends une serviette propre et fais ta toilette.

tower ['tauə*] n. : tour
The Tower of London is very old.
La Tour de Londres est très vieille.

town [taun] n. : ville
What's worth visiting in this town?
Qu'y a-t-il à visiter dans cette ville?

town-hall ['taunhɔ:l] n. : mairie, hôtel de ville

toy [tɔi] n. : jouet

trade [treid] n. : métier
"Every man to his trade." *« A chacun son métier. »*

commerce
The fur trade is slack in summer.
Le commerce de la fourrure est ralenti en été.

traffic ['træfik] n. : circulation

train [trein] n. : train
The train is about to start. *Le train va partir.*

to **translate** ['trænsleit] v. : traduire
Translate this sentence into French.
Traduisez cette phrase en français.

translation ['trænsleiʃən] n. : traduction

travel ['trævl] n. : voyage

to **travel** v. : voyager
He travelled by train during his holidays.
Il a voyagé par le train pendant ses vacances.

traveller ['trævlə*] n. : voyageur, euse
The travellers arrived late at the hotel.
Les voyageurs sont arrivés tard à l'hôtel.

tree [tri:] n. : arbre
Apple-tree : *pommier* - cherry-tree : *cerisier...*

to **tremble** ['trembl] v. : trembler
I'm trembling at the thought of going there.
Je tremble à la pensée d'y aller.

trouble ['trʌbl] n. : peine
He didn't take the trouble to answer my letter.
Il n'a pas pris la peine de répondre à ma lettre.

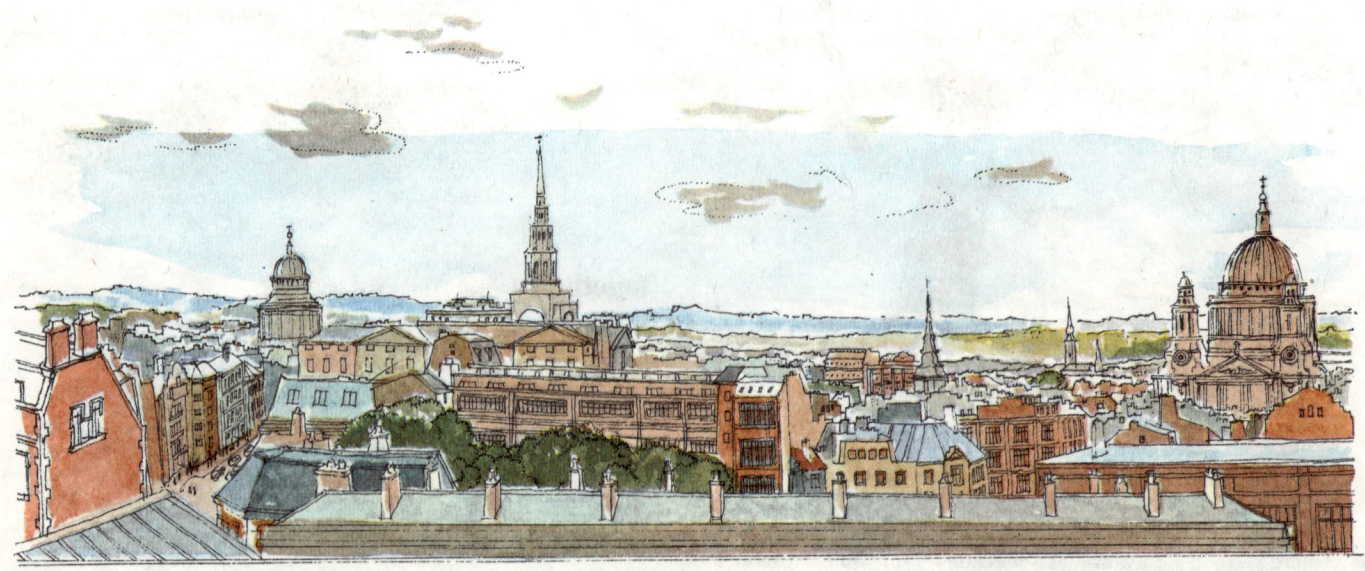

● **An avenue** : une avenue - **a boulevard** : un boulevard - **a cobble** : un pavé - **a district** : un quartier - **a park** : un parc - **the roadway** : la chaussée - **the traffic** : la circulation - **the traffic-island** : le refuge - **the tube-station** : la bouche du métro. ● **A bandstand** : un kiosque à musique -

a building : un immeuble - **a public building** : un monument public - **a museum** : un musée - **a newspaper-stall** : un kiosque à journaux. ● **A beggar** : un mendiant - **a pedestrian** : un piéton - **a walker** : un promeneur. ● **Stick no bills** : défense d'afficher - **in the open street** : en pleine rue.

to **trouble** v. : déranger

trousers [trauzəz] n. pl. : pantalon
Oh! Your trousers are dirty!
Oh! Ton pantalon est sale!

truck [trʌk] n. : wagon

true [truː] adj. : vrai, vraie
There is nothing true in his story.
Il n'y a rien de vrai dans son histoire.

truth [truːθ] n. : vérité
He always tells the truth. *Il dit toujours la vérité.*

to **try** [trai] v. : essayer
Try to come earlier. *Essayez (Essaie) de venir plus tôt.*

to **try on** : essayer (vêtements)

tube [tjuːb] n. : tube
My tube of tooth-paste is empty.
Mon tube de pâte dentifrice est vide.

(G.-B.) métro
Londoners call their underground railway "the Tube".
Les Londoniens appellent leur métropolitain « le Tube ».

Tuesday ['tjuːzdi] n. : mardi
Shrove Tuesday : *Mardi gras.*

turn [təːn] n. : tour
It's your turn to play. *C'est à ton tour de jouer.*

to **turn** v. : (se) tourner
He turned his head when he heard us come.
Il a tourné la tête quand il nous a entendu venir.

to **turn on** : ouvrir (le gaz, l'eau)

to **turn off** : fermer, éteindre (le gaz, l'eau)
You turned off the water, didn't you?
Tu as fermé l'eau, n'est-ce pas?

to **do a good turn** : rendre service
He did me a good turn. *Il m'a rendu service.*

twelve [twelv] : douze

twelve (o'clock) : midi
He won't arrive until half past twelve.
Il n'arrivera pas avant midi et demi.

twenty ['twenti] : vingt

twice [twais] : deux fois
He came to see me twice last week.
Il est venu me voir deux fois la semaine dernière.

to **twist** [twist] v. : (se) tordre

two [tuː] : deux
Break this stick in two. *Casse ce bâton en deux.*

tyre ['taiə*] n. : pneu

ugly ['ʌgli] adj. : laid, laide

umbrella ['ʌmbrelə] n. : parapluie
What's an umbrella for? *A quoi sert un parapluie?*

unable [ʌ'neibl] adj. : incapable
I was unable to move. *J'étais incapable de remuer.*

under ['ʌndə*] : sous
We live under the same roof. *Nous vivons sous le même toit.*

under (it) : dessous, par-dessous
If you can't jump over the fence, go under it.
Si tu ne peux pas sauter par-dessus la clôture, passe par-dessous.

underground (railway) : métro
Let's take the underground; we'll get there more quickly.
Prenons le métro, nous irons plus vite.

to **understand** ['ʌndə'stænd] v. (100) : comprendre
Do you understand what he is saying?
Comprends-tu ce qu'il dit?

to **undo** [ʌn'duː] v. (101) : défaire

to **undress** [ʌn'dres] v. : (se) déshabiller
We undress quickly in winter.
Nous nous déshabillons vite en hiver.

unfortunate [ʌn'fɔːtʃənit] adj. : malheureux, euse

unhappy [ʌn'hæpi] adj. : malheureux, euse
— I am not happy here. — Are you so unhappy?
— Je ne suis pas heureux ici. — Es-tu si malheureux?

until [ʌn'til] : see TILL

up [ʌp] : levé, ée, debout
She is not up yet. *Elle n'est pas encore levée (debout).*
The sun is up. *Le soleil est levé.*

idée de monter
Walk up the stairs if you like, I'm taking the lift.
Monte l'escalier à pied si tu veux, je prends l'ascenseur.

idée de finir
Drink up your milk before you leave the table.
Finis de boire ton lait avant de quitter la table.

upon [ə'pɔn] : see ON

upper ['ʌpə*] adj. : supérieur, eure
From the upper deck, you can see the coast better.
Du pont supérieur, on voit mieux la côte.

upstairs ['ʌp'stɛəz] : en haut (maison)
My bedroom is upstairs. *Ma chambre est en haut.*

us [ʌs] : nous (compl.)
Look at us, Mummy! *Regarde-nous, Maman!*

to **use** [juːs] v. : se servir de

useful ['juːsful] adj. : utile
He made himself useful in the garden.
Il s'est rendu utile dans le jardin.

useless ['juːslis] adj. : inutile

usually ['juːʒuəli] : d'habitude
We usually go there on Saturday.
Nous y allons le samedi d'habitude.

to be used to : être habitué à

I am used to his ways. *Je suis habitué(e) à ses manières.*

veal [viːl] n. : viande de veau

vegetable ['vedʒitəbl] n. : légume

I'm fond of vegetable soup. *J'aime la soupe aux légumes.*

very ['veri] : très

They go to the theatre very often.
Ils vont très souvent au théâtre.

view [vjuː] n. : vue

From here, you have a good view of the sea.
D'ici, vous avez une bonne vue sur la mer.

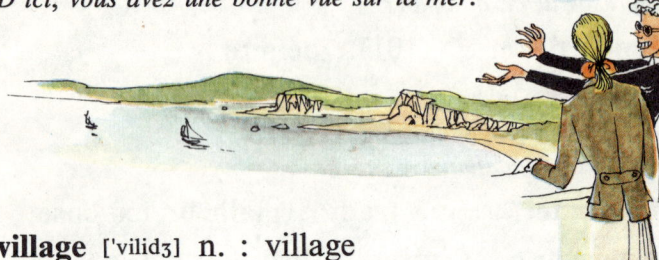

village ['vilidʒ] n. : village

The villagers are gathered on the village-square.
Les villageois sont rassemblés sur la place du village.

violet ['vaiəlit] adj. : violet, ette

violet n. : violette

There are many violets in his wood.
Il y a beaucoup de violettes dans son bois.

visit ['vizit] n. : visite

to visit v. : visiter

Did you visit Hampton Court when you were in London?
Avez-vous visité Hampton Court quand vous étiez à Londres?
Are all the visitors here? *Les visiteurs sont-ils tous ici?*

voice [vois] n. : voix

She has a beautiful voice. *Elle a une jolie voix.*

to wait [weit] **(for)** v. : attendre

Wait until the rain stops. *Attends que la pluie s'arrête.*

to wake [weik] **up** v. : (se) réveiller

On waking up, she looked at the clock.
En se réveillant, elle a regardé l'heure.

walk [wɔːk] n. : marche, promenade

We took long walks through the woods.
Nous avons fait de longues marches (promenades) à travers les bois.

to go for a walk : aller se promener

to walk v. : marcher

The baby walks on all fours. *Le bébé marche à quatre pattes.*

   se promener

I'll walk in the garden while you are getting ready.
Je vais me promener dans le jardin pendant que vous vous préparez.

wall [wɔːl] n. : mur

"Walls have ears." « *Les murs ont des oreilles.* »

to want [wɔnt] v. : vouloir

I want you to do it at once.
Je veux que tu le (la) fasses tout de suite.

war [wɔː*] n. : guerre

The war broke out in 1939. *La guerre éclata en 1939.*

wardrobe ['wɔːdroub] n. : armoire

warm [wɔːm] adj. : chaud, chaude

to warm v. : chauffer

The dog is warming itself in the sunshine.
Le chien se chauffe au soleil.

to wash [wɔʃ] v. : (se) laver

Go and wash your hands before eating.
Va te laver les mains avant de manger.

to get washed : faire sa toilette

She is spending a lot of time getting washed.
Elle en met du temps à faire sa toilette.

to wash up : faire la vaisselle

Who is going to wash up today?
Qui va faire la vaisselle aujourd'hui?

washing [wɔʃiŋ] n. : lessive

to do one's washing : faire sa lessive

She is doing her washing.
Elle fait sa lessive.

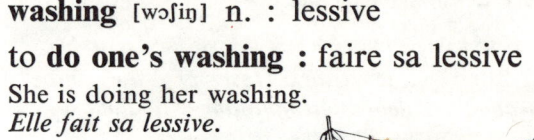

watch [wɔtʃ] n. : montre

It is nine o'clock by my watch. *Il est neuf heures à ma montre.*

to watch v. : regarder

James spends his time watching the stars in his telescope.
Jacques passe son temps à regarder les étoiles dans son télescope.

water [wɔːtə*] n. : eau

sea-, rain-, spring-water : *eau de mer, de pluie, de source.*

wave [weiv] n. : vague

The heatwave lasted two weeks.
La vague de chaleur a duré deux semaines.

way [wei] n. : chemin

We shall take the shortest way.
Nous prendrons le chemin le plus court.

   direction

Go this way. *Allez (Va) dans cette direction.*

   moyen

Crying is not the way to succeed, you must work hard.
Pleurer n'est pas le moyen de réussir, tu dois travailler dur.

   façon

He will do it, one way or another.
Il le (la) fera, d'une façon ou d'une autre.

way in : entrée

way out : sortie

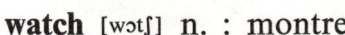

we [wiː] : nous

Are we alone? *Sommes-nous seuls (seules)?*

   on

We drink tea in England. *On boit du thé en Angleterre.*

to wear [wɛə*] v. (102) : porter (vêtements)

We wear cotton dresses in summer.
Nous portons des robes de coton en été.

avoir (vêtements)

Does she still wear the same coat as last year?
A-t-elle le même manteau que l'année dernière?

to wear out : user

My shoes are worn out; I must buy new ones.
Mes chaussures sont usées; il faut que j'en achète des neuves.

weather ['weðə*] n. : temps

He goes out in all weathers. *Il sort par tous les temps.*

● A draught : un courant d'air - **drought** : la sécheresse - **a flood** : une inondation - **frost** : le gel - **hail** : la grêle - **the mist** : la brume - **dew** : la rosée - **a shelter** : un abri - **a shower** : une averse - **a snowflake** : un flocon de neige - **a storm** : une tempête - **thaw** : le dégel - **a clap of thunder** : un coup de tonnerre. ● Cloudy : nuageux - **rainy** : pluvieux. ● To get wet : se faire mouiller - **to overflow** : déborder - **to shelter** : s'abriter. ● It is raining cats and dogs : il pleut à verse - **What awful weather!** : Quel vilain temps! Quel sale temps!

Wednesday ['wenzdi] n. : mercredi

week [wiːk] n. : semaine

He'll be back in a week. *Il reviendra dans une semaine.*

week-end : fin de semaine

to weep [wiːp] v. (103) : pleurer

Michael wept with shame. *Michel pleurait de honte.*

to weigh [wei] v. : peser

weight n. : poids

I have put on weight. *J'ai pris du poids.*

WEIGHTS AND MEASURES   POIDS ET MESURES

WEIGHTS		POIDS
ounce (oz.)		gramme (g)
pound (lb.)	= 16 oz (453,5 g)	kilogramme (kg) = 1 000
stone (st.)	= 14 lb (6,35 kg)	
hundredweight (cwt.)	= 112 lb (50,8 kg)	
LENGTH		LONGUEUR
inch (in.)	= (2,54 cm)	centimètre (cm)
foot (ft.)	= 12 in. (0,30 m)	mètre (m) = 100 cm
yard (yd.)	= 3 feet (0,91 m)	kilomètre (km) = 1 000 m
mile (m.)	= 1,760 yards (1,609 km) .	
CAPACITY		CAPACITÉ
pint (pt.)	= (0,57 l)	
quart (qt.)	= 2 pt. (1,13 l)	litre (l)
gallon (gal.)	= 4 qt. (4,54 l)	hectolitre (hl) = 100 l

welcome ['welkəm] : bienvenue

well [wel] : bien

Henry is a well brought up boy.
Henri est un garçon bien élevé.

west [west] n. : ouest

The Far West : *l'Extrême Ouest* - western : *de l'ouest.*

wet [wet] adj. : mouillé, ée

Your apron is wet; hang it out to dry on the line.
Ton tablier est mouillé; mets-le à sécher dehors sur la corde (à linge).

humide

Clean the table with a wet sponge.
Nettoie la nappe avec une éponge humide.

what ...? [(h)wɔt] : que ...?

What do you think of this boy? *Que pensez-vous de ce garçon?*

... quoi ...?

What shall we begin with? *Par quoi commencerons-nous?*

qu'est-ce que ...?

What do you want?
Qu'est-ce que vous voulez? (= que voulez-vous?)
What are we going to do?
Qu'est-ce que nous allons faire? (= qu'allons-nous faire?)

qu'est-ce qui...?

What happened?
Qu'est-ce qui est arrivé? (= qu'est-il arrivé?)

quel ...?, quelle ...?

What film shall we see? *Quel film verrons-nous?*

wheat [(h)wiːt] n. : blé

He put a wheat-ear down my neck!
Il m'a mis un épi de blé dans le cou!

wheel [(h)wiːl] n. : roue

when [(h)wen] : quand

It was raining when I went out.
Il pleuvait quand je suis sorti(e).

où

There are days when we don't feel like working.
Il y a des jours où nous n'avons pas envie de travailler.

where [(h)wɛə*] : où

I don't know where Jane is hidden.
Je ne sais pas où Jeanne est cachée (s'est cachée).

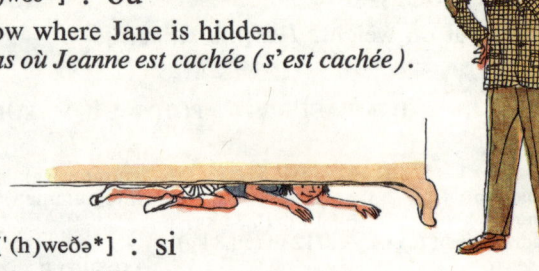

whether ['(h)weðə*] : si

I wonder whether I'll go or not.
Je me demande si j'irai ou non.

which ...? [(h)witʃ] : quel ...?, quelle ...?

Which shoes do you want? *Quelles chaussures voulez-vous?*

    lequel ...?, lesquels ...?

Which of those books will you buy?
Lequel (Lesquels) de ces livres achèterez-vous?

    laquelle ...?, lesquelles ...?

Here are two brooches; which do you like better?
Voici deux broches; laquelle aimes-tu le mieux?

which : qui

Bring me the coat which is hanging in the hall.
Apporte-moi le manteau qui est accroché dans le vestibule.

    que

The parcel which I sent has arrived.
Le paquet que j'avais envoyé est arrivé.

    lequel, laquelle, etc.

The caves into which they went were immense.
Les grottes dans lesquelles ils sont allés étaient immenses.

prép. + which : dont

The book, the title of which I have forgotten, is in my room.
Le livre, dont j'ai oublié le titre, est dans ma chambre.

while [(h)wail] : pendant que

Finish your work while it is still light.
Finis ton travail pendant qu'il fait encore jour.

whistle ['(h)wisl] n. : sifflet

to whistle v. : siffler

The blackbird is whistling in the oak(-tree).
Le merle siffle dans le chêne.

white [(h)wait] adj. : blanc, blanche

The President of the U. S. A. lives in the "White House".
Le président des États-Unis habite la « Maison-Blanche ».

who [hu:] : qui

The artist who gave me this picture is little known.
L'artiste qui m'a donné ce tableau est peu connu.

who ...? : qui ...?, qui est-ce qui ...?

Who brought this letter?
Qui (Qui est-ce qui) a apporté cette lettre?
Who is it? *Qui est-ce?*

whole [houl] adj. : entier, ière

The whole world knew it in a few hours.
Le monde entier l'a su en quelques heures.

    tout, toute

Tell me the whole story. *Racontez-moi toute l'histoire.*

whom [hu:m] : (à, de) qui

The teacher to whom I wrote answered me.
Le professeur à qui j'ai écrit m'a répondu.

    que, qu'

The gentleman whom they met was Mr Smith.
Le monsieur qu'ils ont rencontré était M. Smith.

whom ...? : qui ...?, qui est-ce que ...?

Whom did you see on the beach?
Qui as-tu vu sur la plage? (Qui est-ce que tu as vu...)

prép. + whom : dont

The pupil of whom you complained was severely punished.
L'élève dont vous vous êtes plaint a été sévèrement puni.

whose [hu:z] : dont

Do you know a girl whose name begins with "P"?
Connaissez-vous une fille dont le nom commence par « P »?

    (à, de) qui

Whose gloves are these? *A qui sont ces gants?*
Whose voice can you hear? *La voix de qui entends-tu?*

why [whai] : pourquoi

Tell me why you didn't come.
Dis-moi pourquoi tu n'es pas venu(e).

wide [waid] adj. : large

The new bridge is wider than the old one.
Le nouveau pont est plus large que l'ancien.

width [widθ] n. : largeur

Our room is four metres in width.
Notre chambre a quatre mètres de largeur (= de large).

wife [waif] : n. femme

She became my wife. *Elle est devenue ma femme.*

wild [waild] adj. : sauvage

Kim could understand the language of wild animals.
Kim pouvait comprendre le langage des bêtes sauvages.

will [wil] : vouloir

Will you pass me the salt?
Voulez-vous (Veux-tu) me passer le sel?

    future

I hope they will not come. *J'espère qu'ils ne viendront pas.*
What will you do tomorrow?
Que ferez-vous (feras-tu) demain?

to win [win] v. (104) : gagner

She won all the prizes. *Elle a gagné tous les prix.*

wind [waind] n. : vent

The wind shakes the trees. *Le vent secoue les arbres.*

window ['windou] n. : fenêtre

window-pane n. : vitre

Who is knocking against the window-pane?
Qui frappe contre la vitre?

wine [wain] n. : vin

winter ['wintə*] n. : hiver

Winter is very severe in that country.
L'hiver est très rigoureux dans ce pays.

to **wipe** [waip] v. : essuyer

Didn't you forget to wipe your feet?
N'as-tu pas oublié d'essuyer tes pieds?

   effacer (avec un chiffon)

wire ['waiə*] n. : fil (de métal)

The tightrope walker is walking along the wire.
Le funambule marche sur le fil.

wireless ['waiə*lis] n. : radio, T.S.F.

to **wish** [wiʃ] v. : souhaiter

I wish you (a) good night. *Je vous souhaite (une) bonne nuit.*

   vouloir

Do you wish me to bring you anything from the store?
Veux-tu que je te rapporte quelque chose du magasin?

with [wiθ] : avec

You'll catch nothing with this net.
Tu n'attraperas rien avec ce filet.

   à, à la, au, aux

Did you see the man with a wooden leg?
As-tu vu l'homme à la jambe de bois?

   de

He blushed with shame. *Il rougit de honte.*

   chez

Will you stay the night with us?
Voulez-vous rester la nuit chez nous?

   sur

Have you a penknife with you? *As-tu un canif sur toi?*

   par

Let us begin with a song. *Commençons par une chanson.*
§ Don't speak to me with your hands in your pockets.
Ne me parle pas les mains dans les poches.

without [wi'ðaut] : sans

Can you go to the Continent without crossing the Channel?
Peut-on aller sur le continent sans traverser la Manche?

wolf (pl. **wolves**) [wulf, wulz] n. : loup

woman [wumən] (pl. **women**) n. : femme

This is not a job for a woman.
Ce n'est pas un travail pour une femme.

to **wonder** ['wʌndə*] **(at)** v. : se demander

He wondered if it was true. *Il se demanda si c'était vrai.*

wood [wud] n. : bois

An old man is gathering dead wood.
Un vieillard ramasse du bois mort.

● **An acacia** : un acacia - **a beech (-tree)** : un hêtre - **a birch(-tree)** : un bouleau - **a fir-tree)** : un sapin - **a lime(-tree)** : un tilleul - **an oak** : un chêne - **a pine(-tree)** : un pin - **a plane(-tree)** : un platane - **a poplar** : un peuplier - **a willow** : un saule. ● **An acorn** : un gland - **a pine-cone** : une pomme de pin - **a pine-needle** : une aiguille de pin. ● **A ditch** : un fossé - **a bush** : un buisson - **a hedge** : une haie - **a path** : un sentier - **the bark** : l'écorce - **a bud** : un bourgeon - **a thorn** : une épine - **the trunk** : le tronc - **a twig** : une brindille. ● **An axe** : une cognée - **a faggot** : un fagot - **the woodman** : le bûcheron - **to fell a tree** : abattre un arbre. ● **A bramble** : une ronce - **a briar** : un'églantier - **broom** : du genêt - **a bush** : un buisson - **fern** : la fougère - **heather** : la bruyère - **holly** : du houx - **honeysuckle** : du chèvrefeuille - **ivy** : du lierre - **mistletoe** : du gui - **moss** : de la mousse - **a mushroom** : un champignon - **osier** : de l'osier - **the undergrowth** : le sous-bois - **a wild strawberry** : une fraise des bois.

wool [wul] n. : laine

word [wə:d] n. : mot

Will you please say this word again, sir?
Voulez-vous répéter ce mot, s'il vous plaît, monsieur?

work [wə:k] n. : travail

Do your work and keep quiet. *Fais ton travail et tais-toi.*

to **work** v. : travailler

He worked late into the night.
Il a travaillé tard dans la nuit.

   marcher (mechanics)

I can't make this washing-machine work.
Je ne peux pas faire marcher cette machine à laver.

worker ['wə:kə*] n. : ouvrier

Workers sometimes come out on strike.
Les ouvriers se mettent quelquefois en grève.

world [wə:ld] n. : monde

I won't do it for anything in the world.
Je ne le ferai pour rien au monde.

worm [wə:m] n. : ver (de terre)

The hen is looking for worms. *La poule cherche des vers.*

to **worry** ['wʌri] v. : (s') inquiéter

His bad health worries me a lot.
Sa mauvaise santé m'inquiète beaucoup.

to **be worth** [wə:θ] v. : valoir

This film is worth seeing. *Ce film vaut (la peine) d'être vu.*

would [wud] : conditional (2d and 3d persons)

He would buy a boat if he had enough money.
Il achèterait un bateau s'il avait assez d'argent.
What would you do if the door was locked?
Que ferais-tu si la porte était fermée à clé?

wound [wuːnd] n. : blessure

Her wound healed quickly.
Sa blessure guérit rapidement.

to **wound** v. : blesser

His father had been badly wounded during the war.
Son père avait été gravement blessé pendant la guerre.

to **wrap** [ræp] v. : envelopper

to **wring** [riŋ] v. (105) : tordre

to **write** [rait] v. (106) : écrire

writing ['raitiŋ] n. : écriture

I can't read your writing. *Je ne peux pas lire votre écriture.*

wrong [rɔŋ] adj. : faux, fausse

Dad! Your sum was wrong!
Papa! Ton problème était faux!

      mauvais, aise

He backed the wrong horse.
Il a parié sur le mauvais cheval.

to **be wrong** : avoir tort

I was wrong to trust him.
J'ai eu tort de lui faire confiance.

to **take the wrong ...** : se tromper de

You are taking the wrong hat. *Vous vous trompez de chapeau.*

yard [jɑːd] n. : cour

The car is parked in the yard.
La voiture est garée dans la cour.

year [jəː*] n. : an, année

I saw her two years ago. *Je l'ai vue il y a deux ans.*

yellow ['jelou] adj. : jaune

In autumn, the leaves of the trees turn yellow.
En automne, les feuilles des arbres tournent au jaune.

yes [jes] : oui, si

— Are you coming? Yes, I am.
— Viens-tu? — Oui.
— You don't understand. — Yes, I do.
— Tu ne comprends pas. — Si (je comprends).

yesterday ['jestədi] : hier

You worked well yesterday. *Vous avez bien travaillé hier.*

you [juː] : (sujet) vous, tu

You are naughty!
Tu es vilain! Vous êtes vilain! Vous êtes vilains! Tu es vilaine...

      on

You never can find her at home.
On ne peut jamais la trouver à la maison.

      (compl.) vous, te, t'

I often told you to come earlier.
Je t'ai dit souvent de venir plus tôt. (Je vous ai dit...)

      vous, toi

I picked it for you. *Je l'ai cueillie pour toi (pour vous).*

young [jʌŋ] adj. : jeune

He is younger than you. *Il est plus jeune que vous (que toi).*

a young man : un jeune homme

a young lady : une jeune fille

young one : petit (d'animal)

your [jɔ*] : ta, tes, ton; votre, vos

Have you taken your toothbrush, your soap and your towels?
As-tu pris ta brosse à dents, ton savon et tes serviettes?
Avez-vous pris votre brosse à dents, votre savon et vos serviettes?

yours [jɔːz] : à toi, à vous

This ball is not mine, it is yours.
Cette balle n'est pas à moi, elle est à toi (à vous).

      le tien, la tienne, le vôtre, la vôtre

You must take yours with you.
Tu dois prendre le tien (la tienne) avec toi. Vous devez prendre le vôtre (la vôtre) avec vous.

a(n) ... of yours : un(e) de tes ...; un(e) de vos ...

A friend of yours is asking for you.
Un de tes amis te demande. Un de vos amis vous demande.

yourself [jɔːself] : vous, te, t'

Did you hurt yourself when you fell?
T'es-tu blessé(e) en tombant? Vous êtes-vous blessé(e) en tombant?

      vous, toi

Help yourself. *Servez-vous. Sers-toi.*

      vous-même, toi-même

Couldn't you do it yourself?
Ne pouviez-vous pas le faire vous-même? Ne pouvais-tu pas le faire toi-même?

yourselves [jɔːselvz] : vous

Help yourselves. *Servez-vous.*

      vous-mêmes

And now, children, do it yourselves.
Et maintenant, les enfants, faites-le vous-mêmes.

youth [juːθ] n. : jeunesse

In his youth, he played football.
Dans sa jeunesse, il jouait au football.

zero ['ziərəu] : zéro

Water freezes at zero degree C.
L'eau gèle à zéro degré (centésimal).

zoo [zuː] n. : zoo

At the zoo, children like giving bread to the elephants.
Au zoo, les enfants aiment donner du pain aux éléphants.

Mon
Dictionnaire
Français - Anglais
Anglais - Français
en couleurs

Marthe Fonteneau

Claude Gauvin
agrégé de l'Université

Margaret Melrose, M.A. (Edimbourg)

Illustrations de
S.-E. Bagge

HAMLYN
London · New York · Sydney · Toronto

Avant-propos

Ce dictionnaire s'adresse à des débutants : élèves des classes de 6e et de 5e (1re langue) ou de 4e (2e langue), mais les « anciens » auront sans doute l'occasion d'y découvrir mainte expression oubliée ou ignorée...

Il présente deux particularités essentielles :

L'élève trouve, rassemblés *en un seul volume, un lexique français-anglais et un lexique anglais-français*. Il est indispensable qu'il prenne l'habitude de consulter chacun de ces deux lexiques quand il cherche le sens ou l'emploi d'un mot. Chaque mot y est illustré par une phrase qui indique son emploi dans le sens donné à la souche; lorsque à un mot donné correspondent plusieurs termes dans l'autre langue (voir, par ex. : bouton, dont, elle...), autant de phrases montrent ses différents emplois; un mot qui n'est pas ainsi illustré dans une partie du lexique l'est dans l'autre.

Plus de *3 400 phrases* simples (et leur traduction), toutes différentes, retiennent et répètent les formes idiomatiques les plus usuelles. Ces phrases, l'élève doit les *rechercher dans les deux parties de ce volume, car chaque moitié enrichit et complète l'apport de l'autre*. Il ne devrait plus commettre de contresens; il apprendra aussi, de cette façon, à mieux utiliser ultérieurement des dictionnaires plus complets.

Ainsi, le mot n'est plus isolé et sans vie pour l'élève. Dès le début de son initiation à une langue nouvelle, les mots auront leur place et leur signification dans un ensemble cohérent, correspondant aux formes habituelles de la langue parlée ou écrite.

Les *mots* choisis — environ 1 700 pour chaque lexique — l'ont été en tenant compte des vocabulaires usuels de chaque langue et de leur adaptation aux intérêts et à la vie quotidienne d'enfants de 10 à 14 ans.

Ceux qui ont été rassemblés dans des *tableaux-vocabulaires* (700 à 800 mots pour chaque langue) sont d'un emploi facile et plus spécialisé. Ils sont donnés pour répondre à un intérêt occasionnel.

Aucune règle de grammaire n'est indiquée; elle est seulement suggérée par des exemples dans lesquels le jeune utilisateur trouvera confirmation du cours de son professeur.

Nous conseillons à l'élève qui en aura le goût ou le loisir de relever des séries de phrases d'une seule langue et d'essayer d'en retenir la traduction (il en est de très faciles). Il peut aussi relever celles qui ont trait à un centre d'intérêt particulier, et se constituer ainsi un ensemble d'expressions à connaître et à utiliser. Il trouvera, par exemple, plus de 150 phrases sur les vêtements, plus de 130 sur la table, 80 sur le temps, une quarantaine sur la route, le train, la voiture...

Il peut encore relever celles qui illustrent l'emploi des mots de liaison, des verbes, des formes interrogatives ou négatives... Nous ne parlons pas des expressions qui lui paraîtront amusantes et qu'il retiendra spontanément.

La prononciation — conforme à l'alphabet phonétique international — accompagne chaque mot-souche; elle n'a qu'un but : éviter au lecteur de prononcer le mot selon les habitudes de sa langue maternelle.

a

à [a], **à la, au, aux** [o] : at
Nous déjeunons à midi. *We lunch at noon.*

to

Va-t-il à l'école? *Does he go to school?*

in

Elle vit à la campagne. *She lives in the country.*

on

Vous irez à pied. *You will go on foot.*

by

Elle vend les œufs à la douzaine. *She sells eggs by the dozen.*

with

Ils boivent du thé à leurs repas.
They drink tea with their meals.

à + infinitif : to + infinitive
Donnez-leur quelque chose à faire.
Give them something to do.

d'abord [abɔːr] : first
Que feras-tu d'abord? *What will you do first?*

accident [aksidɑ̃] m. : accident

d'accord [akɔːr] : all right (U. S. : O.K.)
D'accord, allons au cinéma. *All right, let's go to the pictures.*

accrocher [akrɔʃe] v. (1) : to hang
Il a accroché sa peinture au mur.
He hung his picture on the wall.

faire des achats [aʃa] : to go shopping

acheter [aʃte] v. (5) : to buy
Quand l'avez-vous acheté? *When did you buy it?*

adresse [adrɛs] f. : address
Quelle est ton adresse? *What is your address?*

adroit, oite [adrwa, waːt] adj. : skilful
Je ne suis pas aussi adroite que toi. *I am not as skilful as you.*

affaires [afɛːr] f. pl. : business
Occupe-toi de tes affaires.
Mind your own business.

things
Mets tes affaires en ordre. *Tidy up your things.*

âge [ɑːʒ] m. : age
◆ mais : Quel âge a-t-il? *How old is he?*

agent [aʒɑ̃] **de police** : policeman

agréable [agreabl] adj. : nice, pleasant
Quel temps agréable! *What nice weather!*
Ce fut une soirée agréable. *It was a pleasant evening.*

aider [ɛde] v. (1) : to help

aiguille [egɥiːj] f. : needle
Veux-tu enfiler mon aiguille? *Will you thread my needle?*

hand

La petite aiguille marque les heures.
The hour-hand shows the hours.

ailleurs [ajœːr] : elsewhere
Cherche-la ailleurs. *Look for it elsewhere.*

aimer [ɛme] v. (1) : to love
Les enfants aiment leurs parents.
Children love their parents.

to like

Aime-t-elle skier? *Does she like skiing?*

to be fond of

J'aime les glaces à l'ananas.
I'm fond of pineapple ice-cream.

aîné, e [ɛne] adj. : eldest
L'aîné conduit ses frères à l'école.
The eldest boy takes his brothers to school.

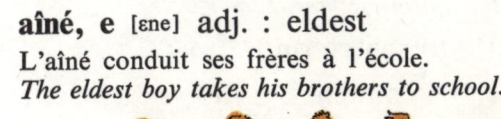

(de deux) : elder

Leur fille cadette s'est mariée avant l'aînée.
Their younger daughter got married before the elder.

ainsi [ɛ̃si] : so
Pourquoi a-t-il parlé ainsi? *Why did he speak so?*

air [ɛːr] m.: air
La vie en plein air est saine. *Open-air life is healthy.*

avoir l'air : to look
Comme tu as l'air joyeux! *How happy you look!*

to seem

Il a l'air de dormir, mais il écoute.
He seems to be sleeping, but he is listening.

ajouter [aʒute] v. (1) : to add

aller [ale] v. (11) : to go

Ne va pas si vite, je ne peux pas te suivre.
Don't go so fast, I can't follow you.
Il n'ira pas en Amérique cette année.
He will not go to America this year.
mais : Où es-tu allé? *Where have you been?*

aller (= se porter) : to be

Comment allez-vous? (= Comment vous portez-vous?)
How are you?

to suit

Ce chapeau ne vous va pas, il vous vieillit.
This hat does not suit you, it makes you look older.

aller bien : to fit

Ces chaussures me vont bien.
These shoes fit me.

aller + infinitif : to go and + verbe.

Va voir s'il dort. *Go and see if he is sleeping.*

s'en aller : to go away

Je m'en vais. *I'm going away.*

aller (= futur proche) :
to be going + infinitif

Viens, le film va commencer.
Come on, the film is going to begin.

allumer [alyme] v. (1) : to light

Allumez votre cigarette avec mon briquet.
Light your cigarette with my lighter.

(électricité) : to switch on

allumette [alymɛt] f. : match

Veux-tu frotter une allumette? *Will you strike a match?*

alors [alɔːr] : then

américain, aine [amerikɛ̃, ɛn] adj. : American

Lincoln fut un grand homme d'État américain.
Lincoln was a great American statesman.

un **Américain** : an American

les **Américains** : the Americans

Amérique [amerik] f. : America

Il a longtemps vécu en Amérique du Nord.
He lived in North America for a long time.

ami, ie [ami] : friend

— Est-elle ton amie? — Oui, c'est une de mes amies.
— Is she your friend? — Yes, she is a friend of mine.

amour [amur] m. : love

Ils ont fait un mariage d'amour. *They married for love.*

amusant, ante [amyzɑ̃, ɑ̃ːt] adj. : funny

s'amuser [amyze] v. (1) : to enjoy oneself

Les enfants s'amusent au cirque.
Children enjoy themselves at the circus.

(= jouer) : to play

Il s'amuse dans le jardin. *He is playing in the garden.*

an [ɑ̃] m., **année** [ane] f. : year

Quand commence l'année scolaire?
When does the school year begin?

âne [ɑːn] m. : ass, donkey

Ne fais pas l'âne! *Don't be an ass!*
Le petit âne est dans le pré. *The little donkey is in the meadow.*

anglais, aise [ɑ̃glɛ, ɛːz] adj. : English

un **Anglais** : an Englishman

une **Anglaise** : an Englishwoman

Écoute-la, ce doit être une Anglaise.
Listen to her, she must be an Englishwoman.

les **Anglais** : the English

Je préfère le thé comme le font les Anglais.
I prefer tea as the English make it.

Angleterre [ɑ̃glətɛːr] f. : England

animal [animal] **(aux)** m. : animal

Le cheval est un animal domestique.
The horse is a domestic animal.

année f. : voir AN

anniversaire [anivɛrsɛːr] m. : birthday

Demain, ce sera ton anniversaire.
Tomorrow will be your birthday.

août [u] m. : August

apparaître [aparɛːtr] v. (19) : to appear

Dans la brume, le clocher apparaissait à peine.
In the mist, the steeple barely appeared.

appareil [aparɛːj] m. : set

Un appareil de télévision : *a television-set.*
mais : Un appareil photographique : *a camera.*
Qui est à l'appareil? *Who's speaking?*

appartement [apartəmɑ̃] m. : flat

appartenir [apartəniːr], **appartenir à** : v. (47) : to belong to

La voiture appartient à mon oncle.
The car belongs to my uncle.

appeler [aple] v. (8) : to call
Qui appelle dehors? *Who is calling outside?*

s'appeler : to be called
Elle s'appelle Anne. *She is called Ann.*

apporter [apɔːrte] v. (1) : to bring
Nous vous apporterons une tarte aux pommes.
We shall bring you an apple-tart.

apprendre [aprãːdr] v. (42) : to learn
Pierre apprend à conduire. *Peter is learning to drive.*

to teach
Papa lui apprend le Code de la route.
Dad teaches him the Highway Code.

(s') approcher [aprɔʃe] **(de)** v. (1) : to come near,
to go near
N'approchez pas de la rivière.
Don't go near (Don't come near) the river.

appuyer (sur) [apɥije] v. (9) : to press
Appuie sur le bouton. *Press the button.*

(s') appuyer : to lean
L'infirme s'appuie sur son bâton.
The cripple is leaning on his stick.

après [aprɛ] : after
Vous trouverez la blanchisserie juste après la banque.
You will find the laundry just after the bank.

après-midi [aprɛmidi] m. : afternoon

araignée [arɛɲe] f. : spider
L'araignée a tissé sa toile dans le rosier.
The spider spun its web in the rose-tree.

arbre [arbr] m. : tree
Le bûcheron abattra ce vieil arbre.
The woodman will fell this old tree.

argent [arʒã] m. : money
A-t-il de l'argent? *Has he got any money?*

silver
As-tu vu les nouvelles pièces d'argent?
Have you seen the new silver coins?

armée [arme] f. : army

armoire [armwaːr] f. : wardrobe
Son armoire est jolie, mais un peu petite.
Her wardrobe is pretty, but a bit too small.

s'arranger pour [arãʒe] v. (7) : to manage
Je m'arrangerai pour venir ce soir.
I'll manage to come tonight.

arrêt [arɛ] m. : stop

(s') arrêter [arɛte] v. (1) : to stop
Nous nous sommes arrêtés à mi-chemin. *We stopped half-way.*

arrière [arjɛːr] m. : back
Il a heurté l'arrière de la voiture.
He banged into the back of the car.

en arrière : behind

arriver [arive] v. (1) : to arrive
Quand arriverez-vous? *When will you arrive?*

to happen
J'étais là quand l'accident est arrivé.
I was there when the accident happened.

s'asseoir [aswaːr] v. (12) : to sit down
Le maître leur a dit « Asseyez-vous » et ils se sont assis.
The master said to them "Sit down" and they sat down.

être assis : to be sitting
Nous étions assis sur le divan quand il est entré.
We were sitting on the sofa when he entered.

assez [ase] : enough
As-tu assez d'argent? *Have you enough money?*

(= plutôt) : rather
Je suis assez fatiguée. *I am rather tired.*

assiette [asjɛt] f. : plate
Ils mangent dans une assiette à soupe.
They eat out of a soup plate.

attacher [ataʃe] v. (1) : to tie

atteindre [atɛ̃ːdr] v. (13) : to reach
Ils atteindront le sommet de la montagne.
They will reach the top of the mountain.

attendre [atãːdr] v. (4) : to wait (for)
Henri attend le train. *Henry is waiting for the train.*

attention [atãsjɔ̃] **à**
Attention à la marche. *Mind the step.*

Attention au chien.
Beware of the dog.

faire attention à : to pay attention to
Fais attention à ton travail. *Pay attention to your work.*

to mind
Fais attention à ce que tu fais. *Mind what you are doing.*

to take care
Fais attention à ton stylo. *Take care of your fountain-pen.*

attraper [atrape] v. (1) : to catch

aucun, une [okœ̃, yn] : none

— Combien avez-vous de filles? — Aucune.
— *How many daughters have you? None.*

    no; not any

Je n'ai appris aucune leçon.
I didn't learn any lesson. I learnt no lesson.

    neither (= aucun des deux)

Il n'a parlé à aucun de nous. *He spoke to neither of us.*

aujourd'hui [oʒurdɥi] : today

aussi [osi] : also, too

Elle l'a rencontré aussi. *She also met him.*
Il parle anglais et aussi allemand.
He speaks English and German, too.

    so

Tu es une sotte et moi aussi! *You are a silly girl and so am I!*

aussi ... que : as ... as

Une fille est-elle aussi forte qu'un garçon?
Is a girl as strong as a boy?

pas aussi ... que : not so ... as

Il n'est pas aussi riche que vous. *He is not so rich as you.*

aussitôt que : as soon as

Je me lève aussitôt que le réveil sonne.
I get up as soon as the alarm-clock rings.

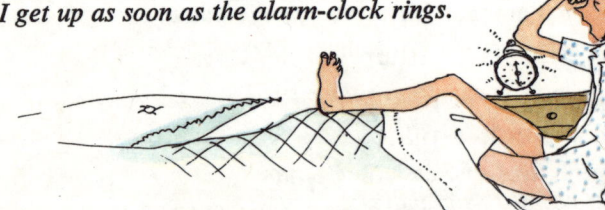

autant de ... que : (sing.) as much ... as

Il a autant d'argent que moi. *He has as much money as I have.*

    pl. : as many ... as

Il y avait autant de gens qu'hier.
There were as many people as yesterday.

autobus [otobyːs] m. : bus

(auto)car [(oto)kaːr] m. : (motor-)coach (U.S.: bus)

Irez-vous par le train ou par le car?
Will you go by train or by coach?

automne [otɔn] m. : autumn (U.S.: fall)

auto(mobile) [oto(mɔbil)] f. : (motor-)car (U.S.: automobile)

Cette auto est-elle à vous? *Is this car yours?*

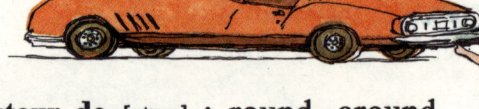

autour de [otuːr] : round, around

Elles courent autour de la table.
They are running round (around) the table.

    about

Regarde autour de toi. *Look about you.*

autre [oːtr] adj. : other

Donne-moi les autres livres. *Give me the other books.*

    pr. : other(s)

Donne-moi les autres. *Give me the others.*

un autre : another

Donne-m'en un autre. *Give me another.*

avancer [avɑ̃ːse] v. (6) : to move forward

Le cortège avançait le long du boulevard.
The procession was moving forward along the boulevard.

    (heure) : to be fast

Votre montre n'avance-t-elle pas? *Isn't your watch fast?*

en avance : early

avant (de) : before

Fais tes devoirs avant de jouer.
Do your homework before playing.

avec [avɛk] : with

Viens avec moi. *Come with me.*

aveugle [avœgl] adj : blind

aveugle m. et f. : blindman; blindwoman

C'est une aveugle. *She is a blindwoman.*

aviateur [avjatœːr] m. : airman

avion [avjɔ̃] m. : (aero)plane (U.S.: airplane)

avoir [avwar] v. (14) : to have

Nous avons trois enfants. *We have three children.*
J'avais mal à la tête. *I had a headache.*
Aurez-vous le temps d'aller chez votre fille?
Will you have time to go to your daughter's?
Qu'est-ce que tu as? *What is the matter with you?*

    to have got

Avez-vous une allumette? *Have you got a match?*

    (v. auxiliaire)

Ils ont fait tout leur travail. *They have done all their work.*

    to be

J'ai faim. *I am hungry.*
Nous avions soif. *We were thirsty.*
Aura-t-il froid? *Will he be cold?*
Tu n'as pas peur. *You are not afraid.*

avoir (= porter des vêtements) : to wear

Quel drôle de chapeau elle a!
What a funny hat she is wearing!

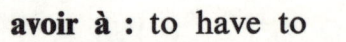

avoir à : to have to

Tu as à travailler. *You have to work.*

avril [avril] m. : April

bagages [bagaːʒ] m. pl. : luggage (U.S.: baggage)

Mes bagages sont à la consigne.
My luggage is in the left-luggage office.

(se) baigner [bɛɲe] v. (1) : to bathe

J'ai baigné mon doigt dans de l'eau chaude.
I bathed my finger in hot water.

baignoire [bɛɲwaːr] f. : bath

Ferme le robinet avant que la baignoire déborde.
Turn the tap off before the bath overflows.

bain [bɛ̃] m. : bath

Il prend un bain chaud tous les matins.
He has a hot bath every morning.

baisser [bɛse] v. (1) : verbe + down

Baissez votre radio. *Turn down your radio.*
Les prix ont baissé. *Prices have gone down.*

se baisser : to bend down

balai [balɛ] m. : broom

Le manche du balai est cassé. *The broom-stick is broken.*

balance [balãːs] f. : scales

balayer [balɛje] v. (10) : to sweep (away)

balle [bal] f. ; **ballon** [balɔ̃] m. : ball

Les petites filles aiment jouer à la balle.
Little girls like to play ball.

banc [bɑ̃] m. : bench

banlieue [bɑ̃ljø] f. : suburbs

Nous habiterons la banlieue de Paris.
We'll live in the suburbs of Paris.

bas [bɑ] m. : stocking

Son bas a filé. *She has a ladder in her stocking.*

　bottom

Il y a un dessin au bas de la page.
There is a drawing at the bottom of the page.

en bas (maison) : downstairs

Il lit en haut pendant qu'elle tricote en bas.
He is reading upstairs while she is knitting downstairs.

bas, basse [bɑ, bɑːs] adj. : low

Ils parlent à voix basse. *They are speaking in a low voice.*

bateau(x) [bato] m. : boat

Papa va acheter un bateau à voile.
Dad is going to buy a sailing-boat.

　ship

Le paquebot *France* est un superbe bateau.
The liner France *is a splendid ship.*

bâtiment [bɑtimã] m. : building

bâtir [bɑtir] v. (2) : to build

L'usine a été bâtie (= construite) en moins de dix mois.
The factory was built in less than ten months.

bâton [bɑtɔ̃] m. : stick

battre [batr] v. (15) : to beat

se battre : to fight

Ces deux garçons se battent toujours!
These two boys are always fighting!

bavard, arde [bavaːr, aːrd] adj. : talkative

Que ces filles sont bavardes! *How talkative these girls are!*

beau(x) [bo], **bel, belle** [bɛl, bɛːl] adj. : beautiful

C'est une belle ville. *It is a beautiful town.*

　(temps) : fine

S'il fait beau, nous irons canoter.
If it is fine, we'll go for a row.

beaucoup [boku] **(de)** : (sing.) much; (pl.) many

J'ai beaucoup d'élèves et beaucoup de travail.
I have many pupils and much work.

　plenty of, a lot of

Il y a eu beaucoup de neige l'hiver dernier.
There was plenty of snow last winter.
Ils ont beaucoup d'argent à la banque.
They have a lot of money in the bank.

bébé [bebe] m. : baby

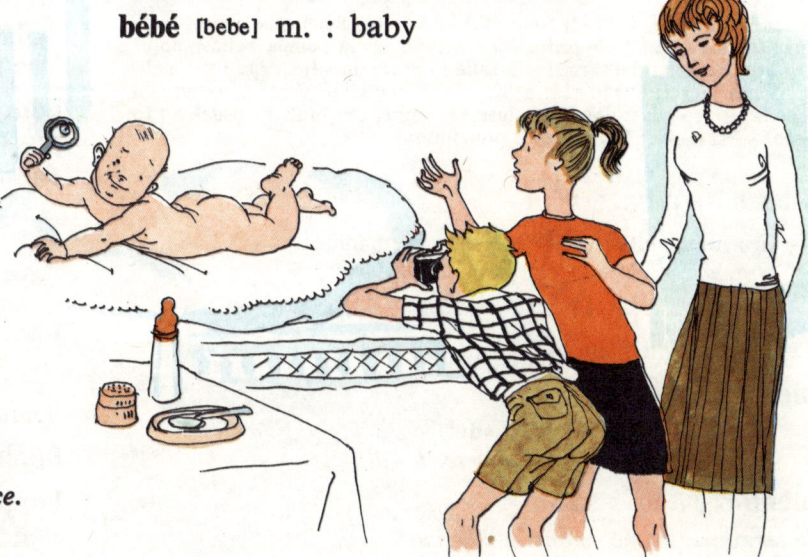

● **Un bavoir** : a bib - **un biberon** : a feeding bottle - **la bouillie** : the milk-food - **une couche** : a napkin - ● **Un berceau** : a cradle - **une berceuse** : a lullaby - **la garde d'enfants** : baby-sitting - **une nourrice** : a nanny - **un nourrisson** : a suckling - **un parc à bébé** : a play-pen - **une voiture d'enfant** : a pram. ● **Bercer** (mouvement) : to rock; (bruit) : to lull - **sucer** : to suck - **téter** : to suck.

avoir besoin [bəzwɛ̃] **(de)** : to need

Prête-moi ton dictionnaire, j'en ai besoin.
Lend me your dictionary, I need it.

bête [bɛːt] f. : beast

La pauvre bête est trop lourdement chargée.
The poor beast is too heavily loaded.

beurre [bœːr] m. : butter

Veux-tu du beurre avec tes radis?
Will you have butter with your radishes?

bibliothèque [bibliɔtɛk] f. : library

On emprunte des livres à la bibliothèque.
Books are borrowed from the library.

    book-case

Il n'y a pas de place pour ces livres dans ma bibliothèque.
There is no room for these books in my book-case.

bicyclette [bisiklɛt] f. : bicycle

● **La chaîne** : the chain - **le frein** : the brake - **le guidon** : the handle-bar - **une pédale** : a pedal - **le phare** : the headlight - **la pompe** : the pump - **le porte-bagages** : the carrier - **la selle** : the saddle - **le timbre** : the bell.
● **Aller à bicyclette** : to ride a bicycle - **déraper** : to skid - **descendre en roue libre** : to coast down - **freiner** : to apply the brakes - **pédaler** : to pedal - **j'ai crevé** : I have got a puncture.

bien [bjɛ̃] adv. : well

— Comment allez-vous? — Très bien, merci.
— *How are you? — Very well, thank you.*

    n. m. : good

Cela te fera du bien. *It will do you good.*

bien sûr : of course

— Viendrez-vous? — Bien sûr!
— *Will you come? — Of course, I will.*

bientôt [bjɛ̃to] : soon

Je serai bientôt de retour. *I'll be back soon.*

bière [bjɛːr] f. : beer

Je voudrais un verre de bière bien fraîche.
I would like a glass of cool beer.

billet [bijɛ] m. : ticket

Prends un billet d'aller et retour. *Buy a return ticket.*

billet (de banque) : (bank-)note

blanc, blanche [blɑ̃, blɑ̃ʃ] adj. et n. : white

Nous préférons le pain blanc. *We prefer white bread.*

blé [ble] m. : corn, wheat

Le blé était encore vert en juillet.
The corn was still green in July.
La récolte de blé sera bonne cette année.
The wheat-crop will be good this year.

(se) blesser [blɛse] v. (1) : to hurt

Je me suis blessé au pied. *I have hurt my foot.*

    to wound

Quatre personnes ont été blessées dans l'accident.
Four people were wounded in the accident.

blessure [blɛsyːr] f. : wound

bleu, bleue [blø] adj. : blue

blond, blonde [blɔ̃, blɔ̃ːd] adj. : fair

Il est blond. *He is fair-haired.*

bœuf [bœf] m., **bœufs** [bø] pl. : ox

Deux bœufs tirent la charrue. *Two oxen are pulling the plough.*

    (boucherie) : beef

Je voudrais un rôti de bœuf. *I would like a joint of beef.*

boire [bwaːr] v. (16) : to drink

bois [bwɑ] m. : wood

Nous nous promenions dans le bois.
We were walking in the wood.

boisson [bwasɔ̃] f. : drink

L'eau est la meilleure des boissons. *Water is the best of drinks.*

boîte [bwaːt] f. : box, tin (U.S.: can)

La boîte à lettres est en bois. *The letter-box is made of wood.*
Une boîte de sardines : *A tin of sardines.*

bon, bonne [bɔ̃, bɔn] adj. : good

Elle fait du bon thé, mais du mauvais café.
She makes good tea but bad coffee.

    nice

Ça sent bon! *It smells nice!*

    kind

Elle a bon cœur. *She is kind-hearted.*

    right

Sommes-nous sur la bonne route? *Are we on the right road?*

bonbon [bɔ̃bɔ̃] m. : sweet (U.S.: candy)

bonjour [bɔ̃ʒuːr] m. : good morning, good after-noon, good day

bon marché : cheap

Les cerises sont bon marché en ce moment.
Cherries are cheap these days.

bonsoir [bɔ̃swaːr] m. : good evening, good night

bord [bɔr] m. : edge

Il est défendu de marcher sur le bord de la falaise.
It is forbidden to walk on the edge of the cliff.

    bank

Les bords de la rivière étaient boueux.
The banks of the river were muddy.

    side

Ma voiture est au bord de la route. *My car is by the roadside.*
◆ mais : Le bord du trottoir : *the kerb.*

bouche [buːʃ] f. : mouth

boucher [buʃe] v. (1) : to cork

J'ai bouché la bouteille de vin. *I corked the bottle of wine.*

> to block

Bouche le trou par où est passée la souris.
Block the hole into which the mouse went.

boucher m. : butcher

boucherie [buʃri] f. : butcher's (shop)

Va chez le boucher. Va à la boucherie. *Go to the butcher's.*

bouchon [buʃɔ̃] m. : cork

boue [bu] f. : mud

Il est tombé dans la boue. *He fell in the mud.*

(faire) bouillir [bujiːr] v. (17) : to boil

Le lait a bouilli sans déborder.
The milk boiled without boiling over.

boulanger [bulɑ̃ːʒe] m. : baker

Notre boulanger fait du bon pain.
Our baker makes good bread.

boulangerie [bulɑ̃ʒri] f. : baker's (shop)

bouquet [bukɛ] m. : bunch

bout [bu] m. : end

Pour vous, j'irais au bout du monde.
For you, I should go to the world's end.

> tip

Il a un bouton sur le bout du nez.
He has a spot on the tip of his nose.

> (morceau) : bit

Le jeune chien joue avec un bout de bois.
The puppy is playing with a bit of wood.

bouteille [butɛːj] f. : bottle

boutique [butik] f. : shop (U.S.: store)

bouton [butɔ̃] m. : button

J'ai perdu un bouton de mon manteau.
I have lost a button off my coat.

> bud

Ce bouton de rose est si joli! *This rosebud is so pretty!*

> switch

Il ne pouvait trouver le bouton dans l'obscurité.
He could not find the switch in the dark.

> (sur la peau) : spot

Philippe était couvert de boutons quand il a eu la varicelle.
Philip was covered with spots when he had chicken-pox.

branche [brɑ̃ːʃ] f. : branch

Les enfants ont grimpé sur les branches basses du sapin.
The children climbed on the lower branches of the fir-tree.

bras [bra] m. : arm

brillant, ante [brijɑ̃, ɑ̃ːt] adj. : bright

Quelle est l'étoile la plus brillante?
Which is the brightest star?

briller [brije] v. (1) : to shine

brosse [brɔs] f. : brush

brosser [brɔse] v. (1) : to brush

Je me brosse les cheveux. *I'm brushing my hair.*

brouillard [brujaːr] m. : fog

A Londres, un brouillard épais est appelé « purée de pois ».
In London, thick fog is called "pea-soup fog".

bruit [brɥi] m. : noise

Qui a fait du bruit? *Who made a noise?*

(se) brûler [bryle] v. (1) : to burn

Il y a quelque chose qui brûle dans la cuisine.
There is something burning in the kitchen.

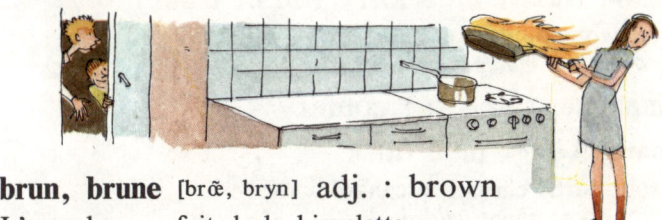

brun, brune [brœ̃, bryn] adj. : brown

L'ours brun a fait de la bicyclette.
The brown bear rode a bicycle.

> dark

Il est aussi brun que sa sœur est blonde.
He is as dark as his sister is fair.

bureau(x) [byro] m. : desk

Vous le trouverez dans un tiroir de mon bureau.
You'll find it in a drawer of my desk.

> office

Papa travaille dans un bureau de poste.
Dad works in a post-office.

c' : voir C'EST

çà et là : here and there

Des feuilles sont tombées çà et là sur la pelouse.
Leaves have fallen here and there on the lawn.

> about

Le jeune chien court çà et là dans la cour.
The puppy is running about the yard.

(se) cacher [kaʃe] v. (1) : to hide

Il s'est caché sous le lit. *He hid under the bed.*

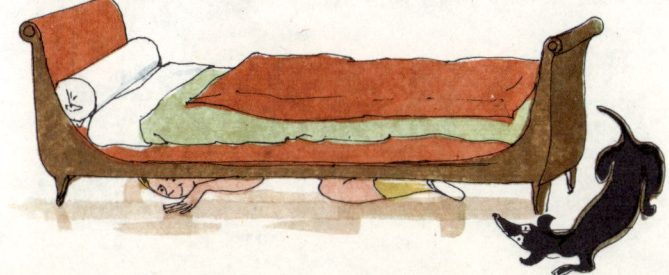

cadeau(x) [kado] m. : gift

Elle l'a eu en cadeau. *She had it as a gift.*

present

Grand-mère m'a fait cadeau d'une bague.
Grandmother made me a present of a ring.

café [kafe] m. : coffee

Je préfère le café au lait. *I prefer white coffee.*

cahier [kaje] m. : copy-book, exercise-book

J'ai perdu mon cahier d'anglais.
I have lost my English exercise-book (copy-book).

caisse [kɛːs] f. : crate

La caisse est trop lourde. *The crate is too heavy.*

cash-desk

Payez à la caisse, s'il vous plaît.
Please, pay at the cash-desk.

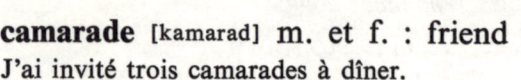

camarade [kamarad] m. et f. : friend

J'ai invité trois camarades à dîner.
I asked three friends to dinner.

camion [kamjɔ̃] m. : lorry (U.S.: truck)

Nous avons doublé un énorme camion.
We overtook a huge lorry.

campagne [kɑ̃paɲ] f. : country

canard [kanaːr] m. : duck

Ils sont partis chasser le canard sauvage.
They went to shoot wild duck.

être **capable** [kapabl] **de** : to be able to

Il n'est pas capable de porter une si grosse valise.
He is not able to carry such a big suit-case.

car m. : voir AUTOCAR

carnet [karnɛ] m. : note-book

carré [kare] m. : square

Pierre dessine des carrés sur le sable.
Peter is drawing squares on the sand.

carré, ée adj. : square

Toutes ces boîtes sont carrées. *All these boxes are square.*

carrefour [karfuːr] m. : voir CROISEMENT

cartable [kartabl] m. : satchel

J'ai oublié mon cartable. *I've forgotten my satchel.*

carte [kart] f. : map

Cherche le chemin sur la carte avant de te mettre en route.
Look up the way on the map before setting off.

card

Veux-tu jouer aux cartes avec nous?
Do you want to play cards with us?

casquette [kaskɛt] f. : cap

(se) casser [kɑːse] v. (1) : to break

Jeanne a cassé une assiette. *Joan broke a plate.*

casserole [kasrɔl] f. : (sauce)pan

Fais attention! La poignée de la casserole est chaude.
Be careful! The handle of the pan is hot.

à cause [koːz] **de** : because of

cave [kaːv] f. : cellar

ce [sə], **cet, cette** [sɛt]; **ce ...-ci, cet ...-ci** : this

Ce seau et cette pelle sont à lui. *This pail and this shovel are his.*
— Quand irez-vous en vacances? — Ce mois-ci.
— *When will you go on holiday? — This month.*

ce, cet, cette; ce ...-là, cet ...-là : that

Avez-vous aimé ce roman? *Did you like that novel?*
Dans ce temps-là, l'électricité était inconnue.
At that time, electricity was unknown.

ceci [səsi] : this

Ceci ne lui plaît pas. *This does not please her (him).*

cela [səla]; **ça** [sa] : that; it

Que pensez-vous de ça (cela)? *What do you think of that?*
Ça ira. *It will do.*

ces [sɛ]; **ces ...-ci** : these

On ne vous voit pas souvent ces jours-ci.
We don't see you often these days.

ces; ces ...-là : those

Ces gens(-là) ne sont pas honnêtes.
Those people are not honest.

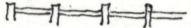

c'est [sɛ] : he is, she is, it is

C'est un brave homme. *He is a good man.*
Ce n'est pas ma tante. *She is not my aunt.*
C'est tout à fait vrai. *It is quite true.*

that is

C'est lui. *That's him.*

ce sont [səsɔ̃] : they are

Ce sont des imbéciles. *They are fools.*

celui-ci, celle-ci : this one

Celui-ci vient d'être pondu. *This one has just been laid.*

ceux-ci, celles-ci : these

Ceux-ci sont mes meilleurs élèves. *These are my best pupils.*

celui-là, celle-là : that one

Ce n'est pas cet enfant qui a jeté la pierre, c'est celui-là.
It is not this child who threw the stone, it is that one.

ceux-là, celles-là : those

Je n'ai pas pris celles-là parce qu'elles étaient trop lourdes.
I didn't take those because they were too heavy.

celui de, celle de : (possessif) 's

Mon stylo est neuf, celui de Jacques aussi.
My fountain-pen is new, so is James's.

ceux de, celles de : (possessif) 's

Ces pantoufles ne sont pas les tiennes, ce sont celles de Maman.
These slippers are not yours, they are Mother's.

ceinture [sɛ̃tyːr] f. : belt

Elle a trop serré sa ceinture. *She tightened her belt too much.*

cent [sɑ̃] m. : hundred

Commencez page deux cent sept.
Begin at page two hundred and seven.

cerise [səriːz] f. : cherry

chacun, une [ʃakœ̃, yn] : each

Donnez-leur un franc à chacun. *Give them a franc each.*

everybody, everyone

Chacun a pu l'entendre. *Everybody could hear him (her).*

chaîne [ʃɛːn] f. : chain

chaise [ʃɛːz] f. : chair

Chacun d'eux portera une chaise.
Each of them will carry a chair.

(forte) chaleur [ʃalœːr] f. : heat

La vague de chaleur n'a pas duré longtemps.
The heat wave didn't last long.

CHALEUR ET LUMIÈRE   HEAT AND LIGHT

● Une **bûche** : a log - des **cendres** : ashes - la **chaudière** : the boiler - le **chauffage central** : the central heating - une **étincelle** : a spark - une **explosion** : an explosion - un **chauffe-eau** : a geyser. ● Un **feu de cheminée** : a chimney on fire - un **pompier** : a fireman - une **pompe à incendie** : a fire-engine - le **feu s'éteint, s'est éteint, est éteint** : the fire is going out, has gone out, is out. ● Une **ampoule** : a bulb - une **bougie** : a candle - un **briquet** : a lighter - le **courant** : current - du **fil électrique** : electric wire - une **lampe électrique** : an electric torch - un **lustre** : a chandelier - une **pile** : a battery - une **prise de courant** : a plug - un **radiateur électrique** : an electric radiator. ● **Éblouissant** : dazzling - **illuminé** : illuminated - **tiède** : tepid - **brûlant** : burning - **rafraîchir** : to cool - **réchauffer** : to warm up.

chambre (à coucher) [ʃɑ̃ːbr] f. : (bed)room

Elle doit garder la chambre. *She has to keep to her room.*

● Une **chambre d'enfants** : a nursery - une **commode** : a chest of drawers - un **coussin** : a cushion - un **couvre-lit** : a bedspread - une **descente de lit** : a bedside rug - un **édredon** : an eider-down - un **matelas** : a mattress - un **oreiller** : a pillow - un **traversin** : a bolster.

chameau(x) [ʃamo] m. : camel

champ [ʃɑ̃] m. : field

Le champ est bordé de pierres.
The field is edged with stones.

avoir de la chance [ʃɑ̃ːs] : to be lucky

J'ai de la chance! *I'm lucky!*

changer [ʃɑ̃ʒe] (de) v. (7) : to change

Change tes draps une fois par semaine.
Change your sheets once a week.

chanson [ʃɑ̃sɔ̃] f.; **chant** [ʃɑ̃] m. : song

Je ne connais pas le chant de cet oiseau.
I don't know this bird's song.

chanter [ʃɑ̃te] v. (1) : to sing

chapeau(x) [ʃapo] m. : hat

chaque [ʃak] : each

Chaque homme portait son fusil.
Each man was carrying his gun.

every

Corrigez chaque faute. *Correct every mistake.*

charbon [ʃarbɔ̃] m. : coal

Nous avons besoin de charbon. *We need some coal.*

charger [ʃarʒe] v. (7) : to load

Il était trop chargé. *He was too heavily loaded.*

chat [ʃa] m. : cat

Le chat fait ses griffes sur l'arbre.
The cat sharpens its claws on the tree.

château [ʃato] m. : castle

Il y a un concours de châteaux de sable.
There is a sand castle competition.

chaud, chaude [ʃo, ʃoːd] adj. : warm

Il fait bon et chaud ici. *It's nice and warm here.*

> hot

C'était trop chaud et je me suis brûlé la main.
It was too hot and I burnt my hand.

chauffer [ʃofe] v. (1) : to warm

Venez vous chauffer. *Come and warm yourself (yourselves).*

> to heat

Va faire chauffer de l'eau dans la casserole.
Go and heat some water in the saucepan.

chaussette [ʃosɛt] f. : sock

La veille de Noël, les enfants accrochent leurs chaussettes au pied de leurs lits.
On Christmas Eve, children hang their socks at the foot of their beds.

chaussure [ʃosyːr] f. : shoe

Je fais mes chaussures moi-même. *I clean my own shoes.*

chef [ʃɛf] m. : leader

Ils ont choisi comme chef le garçon le plus âgé.
They chose the oldest boy as a leader.

> chief

Le grand chef des Indiens a été fait prisonnier.
The big chief of the Indians has been taken prisoner.

chemin [ʃəmɛ̃] m. : way

Montre-lui le chemin. *Show him (her) the way.*

chemin de fer m. : railway (U.S.: railroad)

cheminée [ʃəmine] f. : chimney

La fumée monte dans la cheminée.
The smoke is going up the chimney.

> fire-place

La pièce a une grande cheminée de marbre.
The room has a big marble fire-place.

chemise [ʃəmiz] f. : shirt

Il est en manches de chemise. *He is in his shirt sleeves.*

chêne [ʃɛn] m. : oak

cher, chère [ʃɛːr] adj. : dear

Mon cher ami... *My dear friend...*

> expensive

Cette voiture est trop chère. *This car is too expensive.*

chercher [ʃɛrʃe] v. (1) : to look for

Je cherche mes billes. *I'm looking for my marbles.*

aller chercher : to go and fetch

Allez chercher le docteur. *Go and fetch the doctor.*

cheval [ʃəval] **(aux)** m. : horse

Voici le cheval qui a gagné la course.
This is the horse which won the race.

aller à cheval : to ride (on horseback)

Y est-il allé à cheval ou à pied?
Did he ride there or did he walk?

cheveu(x) [ʃəvø] m.; **chevelure** [ʃəvlyːr] f. : hair

chèvre [ʃɛːvr] f. : goat

chez [ʃe] : at ...'s (house, shop)

Je l'ai rencontré chez son cousin.
I met him at his cousin's (house).

> to ...'s (house, shop)

Elle court chez l'épicier. *She is running to the grocer's (shop).*

> with

Cette élève vit chez sa grand-mère.
This pupil lives with her grandmother.

> (at) home

Il est chez lui tous les jours à sept heures.
He is at home every day at seven.

chien [ʃjɛ̃] m. : dog

Notre chien est un bon chien de garde.
Our dog is a good watch-dog.

chiffre [ʃifr] m. : figure

chocolat [ʃɔkɔla] m. : chocolate

Il m'a envoyé une boîte de chocolats.
He sent me a box of chocolates.

choisir [ʃwaziːr] v. (2) : to choose

chose [ʃoːz] f. : thing

Que de choses à faire avant de partir!
How many things to do before leaving!

chou(x) [ʃu] m. : cabbage

Nous mangeons beaucoup de choux.
We eat a lot of cabbage.

ciel [sjɛl] m., **cieux** [sjø] pl. : sky

Le ciel est couvert. *The sky is overcast.*

cigarette [sigarɛt] f. : cigarette

cinéma [sinema] m. : pictures (U.S.: movies)

Ils vont au cinéma chaque samedi soir.
They go to the pictures every Saturday night.

> cinema

Il y a un cinéma dans notre rue.
There is a cinema in our street.

cinq [sɛ̃k] : five ; **cinquième** [sɛ̃kjɛm] : fifth ;

cinquante [sɛ̃kɑ̃:t] : fifty

circulation [sirkylasjɔ̃] f. : traffic
Circulation à sens unique. *One way traffic.*

cirer [sire] v. (1) : to polish

ciseaux [sizo] m. pl. : scissors
Prête-moi tes ciseaux, s'il te plaît. *Lend me your scissors, please.*

citron [sitrɔ̃] m. : lemon

clair, re [klɛ:r] adj. : light
En été, elle s'habille en clair.
In summer, she dresses in light colours.

     clear
L'eau est claire : on voit le lit de la rivière.
The water is clear : you can see the river-bed.

classe [kla:s] f. : class
La classe est attentive ce matin.
The class is attentive this morning.

     school
Oui, il va en classe. *Yes, he goes to school.*

     form
Isabelle est en classe de sixième. *Isabel is in the first form.*

clé [kle] f. : key
« Fermer la porte à clé » se dit *"to lock the door"*.
"To lock the door" means « fermer la porte à clé ».

client [klijɑ̃] m., **cliente** [klijɑ̃:t] f. : customer

cloche [klɔʃ] f. : bell
« Big Ben » est la plus célèbre cloche d'Angleterre.
"Big Ben" is the most famous bell in England.

clou [klu] m. : nail

clouer [klue] v. (1) : to nail
J'ai cloué le couvercle de la grande caisse.
I nailed down the lid of the big crate.

cochon [kɔʃɔ̃] m. : pig
C'est un vrai petit cochon ! *He is a real little pig !*

cœur [kœ:r] m. : heart
Je sais ma leçon par cœur. *I know my lesson by heart.*

se coiffer [kwafe] v. (1) : to do one's hair
Elle se coiffe très bien. *She does her hair very well.*

coiffeur [kwafœ:r] m. : hairdresser

coin [kwɛ̃] m. : corner
L'épicerie est au coin de la rue.
The grocer's is on the corner of the street.

en **colère** [kɔlɛ:r] : angry

coller [kɔle] v. (1) : to stick
As-tu collé le timbre sur l'enveloppe ?
Have you stuck the stamp on the envelope ?

colline [kɔlin] f. : hill

combien [kɔ̃bjɛ̃] **(de)** : how much
Combien d'argent as-tu ? *How much money have you got ?*

     how many
Combien serez-vous dans la voiture ?
How many will you be in the car ?

     how long
Combien de temps es-tu resté dans cette maison ?
How long did you stay in that house ?

     how far
Combien (Quelle distance) y a-t-il de Lille à la frontière ?
How far is it from Lille to the border ?

     how + adj.
Combien mesurez-vous ? *How tall are you ?*

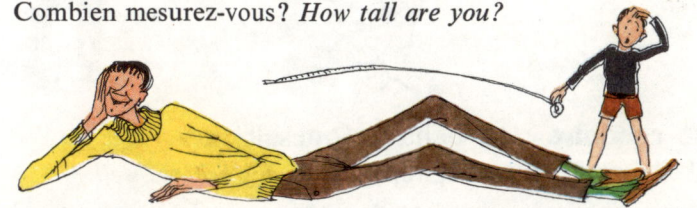

commander [kɔmɑ̃de] v. (1) : to order

comme [kɔm] : as
As-tu fait comme je te l'ai dit ? *Did you do as I told you ?*

     like
Il est comme un poisson dans l'eau. *He is like a fish in water.*

comme...! : how...!
Comme il a grandi ! *How tall he has become !*

commencement [kɔmɑ̃smɑ̃] m. : beginning
« Il y a un commencement à tout. »
"Everything has a beginning."

commencer [kɔmɑ̃se] v. (6) : to begin
La pièce commence à neuf heures. *The play begins at nine.*

     to start
La cloche commence à sonner. *The bell starts ringing.*

comment [kɔmɑ̃] : how
Savez-vous comment c'est arrivé ?
Do you know how it happened ?

commerçant [kɔmɛrsɑ̃] m. : shopkeeper

commerce [kɔmɛrs] m. : trade
Le commerce extérieur de ce pays est-il important ?
Is the foreign trade of this country important ?

     business
Il tient un commerce de vins. *He runs a wine business.*

aller faire des commissions : to go shopping
Je fais les commissions de Maman. *I go shopping for Mummy.*

complet, ète [kɔ̃plɛ, ɛt] adj. : full up
Complet! *Full up!*

comprendre [kɔ̃prɑ̃dr] v. (42) : to understand
Il ne comprend pas l'anglais. *He does not understand English.*

compter [kɔ̃te] v. (1) : to count
Comptez vos fautes. *Count your mistakes.*

conducteur [kɔ̃dyktœːr] m. : driver

conduire [kɔ̃dɥiːr] v. : (18) to drive
La petite fille conduit les vaches aux champs.
The little girl drives the cows to the fields.

    to lead
Le chien conduit l'aveugle.
The dog is leading the blindman.

se conduire : to behave (oneself)
Il se conduit bien d'habitude. *He usually behaves well.*

connaître [kɔnɛːtr] v. (19) : to know
Nous les connaissons depuis longtemps.
We have known them for a long time.

confiture(s) [kɔ̃fityːr] f. : jam

construire [kɔ̃strɥiːr] v. (18) : voir BATIR

content, ente [kɔ̃tɑ̃, ɑ̃ːt] adj. : glad, pleased
— Es-tu content? — Oui. — *Are you glad? — Yes, I am.*

continuer [kɔ̃tinɥe] v. (1) : to go on
Ils ont continué à jouer. *They went on playing.*

    verbe + on
Continuez à lire, s'il vous plaît. *Please, read on.*

au contraire [kɔ̃trɛːr] : on the contrary
Au contraire, je préfère rester avec vous.
On the contrary, I prefer to stay with you.

contre [kɔ̃ːtr] : against
Ne t'appuie pas contre la vitre. *Don't lean against the window.*

copier [kɔpje] v. (1) : to copy
Elle l'a copié sur sa voisine. *She copied it from her neighbour.*

coq [kɔk] m. : cock (U.S.: rooster)
Le fermier se lève au chant du coq.
The farmer gets up at cock-crow.

corde [kɔrd] f. : rope
La chèvre est attachée avec une corde.
The goat is tied up with a rope.

corps [kɔːr] m. : body

LE CORPS HUMAIN   THE HUMAN BODY
● **Le cerveau** : the brain - **un cil** : an eyelash - **le crâne** : the skull - **la gorge** : the throat - **le menton** : the chin - **une natte** : a plait - **une paupière** : an eyelid - **un sourcil** : an eyebrow - **faire des grimaces** : to make faces. ● **La barbe** : the beard - **la moustache** : the moustache - **se raser** : to shave - **un rasoir** : a razor. ● **L'annulaire** : the ring-finger - **l'auriculaire** : the little finger - **le coude** : the elbow - **l'index** : the forefinger - **le majeur** : the second finger - **le poignet** : the wrist - **le poing** : the fist - **se ronger les ongles** : to bite one's nails. ● **La cheville** : the ankle - **la cuisse** : the thigh - **le mollet** : the calf - **un orteil** : a toe - **le talon** : the heel. ● **La colonne vertébrale** : the spine - **une côte** : a rib - **une épaule** : a shoulder - **l'estomac** : the stomach - **la hanche** : the hip - **la poitrine** : the breast - **un poumon** : a lung - **un rein** : a kidney - **le ventre** : the abdomen. ● **(Avoir) la chair de poule** : (to have) goose-flesh - **un nerf** : a nerve - **une veine** : a vein.

costume [kɔstyːm] m. : suit, dress
Son costume a été acheté tout fait.
His suit (Her dress) was bought ready-made.

côte [koːt] f. : coast
La côte de la Bretagne est pittoresque.
The coast of Brittany is picturesque.

    hill
La côte est raide. *The hill is steep.*

côté [kote] m. : side
Ce côté-ci de la rue est ensoleillé.
This side of the street is sunny.

à côté de : beside
Elle est assise à côté de son fiancé.
She is sitting beside her fiancé.

cou [ku] m. : neck
Il porte une écharpe de coton autour du cou.
He is wearing a cotton scarf round his neck.

coucher [kuʃe] v. (1) : to sleep
Nous avons couché à la belle étoile. *We slept in the open.*

se coucher : to lie down

être couché : to lie
Le chien est couché devant sa niche.
The dog is lying in front of its kennel.

aller se coucher : to go to bed

coudre [kudr] v. (20) : to sew
Mets un dé pour coudre. *Use a thimble for sewing.*

couler [kule] v. (1) : to flow
De quel côté la rivière coule-t-elle?
Which way does the river flow?

    to run
L'eau coule dans l'évier. *Water is running in the sink.*

couleur [kulœːr] f. : colour (U.S.: color)
C'est un film en couleurs. *It is a colour film.*

couloir [kulwaːr] m. : passage

coup [ku] m. : blow
◆ mais : Un coup de pied : *a kick*; un coup de fusil : *a shot*...

(se) couper [kupe] v. (1) : to cut
Je me suis coupé au pouce.
I have cut my thumb.

cour [kuːr] f. : yard

courage [kuraːʒ] m. : courage
J'ai autant de courage que lui.
I have as much courage as he has.

courageux, euse [kuraʒø, øːz] adj. : courageous

courir [kuriːr] v. (21) : to run
Où cours-tu? *Where are you running to?*

cours [kuːr] m. : lesson

course [kurs] f. : (sport) race
Ils attendent le départ de la course.
They are waiting for the race to start.

court, courte [kuːr, kuːrt] adj. : short
En hiver, les jours sont plus courts qu'en été.
In winter, the days are shorter than in summer.

cousin, ine [kuzɛ̃, in] m. et f. : cousin
Ils sont cousins germains. *They are first cousins.*

couteau(x) [kuto] m. : knife

coûter [kute] v. (1) : to cost
Ça coûte trop cher. *It costs too much.*

couvercle [kuvɛrkl] m. : lid
Pose le couvercle sur la casserole. *Put the lid on the saucepan.*

couverture [kuvɛrtyːr] f. : cover
La couverture de ce livre est sale.
The cover of this book is dirty.

    blanket
Mon manteau me servira de couverture.
My coat will serve me for a blanket.

couvrir [kuvriːr] v. (38) : to cover
La neige couvrait les collines. *The snow was covering the hills.*

cravate [kravat] f. : tie
Marc a une cravate neuve. *Mark is wearing a new tie.*

crayon [krɛjɔ̃] m. : pencil
Écrivez ça au crayon. *Write that in pencil.*

crème [krɛm] f. : cream

creuser [krøze] v. (1) : to dig
Les enfants creusent des trous dans le sable.
The children are digging holes in the sand.

creux, creuse [krø, krøːz] adj. : hollow

crier [krije] v. (1) : to shout
Elles criaient de joie. *They were shouting for joy.*

croire [krwaːr] v. (22) : to believe
Elle le dit, mais je ne la crois pas.
She says so, but I don't believe her.

    to think
Je crois que c'est vrai. *I think it is true.*

croisement [krwazmã] m. : cross-roads
Il n'y a pas de feux à ce croisement.
There are no traffic-lights at this cross-roads.

croix [krwa] f. : cross

cru, crue [kry] adj. : raw
Il n'aime pas les légumes crus; il ne les mange que cuits.
He does not like raw vegetables; he only eats them cooked.

cueillir [kœjiːr] v. (23) : to gather
Nous avons cueilli (= ramassé) beaucoup de champignons.
We gathered a lot of mushrooms.

    to pick
J'ai cueilli un plein panier de cerises.
I picked a basketful of cherries.

cuiller [kɥijɛːr] f. : spoon

Une cuiller à soupe : *a table-spoon;* une cuiller à dessert : *a dessert-spoon;* une cuiller à café : *a tea-spoon.*

cuir [kɥiːr] m. : leather

Le sac de Maman est en cuir noir.
Mummy's handbag is made of black leather.

cuire [kɥiːr] v. (18) : to cook

Le dîner est en train de cuire. *The dinner is cooking.*

to boil, to fry, to bake

Le veux-tu frit ou cuit à l'eau? *Do you want it fried or boiled?*
Le boulanger cuit le pain dans un four.
The baker bakes bread in an oven.

cuisine [kɥizin] f. : (pièce) kitchen; (action) cooking

La cuisine est la pièce utilisée pour faire la cuisine.
The kitchen is the room used for cooking.

LA CUISINE ET LE MÉNAGE : COOKING AND HOUSEKEEPING

● **Une bouilloire** : a kettle - **une cocotte** : a stew-pan - **la bassine** : a washing-up bowl - **un entonnoir** : a funnel - **un évier** : a sink - **un four** : an oven - **un moulin à café** : a coffee-mill - **une passoire** : a strainer - **la poubelle** : the dust-bin - **une marmite** : a pot - **le compteur de gaz** : the gas-meter - **un réchaud à gaz** : a gas-cooker - **une cuisinière** : a stove. ● **Éplucher** : to peel - **griller** : to grill - **passer** : to strain. ● **Une bonne** : a maid - **une femme de ménage** : a charwoman - **une éponge** : a sponge - **un essuiemeubles** : a duster - **une machine à laver** : a washing-machine - **une planche à repasser** : an ironing-board. ● **Cirer** : to polish - **rincer** : to rinse - **savonner** : to soap.

curieux, euse [kyrjø, øːz] adj. : inquisitive

Tu es vraiment trop curieux. *You are really too inquisitive.*

d' : voir DE

dame [dam] f. : lady

La vieille dame marche lentement.
The old lady is walking slowly.

danger [dɑ̃ʒe] m. : danger

Sa vie était en danger. *His (Her) life was in danger.*

dangereux, euse [dɑ̃ʒrø, øːz] adj. : dangerous

dans [dɑ̃] : (sans mouvement) in

Il y a une mouche dans la soucoupe.
There is a fly in the saucer.

(avec mouvement) : into

Versez le lait dans la soucoupe. *Pour the milk into the saucer.*

out of

Le chat boit dans sa soucoupe. *The cat drinks out of its saucer.*

danse [dɑ̃ːs] f. : dance

Il aime beaucoup la musique de danse.
He is very fond of dance-music.

danser [dɑ̃se] v. (1) : to dance

date [dat] f. : date

de [də], **de la, du, des** : of, of the

Veux-tu une tasse de chocolat?
Will you have a cup of chocolate?
La forme de la Lune change chaque jour.
The shape of the moon changes every day.

to

Pouvez-vous me montrer le chemin de la plage?
Can you show me the way to the beach?

(cas possessif) : 's

C'est la maison de mon amie. *It is my friend's house.*

from

La boutique est fermée de midi à deux heures.
The shop is closed from noon until two p.m.
Nous habitons loin de chez vous. *We live far from your house.*

any, some

Avez-vous du foie de veau? *Have you any calf's liver?*
J'ai acheté de la farine. *I bought some flour.*

with

Il est couvert de poussière. *He is covered with dust.*
La porte du jardin : *the garden gate.*
Dis-lui de venir. *Tell him (her) to come.*

de, au sujet de : about

débarrasser [debarase] v. (1) : to clear

Aide ta sœur à débarrasser la table.
Help your sister to clear the table.

debout [dəbu] : (= levé) up

Nous étions debout (levés) à six heures ce matin.
We were up at six this morning.

être debout : to stand

Ne restez pas debout, asseyez-vous.
Don't remain standing, sit down.

décembre [desɑ̃ːbr] m. : December

déchirer [deʃire] v. (1) : to tear

Elle a déchiré sa robe à un clou. *She tore her dress on a nail.*

découvrir [dekuvriːr] v. (37) : to discover

dedans [dədɑ̃] : inside

Il y a un ver dedans! *There is a worm inside!*

défaire [defɛːr] v. (30) : to undo

Je déferai l'ourlet de ma jupe. *I'll undo the hem of my skirt.*

14

défendre [defɑ̃:dr] v. (4) : to forbid
Il est défendu de parler en classe.
It is forbidden to talk in class.

se défendre : to defend oneself

défense de :
Défense de stationner : *No parking here ; No waiting.*

dehors [dəɔ:r] : out, outside
Jette le dehors. *Throw it out.*

déjà [deʒa] : already
Oui, il a déjà fini ses devoirs.
Yes, he has already finished his homework.

déjeuner [deʒœne] m. : lunch
Ici, le déjeuner est servi à une heure.
Lunch is served here at one o'clock.

déjeuner v. (1) : to lunch, to have lunch
Aujourd'hui, Papa déjeune à la maison.
Dad is having lunch at home today.

petit déjeuner : breakfast
Ils prennent leur petit déjeuner.
They are having their breakfast.

demain [dəmɛ̃] : tomorrow
Où seront-ils demain ? *Where will they be tomorrow ?*

demander [dəmɑ̃de] v. (1) : to ask (for)
Il a demandé à boire. *He asked for a drink.*
Demande ton chemin à ce monsieur.
Ask this gentleman the way.

se demander : to wonder

demi, ie [dəmi] ; **à demi** : half
— Combien en voulez-vous ? — Trois livres et demie.
— *How much do you want ? — Three pounds and a half.*
J'espère arriver à trois heures et demie.
I hope to arrive at half past three.
Tu achèteras une demi-douzaine d'œufs.
You'll buy half a dozen eggs.
« Ne faites pas les choses à demi. » "*Never do things by halves.*"

démolir [demɔli:r] v. (2) : to pull down
Ils viennent de démolir le mur.
They have just pulled down the wall.

dent [dɑ̃] f. : tooth
Nettoie tes dents avant d'aller te coucher.
Clean your teeth before going to bed.

se dépêcher [depɛʃe] v. (1) : to hurry (up)
Si tu ne te dépêches pas, tu manqueras ton autobus.
If you don't hurry, you'll miss your bus.

dépenser [depɑ̃se] v. (1) : to spend
J'ai dépensé beaucoup d'argent pendant les vacances.
I spent a lot of money during my holiday.

depuis [dəpɥi] : (= il y a) for
Il neige depuis deux jours. Il y a deux jours qu'il neige.
It has been snowing for two days.

depuis que : since
Nous sommes tristes depuis qu'il est parti.
We have been sad ever since he left.

déranger [derɑ̃ʒe] v. (7) : to trouble
Désolé de vous déranger ! *Sorry to trouble you !*

dernier, ière [dɛrnje, jɛːr] adj. : last, latest
Je l'ai rencontré le mois dernier. *I met him last month.*
C'est la dernière mode ! *It's the latest fashion !*

derrière [dɛrjɛːr] : behind
Il y a quelqu'un derrière la porte.
There is someone behind the door.

descendre [desɑ̃:dr] v. (4) : to go down
J'ai senti que l'avion descendait. *I felt the plane going down.*

(maison) : to go downstairs
Descends aider ton frère. *Go downstairs and help your brother.*

to get down, to get off
Descends de cette chaise ! *Get down from that chair !*
Où dois-je descendre ? *Where do I get off ?*

(se) déshabiller [dezabije] v. (1) : to undress

désobéir [dezɔbeiːr] v. (2) : to disobey
Ne désobéis pas à ta grand-mère.
Don't disobey your grandmother.

désolé, ée [dezɔle] adj. : sorry
Il est désolé de ne pouvoir venir demain.
He is sorry he can't come tomorrow.

dessert [desɛːr] m. : dessert
Nous aurons des fruits comme dessert.
We'll have fruit for a dessert.

(plat sucré) : sweet
Vous aurez une tarte pour votre dessert.
You'll have a tart for your sweet.

dessin [desɛ̃] m. : drawing
Notre professeur de dessin est un artiste.
Our drawing-master is an artist.
Un dessin animé : *an animated cartoon.*

dessiner [dɛsine] v. (1) : to draw

dessous [dəsu], **par-dessous** : under
Votre tasse est très chaude, mettez une soucoupe dessous.
Your cup is very hot, put a saucer under it.

au-dessous de : below
Au-dessous de nous, la mer était bleue.
Below us, the sea was blue.

dessus [dəsy] : on ..., upon
— Où est mon chapeau ? — Tu es assis dessus !
— *Where is my hat ? — You are sitting on it !*

au-dessus de : above, over
Le soleil est encore au-dessus de l'horizon.
The sun is still above the horizon.
Les oiseaux chantaient au-dessus de nos têtes.
The birds were singing over our heads.

par-dessus : over
Le cheval a sauté par-dessus la barrière.
The horse jumped over the fence.

détruire [detrɥiːr] v. (18) : to destroy
Le feu a détruit tout le village.
The fire destroyed the whole village.

deux [dø] : two, second
Il arriva à deux heures moins deux.
He arrived at two minutes to two.
Elle partira le deux juin.
She will go on the second of June (= 2 June).

les deux, tous les deux : both
Les deux enfants étaient en retard. *Both children were late.*

deuxième [døsjɛm] : second
Il ne voyage jamais en deuxième classe.
He never travels second class.

devant [dəvɑ̃] : (prép.) in front of
Il y a queue devant le cinéma.
There is a queue in front of the cinema.

devenir [dəvniːr] v. (47) : to become
Napoléon devint empereur en 1804.
Napoléon became emperor in 1804.

to get
Elle devient sourde. *She is getting deaf.*

deviner [dəvine] v. (1) : to guess

devoir [dəwaːr] v. (24) : (argent) to owe
Combien vous dois-je? *How much do I owe you?*

(obligation) : must, to have to
Je dois me lever de bonne heure.
I must get up early. I have to get up early.

(verbe au condit.) : ought to, should
Vous devriez être plus prudents. *You ought to be more careful.*
Tu ne devrais pas dire ça. *You should not say that.*

devoirs [dəvwaːr] m. pl. : homework
As-tu fini tes devoirs? *Have you finished your homework?*

dictionnaire [diksjɔnɛːr] m. : dictionary

Dieu [djø] m. : God
Dieu vous bénisse! *God bless you!*

différence [diferɑ̃s] f. : difference
Voyez-vous la différence, maintenant?
Do you see the difference now?

différent, ente [diferɑ̃, ɑ̃t] adj. : different

difficile [difisil] adj. : difficult
C'est trop difficile à comprendre.
It is too difficult to understand.

dimanche [dimɑ̃ːʃ] m. : Sunday
Je ne viendrai pas le dimanche de Pâques.
I shall not come on Easter Sunday.

dîner [dine] m. : dinner
Le dîner est prêt. *Dinner is ready.*

dîner v. (1) : to dine, to have dinner
Il est en train de dîner. *He is dining.*

dire [diːr] v. (25) : to say
Comment dit-on cela en anglais?
How do you say that in English?

to tell
Dites-moi tout ce que vous savez. *Tell me all you know.*

vouloir dire : to mean

direction [dirɛksjɔ̃] f. : direction
Ils se sauvèrent dans toutes les directions.
They ran away in all directions.

way
Dans quelle direction allez-vous? *Which way are you going?*

disparaître [disparɛːtr] v. (19) : to disappear

se disputer [dispyte] v. (1) : to quarrel
Ils se disputent du matin au soir.
They quarrel from morning to night.

disque [disk] m. : record

distance [distɑ̃ːs] f. : distance

(à) quelle distance ...? : how far ...?
Quelle distance y a-t-il de Paris à New York?
How far is it from Paris to New York?

dix [di, dis] : ten, tenth
Le dix octobre. *The tenth of October.*

dixième [dizjɛm] : tenth; **dix-huit** : eighteen

dix-neuf : nineteen; **dix-sept** : seventeen

docteur [dɔktœːr] m. : doctor
Nous sommes allés chez le docteur. *We went to the doctor's.*

doigt [dwa] m. : finger

donner [dɔne] v. (1) : to give
Donne-moi la main. *Give me your hand.*

dont [dɔ̃] : (personnes) whose

L'aveugle, dont le bâton est tombé, nous appelle.
The blindman whose stick has fallen is calling us.

   prép. + whom

L'homme dont vous parlez est un de mes amis.
The man of whom you are speaking is a friend of mine.

   (choses) : prép. + which

J'ai jeté le livre dont plusieurs pages manquaient.
I threw out the book several pages of which were missing.

dormir [dɔrmiːr] v. (26) : to sleep

Elle a dormi toute la nuit. *She slept all night.*

dos [do] m. : back

doucement [dusmɑ̃] : gently

Appuyez doucement sur le bouton. *Gently press the button.*

douleur [dulœːr] f. : (physique) pain

J'ai une douleur dans le bras. *I have a pain in my arm.*

   (morale) : sorrow

Je prends part à votre douleur. *I sympathize with your sorrow.*

sans doute [dut] : probably

Tu as sans doute raison. *You are probably right.*

doux, douce [du, duːs] adj. : soft

Il parlait d'une voix douce. *He was speaking in a soft voice.*

   sweet

Cette orange est très douce. *This orange is very sweet.*

   smooth

Sa fourrure est douce comme du velours.
Its fur is as smooth as velvet.

   gentle

Notre nièce est une enfant très douce
et affectueuse.
Our niece is a very gentle, affectionate girl.

douze [duːz] : twelve, twelfth

J'aurai douze ans le douze mai.
I'll be twelve on the twelfth of May.

drap [dra] m. : sheet

droit, droite [drwa, drwat] adj. : right

Levez votre jambe droite. *Lift your right leg.*

   adv. : straight

La balle est allée droit au but.
The ball went straight into the goal.

(à) droite : (on, to the) right

Tournons-nous à droite ou à gauche? *Do we turn right or left?*

drôle [droːl] adj. : funny

dur, e [dyːr] adj. : hard

Il dort sur un lit très dur. *He sleeps on a very hard bed.*

durer [dyre] v. (1) : to last

Cette année-là, l'hiver a duré cinq mois.
Winter lasted five months that year.

eau(x) [o] f. : water

Est-ce de l'eau potable? *Is this drinking water?*

échelle [eʃɛl] f. : ladder

éclairer [eklɛre] v. (1) : to light

Éclairez le chemin, s'il vous plaît! *Please light the way!*

éclater [eklate] v. (1) : to break

L'orage était sur le point d'éclater.
The storm was on the point of breaking.

   to burst

— Votre voiture est-elle en panne? — Non, un pneu a éclaté.
— *Has your car broken down? — No, one of our tyres burst.*

école [ekɔl] f. : school

● Une **école maternelle, primaire, privée** : an infant-school, a primary school, a private school - **le collège** : the grammar-school - **le lycée** : the secondary school - **le dortoir** : the dormitory - **le réfectoire** : the refectory - **le vestiaire** : the cloak-room (U.S. : coatroom) - ● **Le proviseur** : the principal - **un(e) étudiant(e)** : a student - **un(e) externe** : a day-boy, girl - **un(e) interne** : a boarder. ● **Une absence** : an absence - **un bulletin de notes** : a school report - **une composition** : a term-exam - **un trimestre** : a term - **la pension** : the boarding school - **la récréation** : the break - **la retenue** : the detention. ● **Une ardoise** : a slate - **un buvard** : a blotting-paper - **un casier** : a pencil-box - **la craie** : the chalk - **un crayon à bille** : a ball-pen - **une équerre** : a square - **une étiquette** : a label - **un pupitre** : a desk - **un taille-crayon** : a pencil-sharpener. ● **L'arithmétique, le calcul** : arithmetic - **la géométrie** : geometry - **les mathématiques** : mathematics - **l'algèbre** : algebra - **la physique** : physics - **la chimie** : chemistry - **les sciences naturelles** : natural sciences - **la géographie** : geography - **l'éducation physique** : physical education. ● **Interroger** : to interrogate - **poser une question** : to ask a question - **prononcer** : to pronounce - **réfléchir** : to think - **ignorer** : not to know - **studieux (euse)** : studious - **savant (e)** : knowledgeable.

écouter [ekute] v. (1) : to listen (to)
Nous écoutons la radio à sept heures.
We listen to the radio at seven.

écraser [ekraze] v. (1) : to run over
L'automobiliste a écrasé une poule.
The motorist ran over a hen.

se faire écraser, être écrasé : to be run over
Regarde avant de traverser, autrement tu te feras écraser.
Look before you cross, otherwise you'll be run over.

écrire [ekriːr] v. (27) : to write
Il n'a jamais trouvé le temps de m'écrire.
He never found time to write to me.

écriture [ekrityːr] f. : writing

effacer [efase] v. (6) : (avec une gomme) to rub out
J'ai effacé les traits au crayon sur mon cahier.
I rubbed out the pencil marks on my exercise book.

(avec un chiffon) : to wipe out
Effacez le tableau, s'il vous plaît.
Please wipe the blackboard.

égal, le [egal] adj. : equal
Tous les hommes naissent égaux. *All men are born equal.*

église [egliːz] f. : church

électricité [elɛktrisite] f. : electricity

électrique [elɛktrik] adj. : electric
Un rasoir électrique : *an electric razor ;* un fer électrique : *an electric iron.*

éléphant [elefã] m. : elephant

élève [e ɛːv] m. et f. : pupil
Nos élèves aiment le sport. *Our pupils are fond of sports.*

élever [elve] v. (5) : to raise
Je n'aime pas élever la voix. *I don't like raising my voice.*

élever (des enfants) : to bring up

elle [ɛl] : (sujet) she, it
Elle a téléphoné. *She rang up.*
Je suis plus grand qu'elle. *I am taller than she (is).*
Regarde la glace, elle est cassée.
Look at the mirror, it is broken.

(compl.) : her, it
André était assis près d'elle. *Andrew was sitting by her.*
Les hommes aiment la liberté ; beaucoup sont morts pour elle.
Men are fond of freedom ; many died for it.

à elle : (possessif) hers

elle-même : herself ; itself
Elle a porté sa valise elle-même.
She carried her suit-case herself.

elles [ɛl] : (sujet) they
Elles sont aimables. *They are nice.*

(compl.) : them
Il s'est adressé à elles. *He addressed them.*

à elles : (possessif) theirs
— A qui sont ces chapeaux ? — Ils sont à elles.
— *Whose are these hats ? — They are theirs.*

elles-mêmes : themselves

embrasser [ãbrase] v. (1) : to kiss

emmener [ãmne] v. (5) : to take (away)
Grand-mère nous emmènera au cirque.
Grandmother will take us to the circus.

empêcher [ãpɛʃe] v. (1) : to prevent (from)
La pluie nous a empêchés de venir.
The rain prevented us from coming.

employé, ée [ãplwaje] m. et f. : clerk
Son père était employé de banque.
His (Her) father was a bank-clerk.

emporter [ãpɔrte] v. (1) : to carry away

en [ã] : (prép.) in, into
Elle est en bleu. *She is in blue.*
Il vit en Espagne. *He lives in Spain.*
Pourriez-vous traduire cette phrase en anglais ?
Could you translate this sentence into English ?

to
J'irai en Espagne. *I shall go to Spain.*

as
Il a agi en ami. *He acted as a friend.*

by
Elle est venue en avion. *She came by air.*
En venant plus tôt, vous aurez une bonne place.
By coming earlier you will get a good seat.

made of
Son bracelet est en ivoire. *Her bracelet is made of ivory.*
Il sortit en riant. *He went out laughing.*
Une montre en or. *A gold watch.*

(pron.) : any, some
— Y en a-t-il ? — Il y en a. — Il n'y en a pas.
— *Is there any ? — There is some. — There is not any.*

it
Tout le monde en parle. *Everyone is talking about it.*

(from) there
Il est allé en Afrique et en a rapporté une défense d'éléphant.
He went to Africa and brought an elephant's tusk from there.
Donne-m'en encore deux. *Give me two more.*

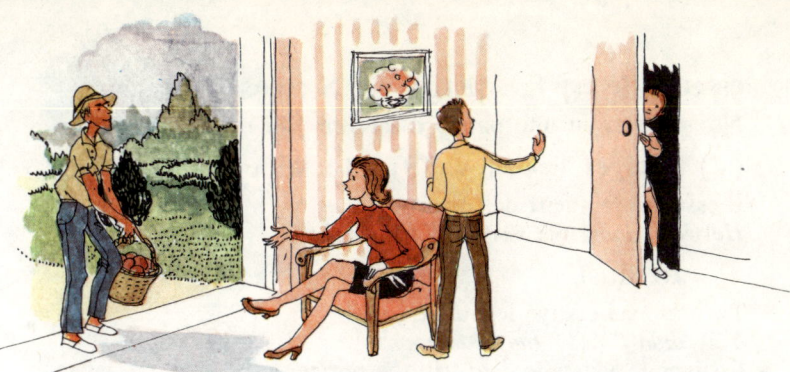

encore [ãkɔːr] : again

Je travaillerai encore cet été. *I shall work again this summer.*

> still

Elle dormait encore. *She was still asleep.*

> more

Prenez-en encore. *Take some more.*

encre [ã:kr] f. : ink

endormi, ie [ãdɔrmi] adj. : asleep

s'endormir [ãdɔrmìːr] v. (26) : to fall asleep

Je m'endors. *I'm falling asleep.*

> to go to sleep

Je ne peux pas m'endormir avec ce bruit!
I can't go to sleep with that noise!

endroit [ãdrwa] m. : place

Par endroits, le sable était plus sec.
In places, the sand was drier.

> spot

Nous avons passé nos vacances dans un endroit très agréable.
We spent our holiday in a very pleasant spot.

enfant [ãfã] m. et f. : child

Combien d'enfants ont-ils? *How many children have they got?*

enfermer [ãfɛrme] v. (1) : to shut in

enfin [ãfɛ̃] : finally, at last

Je l'ai enfin trouvé. *I found it at last. Finally, I found it.*

enlever [ãlve] v. (5) : to take away

Enlève cette chaise d'ici. *Take away this chair from here.*

> (vêtements) : to take off

Enlève tes chaussures et mets tes pantoufles.
Take off your shoes and put on your slippers.

s'ennuyer [ãnɥije] v. (9) : to be bored

s'enrhumer [ãryme] v. (1) : to catch a cold

Je me suis enrhumé hier. *I caught a cold yesterday.*

être enrhumé : to have a cold

ensemble [ãsã:bl] : together

Allons-y tous ensemble. *Let's all go there together.*

entendre [ãtã:dr] v. (4) : to hear

entier, ière [ãtje, jɛr] adj. : whole

Le voyage a duré une journée entière.
The journey lasted a whole day.

entre [ãtr] : between

Il s'est assis entre deux chaises. *He sat between two chairs.*

entrée [ãtre] f. : way in

entrer [ãtre] v. (1) : to go in, to come in, to enter

Il entra dans la pièce sans frapper.
He entered the room without knocking.

enveloppe [ãvlɔp] f. : enveloppe

envelopper [ãvlɔpe] v. (1) : to wrap

Voulez-vous me l'envelopper? *Will you wrap it for me?*

avoir envie [ãvi] **de** : to feel like

J'ai envie d'aller au cinéma. *I feel like going to the pictures.*

s'envoler [ãvɔle] v. (1) : to fly away

envoyer [ãvwaje] v. (28) : to send

Pourriez-vous l'envoyer par la poste?
Could you send it by post?

envoyer chercher : to send for

Elle m'envoie chercher son parapluie.
She sends me for her umbrella.

épais, aisse [epɛ, ɛːs] adj. : thick

Je voudrais une couverture plus épaisse.
I would like a thicker blanket.

épicier [episje] m. : grocer

As-tu payé la note de l'épicier? *Did you pay the grocer's bill?*

épicerie [episri] f. : grocer's (shop)

épingle [epɛ̃:gl] f. : pin

escalier [ɛskalje] m. : stairs

Il y a un paillasson au bas de l'escalier.
There is a mat at the bottom of the stairs.

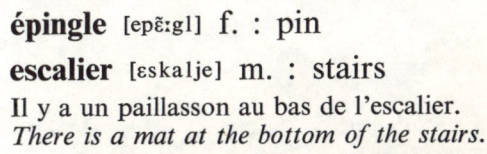

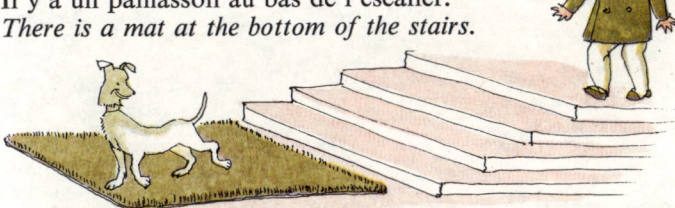

espérer [ɛspere] v. (5) : to hope

J'espère qu'elle guérira rapidement.
I hope she will recover quickly.

> to expect

Nous espérons être de retour vers midi.
We expect to be back about twelve.

essayer [esɛje] v. (10) : to try

Essayez ces autres lunettes. *Try these other spectacles.*

> (vêtements) : to try on

Je suis allé chez le tailleur essayer mon nouveau costume.
I went to the tailor's and tried on my new suit.

essence [esãːs] f. : petrol (U.S.: gas)

Nous avons eu une panne d'essence. *We ran out of petrol.*

(s') essuyer [esɥije] v. (9) : to wipe

Il essuyait la sueur de son front.
He was wiping the sweat off his forehead.

to dust

Tu n'as pas essuyé le buffet.
You didn't dust the side-board.

◆ Essuyer la vaisselle : *to dry the dishes.*

est [ɛst] m. : east

Le soleil se lève à l'est. *The sun rises in the east.*

est-ce que ...?

Est-ce que vous l'avez vu? (= l'avez-vous vu?)
Did you see him (it)?
Est-ce qu'il fait froid? (= fait-il froid?) *Is it cold?*
Est-ce maintenant que nous partons? (= partons-nous maintenant?)
Do we leave now?

et [e] : and

J'ai perdu mon dé et mes ciseaux.
I've lost my thimble and scissors.

étage [etaːʒ] m. : floor

état [eta] m. : state

Sa voiture était en mauvais état.
His (Her) car was in a poor state.

etc. (et caetera) : and so on

été [ete] m. : summer

éteindre [etɛ̃ːdr] v. (13) : to put out

Éteins la lampe, il est tard. *Put out the lamp, it is late.*

(électricité) : to switch off

être étendu [etãdy] : to lie

Il écoutait de la musique, étendu sur un divan.
He was listening to music, lying on a sofa.

étoile [etwal] f. : star

Il est né sous une bonne étoile.
He was born under a lucky star.

étonnant, ante [etɔnã, ãːt] adj. : astonishing

Cette nouvelle est étonnante.
This is an astonishing piece of news.

amazing

Les hommes de l'espace font des exploits étonnants.
Spacemen perform amazing feats.

étonner [etɔne] v. (1) : to surprise

Je suis étonnée de vous trouver ici.
I am surprised at finding you here.

étranger, ère [etrãʒe, ɛːr] m. et f. : foreigner
adj. : foreign

Sa voiture est d'une marque étrangère.
His (Her) car is of foreign make.

◆ mais : Nous allons à l'étranger. *We are going abroad.*

être [ɛːtr] v. (29) : to be

Tu es méchant!
You are naughty!
Nous serons ensemble.
We shall be together.
Quelle heure est-il?
What time it is?
Il est quatre heures. *It is four o'clock.*
Ils ne sont pas à moi. *They are not mine.*

étrennes [etrɛn] f. pl. : New Year's gifts

étroit, oite [etrwa, wat] adj. : narrow

étude [etyd] f. : study

L'étude du grec est difficile au commencement.
The study of Greek is difficult at the beginning.

étudier [etydje] v. : to study

eux [ø] : (sujet) they

Eux sont riches et moi je suis pauvre.
They are rich and I am poor.

(compl.) : them

Elle s'est moquée d'eux. *She laughed at them.*

à eux (possessif) : theirs

eux-mêmes : themselves

éviter [evite] v. (1) : to avoid

Conduis prudemment pour éviter un accident.
Drive carefully to avoid an accident.

exact, te [ɛgzakt] adj. : correct

C'est exact. *That's correct.*

examen [ɛgzamɛ̃] m. : exam(ination)

A-t-il été reçu à son examen ou a-t-il échoué?
Did he pass his exam or did he fail?

excepté [ɛksepte] : except

excuser [ɛkskyze] v. (1) : to excuse

— Excusez-moi d'être si en retard.
— *Excuse my being so late.*

par exemple [ɛgzãːpl] m. : for instance

exercice [ɛgzɛrsis] m. : exercise

Prenez un peu d'exercice chaque matin.
Take some exercise every morning.

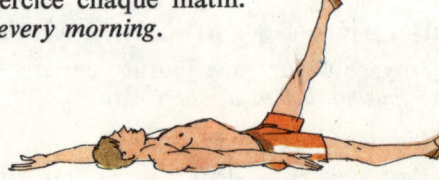

expérience [ɛksperjᾶːs] f. : (scientifique)
experiment

expliquer [ɛksplike] v. (1) : to explain
Expliquez-vous plus clairement. *Explain yourself more clearly.*

exprès [ɛksprɛ] : on purpose
Je ne l'ai pas fait exprès. *I didn't do it on purpose.*

(à l') extérieur [ɛksterjœːr] : outside
Attends-moi à l'extérieur. *Wait for me outside.*

fabriquer [fabrike] v. (1) : to make
Fabriqué en France. *Made in France.*

en face [fas] **de** : in front of
Le vieillard s'est assis en face de nous.
The old man sat in front of us.

opposite
L'hôtel est en face de la gare. *The hotel is opposite the station.*

facile [fasil] adj. : easy
C'est facile comme tout. *It's as easy as anything.*

facilement [fasilmᾶ] : easily

façon [fasɔ̃] f. : way
Quelle est la meilleure façon de le faire?
Which is the best way to do it?

facteur [faktœːr] m. : postman (U.S.: mailman)
Le facteur distribue le courrier. *The postman delivers the mail.*

avoir faim [fɛ̃] : to be hungry

faire [fɛːr] v. (30) : to do
Faites ce que vous voulez. *Do what you like.*
Nous avons fait 60 kilomètres à l'heure.
We did 60 kilometres an hour.
Elle fera ses chaussures. *She will do her shoes.*

to make
On fait le vin avec du raisin. *Wine is made from grapes.*
La bonne fait le lit chaque jour.
The maid makes the bed every day.

faire + infinitif : to make ... + infinitif sans "to"
Il fait travailler son fils. *He makes his son work.*

to have + participe passé
Elle fera nettoyer sa robe. *She will have her dress cleaned.*

il fait ... : it is ...
Il faisait beau hier. *It was fine yesterday.*

fait, faite [fɛ, fɛːt] adj. : done
Ça ne se fait pas. *That's not done.*

made
J'ai acheté une robe toute faite. *I bought a ready-made dress.*
◆ C'est bien fait pour lui! *It serves him right!*

falloir [falwaːr] v. (31) : have to
Il va falloir partir.
We'll have to go.
Il nous a fallu courir pour attraper le train.
We had to run to catch the train.

must
Il me faut du temps. *I must have time.*
Il ne faut pas dire ça. *You must not say that.*

famille [famiːj] f. : family
Quelle grande famille!
What a large family!

farine [farin] f. : flour
mais : Farine d'avoine : *oatmeal.*

fatigué, ée [fatige] adj. : tired
Je suis fatiguée d'attendre. *I'm tired of waiting.*

faute [foːt] f. : fault
A qui la faute? *Whose fault is it?*

mistake
Corrigez vos fautes. *Correct your mistakes.*

fauteuil [fotœːj] m. : armchair

faux, fausse [fo, foːs] adj. : false
Le clown a un faux nez. *The clown has a false nose.*

wrong
Tu m'as donné un faux numéro. *You gave me a wrong number.*

femme [fam] f. : woman, wife
La femme du facteur est une brave femme.
The postman's wife is a nice woman.

fenêtre [fənɛːtr] f. : window
Les fenêtres étaient grandes ouvertes.
The windows were wide open.

fer [fɛr] m. : iron

ferme [fɛrm] f. : farm
Cette petite ferme appartient à mon oncle.
This little farm belongs to my uncle.

fermier [fɛrmje] m. : farmer

fermer [fɛrme] v. (1) : to shut
Ferme la fenêtre. *Shut the window.*

to close

Le magasin est fermé le dimanche.
The shop is closed on Sundays.

fermer le gaz, le robinet ... : to turn off the gas,
the tap ...

fête [fɛːt] f. : party

feu(x) [fø] m. : fire
La maison est en feu. *The house is on fire.*

light
Donne-moi du feu, s'il te plaît. *Please, give me a light.*

feuille [fœːj] f. : leaf
Les feuilles tombent en automne. *Leaves fall in autumn.*

sheet
Passe-moi une feuille de papier. *Pass me a sheet of paper.*

février [fevrije] m. : February

ficelle [fisɛl] f. : string

As-tu une ficelle plus solide? *Have you got stronger string?*

fièvre [fjɛːvr] f. : temperature

figure [figyːr] f. : face

Ils sont revenus avec des figures bronzées.
They came back with tanned faces.

fil [fil] m. : (textile) thread

La bobine de fil a roulé sous le buffet.
The reel of thread rolled under the side-board.

(métal) : wire

Télégraphie sans fil : *wireless communication.*
◆ Je vais lui donner un coup de fil. *I'll give him (her) a ring.*

fille [fiːj] f. : girl

Les filles et les garçons jouent ensemble.
Girls and boys are playing together.

daughter

Ma fille est aussi grande que moi.
My daughter is as tall as I am.

film [film] m. : film (U.S.: movie)

fils [fis] m. : son

C'est son fils unique. *He is her (his) only son.*

fin, fine [fɛ̃, fin] adj. : fine

fin [fɛ̃] f. : end

finir [finiːr] v. (2) : to end

Le chemin finit juste après la cabane.
The path ends just after the hut.

to finish

Je ne pourrai pas finir mon travail ce soir.
I shall not be able to finish my work tonight.

fini, ie [fini] adj. : over

En octobre, l'été est fini. *In October summer is over.*
Tout est fini entre nous! *All is over between us!*

done

As-tu fini? *Have you done?*

flamme [flaːm] f. : flame

fleur [flœːr] f. : flower

Elle a cueilli un bouquet de fleurs sauvages.
She gathered a bunch of wild flowers.

(arbres) : blossom

En avril, les vergers sont en fleurs.
In April, orchards are in blossom

fleurir [flœriːr] v. (2) : to flower, to blossom

Les tulipes fleurissent au printemps. *Tulips flower in spring.*

● **Un bleuet** : a cornflower - **un bouquet** : a bunch - **un bouton-d'or** : a buttercup - **la bruyère** : heather - **le chèvre-feuille** : honeysuckle - **un chrysanthème** : a chrysanthemum - **un coquelicot** : a poppy - **un coucou** : a cowslip - **un dahlia** : a dahlia - **un géranium** : a geranium - **la giroflée** : stock - **un iris** : an iris - **une jonquille** : a jonquil - **la lavande** : lavender - **le lilas** : lilac - **une marguerite** : a daisy - **le mimosa** : mimosa - **le muguet** : lily of the valley - **le myosotis** : forget-me-not - **un œillet** : a pink - **une pensée** : a pansy - **un pois de senteur** : a sweet pea - **une primevère** : a primrose - **une tulipe** : a tulip.

fleuve [flœːv] m. : river

fois [fwa] f. : time
— Combien de fois l'as-tu vue? — Une ou deux fois.
◆ — *How many times did you see her? — Once or twice.*

foncé, ée [fõse] adj. : dark

fond [fõ] m. : bottom
La bille est au fond du trou.
The marble is at the bottom of the hole.

back
Ils sont restés au fond de la salle.
They stood at the back of the room.

fondre [fõːdr] v. (4) : to melt

force [fɔrs] f. : strength
Il reprend des forces. *He is recovering his strength.*

forêt [fɔrɛ] f. : forest
Le Canada a d'immenses forêts. *Canada has immense forests.*

forme [fɔrm] f. : shape

fort, forte [fɔr, fɔrt] adj. : strong
Elle a peur de ne pas être assez forte.
She fears she won't be strong enough.

(sons) : loud
Ne parlez pas si fort; vous allez réveiller les enfants.
Don't speak so loudly; you'll wake the children.

fou, folle [fu, fɔːl] adj. : mad
Vous me rendrez folle avec votre musique!
You'll drive me mad with your music!

foule [ful] f. : crowd

fourchette [furʃɛt] f. : fork
Veux-tu te servir de ta fourchette et de ton couteau!
Please, use your fork and knife!

fourrure [furyːr] f. : fur

frais, fraîche [frɛ, frɛːʃ] adj. : (température) cool
Il souffle un vent frais aujourd'hui.
There's a cool wind blowing today.

(qualité) : fresh
Ne mange pas cet œuf, il n'est pas frais.
Don't eat that egg, it's not fresh.
Peinture fraîche. *Wet paint.*

fraise [frɛz] f. : strawberry
Grand-père a cueilli plus d'une livre de fraises.
Grandfather picked more than a pound of strawberries.

franc jeu : fair play

français, aise [frɑ̃sɛ, ɛːz] adj. : French

un **Français** : a Frenchman
J'ai rencontré un Français dans Piccadilly.
I met a Frenchman in Piccadilly.

une **Française** : a Frenchwoman

les **Français** : the French
Les Français et les Anglais vivent de chaque côté de la Manche.
The French and the English live on either side of the Channel.

France [frɑ̃ːs] f. : France

frapper [frape] v. (1) : to knock
Qui a frappé à la porte? *Who knocked at the door?*

to strike
Edith l'a frappé au visage. *Edith struck him in the face.*

frère [frɛːr] m. : brother
Elle a deux sœurs et un frère.
She has two sisters and one brother.

frire [friːr] v. (32) : to fry

froid, froide [frwa, frwad] adj.; **froid** m. : cold
Avez-vous froid? *Are you cold?*

fromage [frɔmaːʒ] m. : cheese

front [frõ] m. : forehead
Il s'est fait une bosse au front. *He bumped his forehead.*

(se) frotter [frɔte] v. (1) : to rub
Frotte-le avec la main. *Rub it with your hand.*

to polish
J'ai frotté la table, regarde comme elle brille!
I have polished the table, look how it shines!
◆ mais : Frotte une allumette. *Strike a match.*

fruit [frui] m. : fruit

● **Un arbre fruitier** : a fruit-tree - **un cerisier** : a cherry-tree - **un poirier** : a pear-tree - **un pommier** : an apple-tree. ● **Un abricot** : an apricot - **un ananas** : a pineapple - **une banane** : a banana - **une datte** : a date - **une figue** : a fig - **une framboise** : a raspberry - **une groseille blanche, rouge** : a white, red currant - **une groseille à maquereau** : a gooseberry - **un marron** : a chestnut - **une noix** : a walnut - **une noisette** : a hazel-nut - **un pamplemousse** : a grapefruit. ● **Un noyau** : a stone - **la peau** : the peel - **un pépin (de pomme)** : a pip; **(de raisin)** : a stone - **la queue** : the stem. ● **Amer (amère)** : bitter - **juteux (euse)** : juicy.

fumée [fyme] f. : smoke

« Il n'y a pas de fumée sans feu. »
"There is no smoke without a fire."

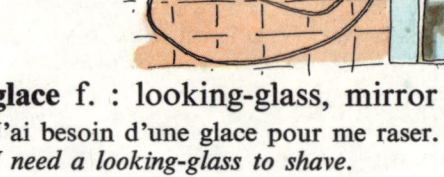

fumer [fyme] v. (1) : to smoke

Défense de fumer. *No smoking.*

gagner [gɑɲe] v. (1) : (salaire) to earn

Combien gagne-t-il par an? *How much does he earn a year?*

(victoire) : to win

Ils ont gagné deux matches. *They won two matches.*

gai, gaie [ge] adj. : merry

gant [gɑ̃] m. : glove

Elle a encore égaré ses gants. *She has mislaid her gloves again.*

garage [garaːʒ] m. : garage

garçon [garsɔ̃] m. : boy

Mon frère est directeur d'une école de garçons.
My brother is headmaster of a boys' school.

garder [garde] v. (1) : to keep

Tu peux garder mon vélo pour le week-end.
You can keep my bike for the week-end.

gare [gar] f. : station

gâteau(x) [gɑto] m. : cake

Veux-tu un morceau de gâteau? *Do you want a piece of cake?*

(à) gauche [goːʃ] : (on, to the) left

En Angleterre, on conduit à gauche.
In England, they drive on the left.

gaz [gaz] m. : gas

Ouvrir, fermer le gaz : *to turn on, to turn off the gas.*

geler [ʒəle] v. (5) : to freeze

Il gèle fort dehors. *It's freezing hard outside.*

genou(x) [ʒənu] m. : knee

gens [ʒɑ̃] m. et f. pl. : people

Ce sont des gens comme nous. *They are people like us.*

gentil, ille [ʒɑ̃ti, iːj] adj. : nice

Sois gentille avec lui. *Be nice to him.*

kind

C'est très gentil à vous. *That's very kind of you.*

glace [glas] f. : ice; ice-cream

La glace est assez épaisse pour patiner.
The ice is thick enough for skating.

glace f. : looking-glass, mirror

J'ai besoin d'une glace pour me raser.
I need a looking-glass to shave.

glisser [glise] v. (1) : to slide

goûter [gute] v. (1) : to taste

Avez-vous goûté à notre vin nouveau?
Have you tasted our new wine?

goutte [gut] f. : drop

gouvernement [guvɛrnəmɑ̃] m. : government

grain [grɛ̃] m. : (blé, sable, sel) grain; (poivre, maïs) corn

◆ mais : Un grain de café : *a coffee-bean;* un grain de raisin : *a grape.*

graisse [grɛs] f. : grease

grand, grande [grɑ̃, grɑ̃ːd] adj. : great

Victor Hugo fut un très grand poète.
Victor Hugo was a great poet.

large

Versailles a un grand palais. *Versailles has a large palace.*

big

New York est le plus grand port du monde.
New York is the biggest port in the world.

tall

Papa est plus grand que Maman.
Daddy is taller than Mummy.

grandir [grɑ̃diːr] v. (2) : to grow (up)

grand-mère : grandmother; **grand-père :** grand-father

grands-parents : grandparents

une grande personne : a grown-up

gras, grasse [grɑ, grɑsː] adj. : fat

Le porc était gros et gras. *The pig was big and fat.*

(se) gratter [grate] v. (1) : to scratch

Plus on se gratte, plus ça démange.
The more you scratch, the more it itches.

gratte-ciel [gratsjɛl] m. : skyscraper

gratuit, uite [gratɥi, ɥit] adj. : free

L'entrée est gratuite. *The entrance is free.*

griffer [grife] v. (1) : to scratch

En jouant, le chat m'a griffée.
While playing, the cat scratched me.

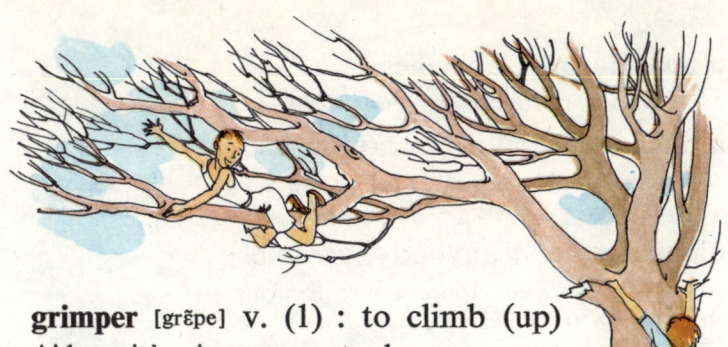

grimper [grɛ̃pe] v. (1) : to climb (up)
Aide-moi à grimper sur cet arbre.
Help me to climb up this tree.

gris, grise [gri, griːz] adj. : grey

gros, grosse [gro, groːs] adj. : big
« Les gros poissons mangent les petits. »
"Big fish eat smaller ones."

guérir [geriːr] v. (2) : to cure
Ce médecin m'a guéri. *This doctor cured me.*

to recover
Enfin, elle guérit. *At last, she recovered.*

guerre [gɛːr] f. : war
Ces deux voisins sont en guerre à cause de leurs chiens.
Those two neighbours are at war because of their dogs.

gueule [gœl] f. : mouth

(s') habiller [abije] v. (1) : to dress
Étienne n'a pas eu le temps de s'habiller.
Stephen hadn't time to dress.

habiter [abite] v. (1) : to live
Nous habitons chez nos parents. *We live with our parents.*

habitant [abitɑ̃] m. : inhabitant
Combien d'habitants y a-t-il dans ce village?
How many inhabitants are there in this village?

habité, ée [abite] adj. : inhabited

être habitué à : to be used to
Il est habitué à travailler tard dans la nuit.
He is used to working late at night.

d'habitude [abityd] : usually

haricot [*ariko] m. : bean
Nous avons mangé des haricots verts.
We ate French beans.

haut, haute [*o, *oːt] adj. : high
Le mont Blanc est la plus haute montagne d'Europe.
Mont Blanc is the highest mountain in Europe.

(sons) : loud
Lisez ce texte à haute voix. *Read this text in a loud voice.*

haut m. : top
La balle a roulé du haut en bas de l'escalier.
The ball rolled from top to bottom of the stairs.

en haut : at the top
Le paragraphe commence en haut de la page.
The paragraph begins at the top of the page.

(maison) : upstairs
Où es-tu? En haut ou en bas?
Where are you? Upstairs or downstairs?

herbe [ɛrb] f. : grass

heure [œːr] f. : (= 60 mn) hour
Il gagne cinq francs de l'heure. *He earns five francs an hour.*

time
Quelle heure est-il? *What time is it?*

... heure(s) : ... o'clock
Il est deux heures à ma montre. *It is two o'clock by my watch.*

heureux, euse [ørø, øːz] adj. : happy

hier [ijɛr] : yesterday
C'est le journal d'hier. *It is yesterday's paper.*

hirondelle [irɔ̃dɛl] f. : swallow

histoire [istwaːr] f. : history
Catherine aime beaucoup l'histoire naturelle.
Catherine is very fond of natural history.

story
Une histoire sans paroles.
A story without words.

hiver [ivɛːr] m. : winter

homme [ɔm] m. : man
Quel homme! *What a man!*

avoir honte [*ɔ̃ːt] : to be ashamed
J'ai honte d'avoir été si impoli.
I am ashamed of having been so rude.

hôpital [ɔpital] m. : hospital

horloge [ɔrlɔːʒ] f. : clock
L'hôtel de ville est en face de la tour de l'horloge.
The town hall stands opposite the clock-tower.

huile [ɥil] f. : oil
Aimez-vous l'huile d'olive? *Do you like olive oil?*

huit [*ɥit] : eight; **huitième** [*ɥitjɛm] : eighth

humide [ymid] adj. : wet
Nous avons eu un été très humide. *We had a very wet summer.*

ici [isi] : here
Ne nous arrêtons pas ici.
Let's not stop here. Don't let us stop here.

idée [ide] f. : idea
J'ai une idée!
I've got an idea!

ignorant, ante [iɲɔrɑ̃, ɑ̃:t] adj. : ignorant
Comme vous êtes ignorants! *How ignorant you are!*

il [il] : he, it
Est-il venu? *Did he come?*
Le canard est un oiseau, il a un bec.
The duck is a bird, it has a bill.

île [i:l] f. : island
L'Australie est une île. *Australia is an island.*

ils [il] : they
Ils arriveront bientôt. *They will arrive soon.*

il y a : there is, there are
Il y a un garage au fond de la cour.
There is a garage at the back of the yard.
Il y a de nombreux moulins à vent en Hollande.
There are many windmills in Holland.

    it is
Il y a quinze kilomètres de Paris à Versailles.
It is fifteen kilometres from Paris to Versailles.

    ago
Elle est morte il y a trois ans. *She died three years ago.*

    for
Il y a trois heures qu'il parle (= il parle depuis trois heures)·
He has been speaking for three hours.

image [ima:ʒ] f. : picture

immobile [immɔbil] adj. : motionless
Reste immobile pendant que je te prends en photo.
Stand motionless while I take a photograph of you.

imperméable [ɛ̃pɛrmeabl] m. : raincoat
Il ne sort jamais sans son imperméable.
He never goes out without his raincoat.

avoir de l'importance : to matter

important, ante [ɛ̃pɔrtɑ̃, ɑ̃:t] adj : important
Il est important pour vous d'apprendre l'anglais.
It is important for you to learn English.

n'importe [ɛ̃pɔrt] **quel, lequel** : any, either
— Lequel de ces petits chats voulez-vous? — N'importe
lequel fera l'affaire.
Which of these kittens do you want? — Any of them will do.
Vous pouvez marcher de n'importe quel côté de l'allée.
You may walk on either side of the path.

n'importe comment : anyhow
N'importe comment, il viendra. *He will come, anyhow.*

n'importe où : anywhere
Mets ça n'importe où. *Put that anywhere.*

n'importe quand : (at) any time
— Quand dois-je venir? N'importe quand.
— *When must I come? — Any time.*

n'importe qui : anybody, anyone
N'importe qui peut apprendre le français.
Anyone can learn French.

n'importe quoi : anything
Je ferai n'importe quoi pour vous. *I will do anything for you.*

impossible [ɛ̃pɔsibl] adj. : impossible
C'est impossible à faire. *It's impossible to do.*

imprudent, ente [ɛ̃prydɑ̃, ɑ̃:t] adj. : careless
Ton frère est un conducteur imprudent.
Your brother is a careless driver.

    imprudent
C'est imprudent de traverser la voie ferrée.
Crossing the railway is imprudent.

incapable [ɛ̃kapabl] adj. : unable
Il sera incapable de monter cette côte.
He will be unable to climb this hill.

incendie [ɛsɑ̃di] m. : fire

inférieur, eure [ɛ̃ferjœ:r] adj. : lower
Elle s'est mordu la lèvre inférieure. *She bit her lower lip.*

(s') inquiéter [ɛ̃kjete] v. (1) : to worry
Ne t'inquiète pas, tout ira bien.
Don't worry, everything will be all right

insecte [ɛ̃sɛkt] m. : insect

● **Une abeille** : a bee - **une bête à bon Dieu** : a ladybird - **un bourdon** :
a bumble-bee - **une chenille** : a caterpillar - **une cigale** : a cicada - **une
fourmi** : an ant - **un grillon** : a cricket - **une guêpe** : a wasp - **un hanneton** :
a cockchafer - **un pou** : a louse - **une puce** : a flea - **une sauterelle** : a
grasshopper. ● **Un cocon** : a cocoon - **une fourmilière** : an ant-hill - **le
miel** : honey - **une ruche** : a beehive - **une toile d'araignée** : a cobweb -
une piqûre de guêpe : a wasp sting - **une piqûre de moustique** : a mosquito
bite.

instituteur [ɛ̃stitytœ:r] m. : schoolmaster

institutrice [ɛ̃stitytris] f. : schoolmistress
Votre institutrice est-elle mariée?
Is your schoolmistress married?

INTELLIGENCE ET CARACTÈRE : MIND AND TEMPERAMENT

● **Une affection** : an affection - **une amitié** : a friendship - **le bonheur** : happiness - **la bonté** : kindness - **la charité** : charity - **l'enthousiasme** : enthusiasm - **l'esprit** : mind - **le génie** : genius - **la honte** : shame - **l'imagination** : imagination - **la joie** : joy - **la maîtrise de soi** : self-control - **la mémoire** : memory - **un mensonge** : a lie - **l'orgueil** : pride - **la paresse** : laziness - **une passion** : a passion - **une pensée** : a thought - **la patience** : patience - **la raison** : reason - **la sagesse** : wisdom - **du bon sens** : common sense - **un sentiment** : feeling - **la vertu** : virtue - **la volonté** : will. ● **Affectueux(euse)** : affectionate - **aimable** : kind - **avare** : miserly - **charitable** : charitable - **coupable** : guilty - **égoïste** : selfish - **fier (fière)** : proud - **gai(e)** : gay - **généreux(euse)** : generous - **imbécile** : foolish - **innocent(e)** : innocent - **jaloux(ouse)** : jealous - **malin(e)** : mischievous - **modeste** : modest - **patient(e)** : patient - **peureux(euse)** : fearful - **sensible** : sensitive - **sévère** : strict - **sot, sotte** : stupid - **taquin(e)** : teasing - **têtu(e)** : stubborn - **timide** : shy. ● **Admirer** : to admire - **craindre** : to fear - **détester** : to detest - **discuter** : to discuss - **imaginer** : to imagine - **plaindre** : to pity - **récompenser** : to reward - **taquiner** : to tease. ● **Se rendre compte de** : to become aware of - **avoir confiance** : to trust - **avoir bon cœur** : to be good hearted - **être en train** : to be in high spirits - **être de bonne humeur** : to be good-tempered - **être de mauvaise humeur** : to be bad-tempered.

intelligent, ente [ɛ̃tɛliʒɑ̃, ɑ̃:t] adj. : intelligent

intéressant, ante [ɛ̃teresɑ̃, ɑ̃:t] adj. : interesting

(à l') intérieur [ɛ̃terjœːr] : inside

Avez-vous visité l'intérieur du château?
Did you visit the inside of the castle?

inutile [inytil] adj. : useless

N'achète pas de choses inutiles. *Don't buy useless things.*

invention [ɛ̃vɑ̃sjɔ̃] f. : invention

« Nécessité est mère de l'invention. »
"Necessity is the mother of invention."

invité, ée [ɛ̃vite] m. et f. : guest

Tous les invités étaient présents. *All the guests were present.*

inviter [ɛvite] v. (1) : to invite

Elle m'a invitée à son mariage. *She invited me to her wedding.*

to ask to

Je l'ai invité à ma fête d'anniversaire.
I asked him to my birthday party.

jamais [ʒamɛ] : never

Grand-père ne fume jamais. *Grandfather never smokes.*

jambe [ʒɑ̃:b] f. : leg

Il s'est cassé la jambe en jouant au football.
He broke his leg playing football.

janvier [ʒɑ̃vje] m. : January

jardin [ʒardɛ̃] m. : garden

Il n'y a pas de mauvaises herbes dans le jardin de grand-père.
There are no weeds in grandfather's garden.

jardinier [ʒardinje] m. : gardener

LE JARDIN POTAGER : THE KITCHEN GARDEN

● **Une allée** : a path - **un arrosoir** : a watering-can - **une bêche** : a spade - **une fourche** : a fork - **du fumier** : some manure - **une pelle** : a shovel - **un râteau** : a rake - **un tuyau d'arrosage** : a hose. ● **Un artichaut** : an artichoke - **une asperge** : an asparagus - **une betterave** : a beetroot - **un champignon** : a mushroom - **un chou-fleur** : a cauliflower - **des épi-nards** : some spinach - **un haricot vert** : a French bean - **une laitue** : a lettuce - **un navet** : a turnip - **de l'oseille** : some sorrel - **du persil** : some parsley - **des petits pois** : some green peas - **un poireau** : a leek - **un radis** : a radish - **une tomate** : a tomato. ● **Arracher** : to pull up - **arroser** : to water - **cultiver** : to grow - **semer** : to sow - **tailler** : to prune.

jaune [ʒoːn] adj. et m. : yellow

◆ mais : Donne-moi un jaune d'œuf. *Give me the yolk of an egg.*

je [ʒə], **j'** : I

Je suis une fille. *I am a girl.*

jeter [ʒəte] v. (8) : to throw

Tu peux jeter cette boîte si tu n'en as pas besoin. *You can throw away this box if you don't need it.*

jeu(x) [ʒø] m. : game

Les jeux Olympiques ont lieu tous les quatre ans. *The Olympic Games take place every four years.*

jeudi : [ʒødi] : Thursday

jeune [ʒœn] adj. : young

Les jeunes gens dansaient sur la place. *The young people were dancing in the square.*

un **jeune homme** : a young man

une **jeune fille** : a young lady

joli, ie [ʒɔli] adj. : pretty

Elle n'est pas aussi jolie que ma sœur. *She is not so pretty as my sister.*

joue [ʒu] f. : cheek

Sa joue est enflée. *His (Her) cheek is swollen.*

jouer [ʒwe] v. (1) : to play

Arrête de jouer, il est temps d'aller au lit. *Stop playing, it is bed time.*

jouet [ʒwɛ] m. : toy

As-tu rangé tes jouets? *Have you put your toys away?*

jour [ʒuːr] m. : (lumière) daylight, light

Il faisait grand jour quand je me suis réveillé. *It was broad daylight when I awoke.*

jour, journée [ʒurne] : (temps) day, daytime

J'irai vous voir un de ces jours. *I shall go and see you some day.*
Il a plu toute la journée. *It rained all day long.*

de tous les jours : everyday

C'est mon manteau de tous les jours. *It is my everyday coat.*

journal [ʒurnal] **(aux)** m. : (news)paper

Avez-vous lu le journal d'aujourd'hui? *Have you read today's paper?*

joyeux, euse [ʒwajø, øːz] adj. : merry

Voilà une joyeuse assemblée! *That's a merry gathering!*

juillet [ʒɥijɛ] m. : July

Le quatorze juillet est le jour de la fête nationale en France. *The fourteenth of July is France's national day.*

juin [ʒɥɛ̃] m. : June

jupe [ʒyp] f. : skirt

Elle a acheté une jupe plissée. *She bought a pleated skirt.*

jus [ʒy] m. : juice

Il ne boit que du jus de raisin. *He only drinks grape juice.*

jusque [ʒysk] : (temps) till, until

J'ai roulé jusqu'à la nuit. *I drove till (= until) night.*

(espace) : as far as

Il a nagé jusqu'au plongeoir. *He swam as far as the diving-board.*

(limite) : to

Compte jusqu'à vingt. *Count up to twenty.*

marchande : —at shops; —**au papa et à la maman** : at mothers and fathers; —**à la poupée** : to play dolls. ● Une **balançoire** : a swing - **une bille** : a marble - **un cerceau** : a hoop - **un cerf-volant** : a kite - **un jeu de constructions** : a construction-set - **un guignol** : a Punch-and-Judy show - **une marionnette** : a puppet - **un puzzle** : a puzzle - **une quille** : a skittle - **un tambour** : a drum - **une toupie** : a top. ● Une **partie de ...** : a game of ... - **billard** : billiards - **bridge** : bridge - **cartes** : cards - **dames** : draughts - **dominos** : dominos - **dés** : dice - **echecs** : chess - **loto** : lotto. ● **Le roi de cœur** : the king of hearts - **la dame de pique** : the queen of spades - **le valet de carreau** : the knave of diamonds - **le dix de trèfle** : the ten of clubs. ● **Distribuer les cartes** : to deal cards - **marquer les points** : to score - **tricher** : to cheat - **la partie a été nulle** : the game was a draw.

jusqu'où ...? : how far ...?
— Jusqu'où es-tu allé? — Jusqu'au moulin.
— *How far did you go? As far as the mill.*

juste [ʒyst] adj. : just
Notre maître est juste. *Our master is a just man.*

    fair
Ce n'est pas juste! *It is not fair!*

    right
Ces opérations sont justes. *These sums are right.*

    (adv.) : just
Juste à ce moment, l'orage éclata. *Just then, the storm burst.*

la [la], **l'** : (art.) voir LE
    (pr.) : her, it
— Sa sœur est-elle revenue? — Oui, je l'ai vue hier.
— *Is his (her) sister back? — Yes, I saw her yesterday.*
Il la réparera demain. *He will repair it tomorrow.*

là : there
L'entrée est là-bas. *The entrance is over there.*
Qui est là? *Who is there?*

lac [lak] m. : lake

laid, laide [lɛ, lɛːd] adj. : ugly
Que tu es laide quand tu pleures!
How ugly you are when you cry!

laine [lɛn] f. : wool
Il a fallu dix pelotes de laine pour tricoter cette jupe.
It took ten balls of wool to knit this skirt.

laisser [lɛse] v. (1) : to leave
C'est à prendre ou à laisser.
Take it or leave it.
Ne laissez pas votre voiture ici.
Don't leave your car here.

    to let
Laissez ces enfants jouer dans le jardin.
Let these children play in the garden.

lait [lɛ] m. : milk

lampe [lɑ̃ːp] f. : lamp
Ma lampe de chevet est en porcelaine.
My bedside lamp is made of china.

lancer [lɑ̃se] v. (6) : to throw

langue [lɑ̃ːg] f. : tongue
Je l'ai sur le bout de la langue.
I have it on the tip of my tongue.

langue, langage [lɑ̃gaːʒ] m. : language
Connaissez-vous une autre langue?
Do you know any other language?

lapin [lapɛ̃] m. : rabbit

large [larʒ] adj. : broad
Il a les épaules larges. *He has broad shoulders.*

    wide
La rivière est très large ici. *The river is very wide here.*

largeur [larʒœːr] f. : width
◆ mais : Quelle est la largeur de la rivière? *How wide is the river?*
La rivière a trois mètres de large.
The river is three metres in width (= wide).

larme [larm] f. : tear
Il l'a trouvée en larmes. *He found her in tears.*

(se) laver [lave] v. (1) : to wash
J'ai lavé le chien dans la baignoire.
I washed the dog in the bath.

le [lə], **la, l'** : (art.) the
Le ciel est bleu aujourd'hui. *The sky is blue today.*
J'ai pris la robe dans l'armoire.
I took the dress out of the wardrobe.

    a, an
Elle s'est cassé le bras dans un accident d'auto.
She broke an arm in a car accident.

    pr. : him, it
Je l'ai rencontré en bas. *I met him downstairs.*
Voilà un bateau, le vois-tu? *There is a boat, can you see it?*

    so
Qui te l'a dit? *Who told you so?*
Je ne le pense pas. *I don't think so.*
J'irai à Paris si je le peux. *I'll go to Paris if I can.*
— Es-tu content? — Non, je ne le suis pas.
— *Are you glad? — No, I am not.*
◆ mais : Ne parle pas la bouche pleine.
Don't speak with your mouth full.

leçon [ləsɔ̃] f. : lesson
Il a récité sa leçon. *He said his lesson.*

léger, ère [leʒe, ɛːr] adj. : light

légume [legym] m. : vegetable
Je n'ai pas de légumes verts pour le déjeuner d'aujourd'hui.
I have no green vegetables for today's lunch.

lent, lente [lɑ̃, lɑ̃ːt] adj. : slow
Bien que plus lente, la tortue a gagné la course.
Although slower, the tortoise won the race.

lentement [lɑ̃tmɑ̃] : slowly

lequel [ləkɛl], **laquelle** [lakɛl] : which

lesquels, lesquelles [lekɛl] : which
Laquelle de ces routes est la bonne?
Which of these roads is the right one?
Lesquels de vos élèves n'ont pas cours aujourd'hui?
Which of your pupils haven't school today?
Voici l'avion sur lequel Blériot a traversé la Manche.
This is the plane on which Blériot flew across the Channel.

les [lɛ] : (art.) the
Les vagues battaient la jetée.
The waves were beating against the pier.

    pr. : them
Je ne les connais pas. *I don't know them.*

lessive [lɛsiːv] f. : washing
C'est demain jour de lessive. *Tomorrow is washing-day.*

faire la lessive : to do one's washing

lettre [lɛtr] f. : letter
Le facteur a-t-il apporté une lettre pour moi?
Did the postman bring a letter for me?

leur [lœːr] : (adj.) their
Tous les marins rejoignent leur bateau.
All the sailors are going back to their ship.

    pr. : them
Il leur a donné un bout de terrain sur lequel ils ont construit leur maison.
He gave them a patch of land on which they built their house.

le leur, la leur, les leurs : theirs
Voici vos livres, rendez-leur les leurs.
Here are your books, give them back theirs.

un(e) de leurs ... : a(n) ... of theirs — one of their
C'est une de leurs voitures. *It's one of their cars.*

levé, e [ləve] adj. : voir DEBOUT

lever [ləve] v. (5) : to lift
Il n'a même pas levé les yeux de son journal.
He did not even lift his eyes from his paper.

    to raise
Levez la main si vous connaissez la réponse.
Raise your hand if you know the answer.

se lever : to get up
Il pleuvait quand je me suis levé.
It was raining when I got up.

    to stand up
Il se leva et me donna sa place.
He stood up and gave me his seat.

    to rise
Ils se levèrent de table à deux heures.
They rose from table at two o'clock.

lèvre [lɛːvr] f. : lip
Pourquoi a-t-elle les lèvres si rouges?
Why are her lips so red?

liberté [libɛrte] f. : liberty
« Liberté, Égalité, Fraternité » est la devise de la République française.
"Liberty, Fraternity, Equality of rights" is the motto of the French Republic.

    freedom
Nous jouissons d'une liberté complète.
We enjoy complete freedom.

libraire [librɛːr] m. : bookseller
Ce libraire vend de nombreux livres étrangers.
This bookseller sells many foreign books.

librairie [librɛri] f. : bookshop

libre [libr] adj. : free
Tu es libre d'aller et venir. *You are free to come and go.*

au lieu de [ljø] : instead of
Il rêve au lieu de travailler.
He is day-dreaming instead of working.

ligne [liɲ] f. : line

linge [lɛ̃ːʒ] m. : linen
Il faut laver son linge sale en famille.
Don't wash your dirty linen in public.

lion [ljɔ̃] m. : lion

lire [liːr] v. (33) : to read
Maintenant, lisons ce poème. *Now, let's read this poem.*

lit [li] m. : bed
Je fais mon lit tous les matins.
I make my bed every morning.

livre [livr] m. : book
J'ai réussi à mettre tous mes livres dans mon cartable.
I managed to put all my books in my satchel.

livre f. : pound
En France, une livre vaut un demi-kilo.
In France, one pound equals half-a-kilo.

locomotive [lɔkɔmɔtiv] f. : engine

loin [lwɛ̃] : far
Le garage n'est pas aussi loin que l'usine.
The garage is not so far as the factory.

plus loin : farther (= further)
Ne va pas plus loin. *Don't go any farther.*

long, longue [lɔ̃, lɔ̃ːg] adj. : long
La girafe a un long cou. *The giraffe has a long neck.*

le long de : along
Nous l'avons suivi tout le long de la rue.
We followed him (it) all along the street.

longtemps [lɔ̃tɑ̃] : long, a long time
Nous ne pouvons rester longtemps. *We can't stay long.*
Il y a longtemps que je la connais.
I have known her for a long time.

longueur [lɔ̃gœːr] f. : length
Sur quelle longueur d'onde avez-vous la B.B.C.?
On what wave-length do you get the B.B.C.?

loup [lu] m. : wolf

lourd, lourde [luːr, luːrd] adj. : heavy
Les poids lourds prennent cette route.
Heavy lorries use this road.

lui [lɥi] : (sujet) he

Elle est plus gentille que lui. *She is kinder than he (is).*
C'est lui qui a tondu la pelouse. *It's he who mowed the lawn.*

(compl.) : him, her, it

Ton manteau est sale, donne-lui un bon coup de brosse.
Your coat is dirty, give it a good brush.
Je lui parle. *I am speaking to him (her).*

à lui (possessif) : his

lui-même : himself, itself

Il veut construire lui-même sa maison de campagne.
He wants to build his country-house himself.
Le lion lui-même a peur du feu. *The lion itself is afraid of fire.*

lumière [lymjɛːr] f. : light

Elle lisait à la lumière du feu.
She was reading by the light of the fire.

lundi [lœ̃di] m. : Monday

lune [lyn] f. : moon

La neige brillait au clair de lune.
The snow was shining in the moonlight.

lunettes [lynɛt] f. pl. : glasses, spectacles

Porte-t-il des lunettes? *Does he wear spectacles (= glasses)?*

ma [ma] : my

Ma robe est trop longue. *My dress is too long.*

machine [maʃin] f. : machine

◆ mais : Une machine à écrire : *a type-writer;*
une machine à vapeur : *a steam-engine...*

madame (Mme) [madam] f. : madam

Oui, Madame. *Yes, Madam.*
Madame Dupont. *Mrs Dupont*
Chère Madame, ... *Dear Madam, ...*

mademoiselle (Mlle) [madmwazɛl] f. : miss

Bonjour, Mademoiselle. *Good morning, Miss.*
Mademoiselle Dubois. *Miss Dubois.*
Chère Mademoiselle, ... *Dear Miss Dubois, ...*

magasin [magazɛ̃] m. : shop (U.S.: store)

Elle est vendeuse dans un magasin de chaussures.
She is a shop-assistant in a shoe-shop.

mai [mɛ] m. : May

maigre [mɛːgr] adj. : lean

main [mɛ̃] f. : hand

Serrez-lui la main.
Shake hands with him (her).

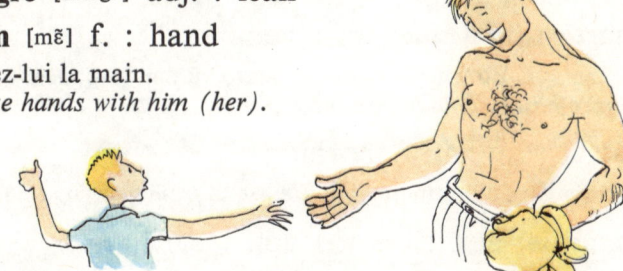

maintenant [mɛ̃tnɑ̃] : now

Maintenant, chantons ensemble. *Now, let's sing together.*

mairie [mɛri] f. : town hall

mais [mɛ] : but

Il est gentil, mais trop timide. *He is nice, but too shy.*

maison [mɛzɔ̃] f. : house, home

Ils veulent acheter une maison. *They want to buy a house.*

à la maison : (at) home

Je rentre à la maison. *I'm going home.*

● **Une cabane** : a hut - **une caravane** : a caravan - **une chaumière** : a cottage - **un gratte-ciel** : a skyscraper - **un hôtel** : a hotel - **une tente** : a tent - **une villa** : a villa. ● **Un ascenseur** : a lift (U. S. : elevator) - **un balcon** : a balcony - **la clôture** : the fence - **le grenier** : the attic - **un volet** : a shutter - **la porte d'entrée** : the front door - **le premier étage** : the first (U. S. : second) floor - **le rez-de-chaussée** : the ground (U. S. : first) floor - **le sous-sol** : the basement. ● **Le concierge** : the porter - **le, la propriétaire** : the owner - **un, une locataire** : a tenant - **à louer** : to rent - **déménager** : to move out - **emménager** : to move in. ● **Une ardoise** : a slate - **une brique** : a brick - **un carreau** : a tile - **du ciment** : cement - **du plâtre** : plaster - **du papier peint** : wallpaper - **du marbre** : marble - **une tuile** : a tile.

maître [mɛːtr] m. : master; (school)master

Le chien et son maître sont de bons amis.
The dog and its master are good friends.

maîtresse [mɛːtrɛs] f. : mistress; (school)mistress

mal [mal] adv. : badly

Il écrit très mal. *He writes very badly.*

avoir mal à, au ... : to have a pain in...

J'ai mal au bras. *I have a pain in my arm.*

to have ...ache

Il a mal aux dents. *He has toothache.*

faire mal : to ache

Le dos me fait mal. *My back is aching.*

(se) faire mal : to hurt

Mes chaussures me font mal. *My shoes hurt me.*

malade [malad] adj. : sick

Il a mangé trop de chocolat et il a été malade.
He ate too much chocolate and was sick.

ill

Il est tombé malade en rentrant de l'école.
He was taken ill coming back from school.

maladie [maladi] f. : illness

Sa maladie est-elle grave? *Is his (her) illness serious?*

malheureux, euse [malœrø, ø:z] adj. : unhappy

Elle est plus malheureuse qu'elle ne le paraît.
She is more unhappy than she looks.

unfortunate

C'est un accident malheureux. *It's an unfortunate accident.*

maman [mamã] f. : mummy, mum

Papa aime Maman. *Daddy loves Mummy.*

mammifères [mammifɛr] m. pl. : mammals

manche [mã:ʃ] f. : sleeve

Les manches ont raccourci au lavage.
The sleeves shrank in the wash.

m. : handle

Le manche de ce canif est en corne.
This penknife handle is made of horn.

manger [mãʒe] v. (7) : to eat

Qu'y a-t-il à manger? *What's there to eat?*

manquer [mãke] v. (1) : to miss

Il manque deux pages à ce livre.
Two pages of this book are missing.

manteau(x) [mãto] m. : coat (U.S.: topcoat)

Ton manteau est usé. *Your coat is worn out.*

marche [marʃ] f. : step

Il y a trois marches à descendre pour aller au jardin.
There are three steps leading down to the garden.

marche f. : walk

● **Une baleine** : a whale - **un buffle** : a buffalo - **un castor** : a beaver - **une chauve-souris** : a bat - **un dromadaire** : a dromedary - **une gazelle** : a gazelle - **une girafe** : a giraffe - **un hérisson** : a hedgehog - **un hippopotame** : a hippopotamus - **un kangourou** : a kangaroo - **un lièvre** : a hare - **une panthère** : a panther - **un phoque** : a seal - **un rat** : a rat - **un renne** : a reindeer - **un rhinocéros** : a rhinoceros - **un sanglier** : a boar - **une taupe** : a mole - **un taureau** : a bull - **un zèbre** : a zebra. ● **Une ânesse** : a she-ass - **un ânon** : an ass's foal - **un cerf** : a stag - **une biche** : a hind - **un faon** : a fawn - **une brebis** : an ewe - **un agneau** : a lamb - **une lionne** : a lioness - **un lionceau** : a lion-cub - **une louve** : a she-wolf - **un louveteau** : a wolf-cub - **une renarde** : a vixen - **un renardeau** : a fox-cub. ● **Une corne** : a horn - **une défense** : a tusk - **le museau** : the muzzle - **une queue** : a tail. ● **Bêler** : to bleat - **beugler** : to low - **braire** : to bray - **hurler** : to howl - **rugir** : to roar. ● **Apprivoiser** : to tame - **dresser** : to train - **chasser au fusil** : to shoot; - **à courre** : to hunt.

marcher [marʃe] v. (1) : to walk

Il a marché pendant deux heures. *He walked for two hours.*

to go

Tout a très bien marché. *All went very well.*

mécanique : to work

Cette pompe ne marche pas. *This pump does not work.*

marché [marʃe] m. : market

Où est la place du marché? *Where is the market-place?*

mardi [mardi] m. : Tuesday

mare [ma:r] f. : pool

Les grenouilles sautent dans la mare.
The frogs are jumping into the pool.

mari [mari] m. : husband

se marier [marje] v. (1) : to marry

Ils sont mariés depuis quinze ans.
They have been married for fifteen years.

marin [marɛ̃] m. : sailor

Les marins vont à terre. *The sailors are going ashore.*

mars [mars] m. : March

marteau(x) [marto] m. : hammer

Je me suis donné un coup de marteau sur le pouce.
I have hit my thumb with a hammer.

matin [matɛ̃] m. : morning

Il travaille du matin au soir. *He works from morning till night.*

mauvais, aise [mɔvɛ, ɛ:z] adj. : bad

Ce film n'est pas si mauvais. *This film is not so bad.*

poor

Il est en mauvaise santé. *He is in poor health.*

wrong

Attention! Vous prenez la mauvaise direction.
Be careful! You're going in the wrong direction.

me [mə], **m'** : me

Il me voit et m'entend. *He sees and hears me.*

(réfléchi) : myself

Je me suis blessée. *I hurt myself.*
◆ Je me sauve : *I'm off.* — Je me demande ... : *I wonder ...*

méchant, ante [meʃɑ̃, ɑ̃:t] adj. : naughty

Ne sois pas méchante et fais ce qu'on te dit.
Don't be a naughty girl and do as you are told.

médecin [medsɛ̃] m. : voir DOCTEUR

médicament [medikamɑ̃] m. : medicine

N'oublie pas de prendre ton médicament.
Don't forget to take your medicine.

meilleur, eure [mejœ:r] adj. : better

Votre accent est meilleur que l'année dernière.
Your accent is better than last year.

(le) meilleur, (la) meilleure : (the) best

C'est le meilleur des hommes. *He is the best of men.*

même [mɛ:m] adj. : same

Nous sommes nés le même jour.
We were born on the same day.

adv. : even

J'aime jouer même quand je perds.
I like playing even when I lose.

mentir [mɑ̃ti:r] v. (34) : to lie

mer [mɛr] f. : sea

La mer est calme aujourd'hui. *The sea is smooth today.*

merci [mɛrsi] : thank you, thanks

Merci beaucoup.
Thank you very much (U. S. : Thank you a lot).

mercredi [mɛrkrədi] m. : Wednesday

mère [mɛr] f. : mother

Sa mère reste à la maison. *His (Her) mother stays at home.*

mes [me] : my

Mes sœurs sont sorties. *My sisters are out.*

un(e) de mes ... : a(n) ... of mine, one of my ...

Ce n'est pas un de mes amis. *He is not a friend of mine.*

mesdames (Mᵐᵉˢ) [medam] f. pl. : ladies

Mesdames et Messieurs... *Ladies and Gentlemen...*

mesdemoiselles (Mˡˡᵉˢ) [medmwazɛl] f. pl. : misses

Mesdemoiselles Dupré. *The Misses Dupré.*

messieurs (MM.) [mesjø] m. pl. : gentlemen

◆ Messieurs Dulac, Dupont, Durand étaient présents.
Messrs Dulac, Dupont, Durand, were present.

mesurer [məzyre] v. (1) : to measure

Il mesure sa chambre. *He is measuring his room.*
mais : La pièce mesure quatre mètres sur trois.
The room is four by three metres.

métier [metje] m. : trade

Il est temps que tu apprennes un métier.
It is time you learnt a trade.
Quel est son métier? (= Que fait-il?) *What does he do
(for a living)?*

MÉTIERS ET OUTILS : TRADES AND TOOLS

● **Un apprenti** : an apprentice - **un atelier** : a workshop - **un gréviste** :
a striker - **un manœuvre** : a labourer - **la main-d'œuvre** : man-power -
un patron : a boss - **un syndicat** : a trade-union - **le salaire** : the wages -
un traitement : a salary - **être en chômage** : to be out of work. ● **Un ar-
chitecte** : an architect - **un chauffeur** : a chauffeur - **une dactylo** : a typist -
un électricien : an electrician - **un garçon de café** : a waiter - **un maçon** :
a mason, a bricklayer - **un menuisier** : a joiner - **une mine** : a mine - **un
mineur** : a miner - **un plombier** : a plumber - **un(e) secrétaire** : a secretary.
● **Un établi** : a bench - **une lime** : a file - **des pinces** : pliers - **un rabot** :
a plane - **une scie** : a saw - **des tenailles** : pincers - **un tournevis** : a screw-
driver - **une vis** : a screw.

mètre [mɛtr] m. : metre (U.S.: meter)

métro(politain) [metro(politɛ̃)] m. : underground (Londres : tube)

A New York, le métropolitain s'appelle le « subway ».
In New York, the underground (railway) is called the "subway".

mettre [mɛtr] v. (35) : to put

Elle a mis sa clé dans son sac. *She put her key into her bag.*

(vêtements) : to put on

(table) : to lay the table

Aide-moi à mettre la table. *Help me to lay the table.*

meuble [mœbl] m. : piece of furniture

Ce meuble appartenait à ma grand-mère.
This piece of furniture belonged to my grandmother.

midi [midi] m. : midday

Le repas de midi est important en France.
The midday meal is important in France.

twelve (o'clock)

Il est midi, le déjeuner est prêt.
It's twelve o'clock, lunch is ready.

le mien [mjɛ̃], **la mienne** [mjɛn] : mine

C'est ton affaire, ce n'est pas la mienne.
That's your business, it's not mine.

mieux [mjø] : better

Antoine va de mieux en mieux.
Anthony is getting better and better.

(le) mieux : (the) best

Je ferai de mon mieux. *I will do my best.*

milieu(x) [miljø] m. : middle

La balle est tombée en plein milieu du parterre.
The ball fell right in the middle of the flower-bed.

mille [mil] : thousand

J'ai mille francs. *I have a thousand francs.*

mince [mɛ̃ːs] adj. : thin

minuit [minɥi] m. : midnight

Cendrillon a quitté le bal à minuit.
Cinderella left the ball at midnight.

minute [minyt] f. : minute

mode [mɔd] f. : fashion

Ce n'est plus à la mode. *It is out of fashion.*

à la mode : fashionable

moderne [mɔdɛrn] adj. : modern

moi [mwa] : (suj.) I

— Qui l'a dit? — Moi.
— *Who said so? — I did.*

(compl.) : me

Prends-le pour moi. *Take it for me.*

à moi (possessif) : mine

moi-même : myself

Je le ferai moi-même. *I'll do it myself.*

moins [mwɛ̃] : less

Elle était moins fatiguée que sa mère.
She was less tired than her mother.

(heure) : to

Il est cinq heures moins dix. *It is ten to five.*

mois [mwa] m. : month

moisson [mwasɔ̃] f. : harvest

La moisson a été retardée par la pluie.
The harvest was delayed by the rain.

moitié [mwatje] f., **à moitié** : half

Cette bouteille est-elle à moitié vide ou à moitié pleine?
Is this bottle half full or half empty?

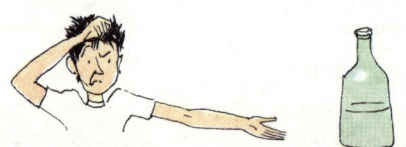

moment [mɔmɑ̃] m. : moment

mon [mɔ̃] : my

Mon vélo est démonté.
My bike is in pieces.

monde [mɔ̃ːd] m. : world

« Le Tour du monde en quatre-vingts jours. »
"Round the world in eighty days."

people

Il y avait peu de monde à l'église ce matin.
There were few people at church this morning.

tout le monde : everybody, everyone

Il connaît tout le monde ici. *He knows everybody here.*

monnaie [mɔnɛ] f. : change

Vous pouvez garder la monnaie. *You can keep the change.*

monsieur (M.) [məsjø] m. : sir

Oui, monsieur. *Yes, sir.*
Monsieur Dumas : *Mr Dumas.*
Cher Monsieur : *Dear Sir ; Dear Mr Dumas.*

gentleman

Il y a un monsieur qui veut vous parler.
There is a gentleman who wants to speak to you.

montagne [mɔ̃taɲ] f. : mountain
Nous passerons nos vacances à la montagne.
We'll spend our holidays in the mountains.
La montagne en hiver. *The mountain in winter.*

● **Une avalanche** : an avalanche - **une cascade** : a water-fall - **un glacier** : a glacier - **une grotte** : a cave - **un lac** : a lake - **un pic** : a peak - **un précipice** : a precipice - **un rocher** : a rock - **le sommet** : the top - **un torrent** : a torrent - **un volcan** : a volcano. ● **Un alpiniste** : a mountaineer - **un guide** : a guide - **une route en lacet** : a winding road - **un sentier** : a path. ● **Une luge** : a sleigh - **un remonte-pente** : a ski-lift - **un téléphérique** : a cable-car - **un télésiège** : a chair-lift - **un traîneau** : a sledge. ● **Un bonhomme de neige** : a snowman - **une boule de neige** : a snowball - **Il y a du verglas** : the road is slippery.

monter [mɔ̃te] v. (1) : to climb up
Elle a peur de monter sur une échelle.
She is afraid of climbing up a ladder.

to go up
Nous sommes montés jusqu'en haut du phare.
We went up to the top of the lighthouse.

(maison) : to go upstairs
Montez et vous le trouverez. *Go upstairs and you'll find him.*

montre [mɔ̃tr] f. : watch

montrer [mɔ̃tre] v. (1) : to show
Je leur montrerai le chemin. *I'll show them the way.*

se moquer [mɔke] v. (1) : to laugh at
Ne vous moquez pas d'elle. *Don't laugh at her.*
◆ Je m'en moque! *I don't care!*

morceau(x) [mɔrso] m. : bit
Cale l'armoire avec un morceau de bois.
Steady the wardrobe with a bit of wood.

piece
Je voudrais un gros morceau de gâteau.
I would like a big piece of cake.

morceau de sucre : lump of sugar

mordre [mɔrdr] v. (4) : to bite
Bien fait! Tu t'es mordu la langue!
It serves you right! You bit your tongue!

mort, morte [mɔːr, mɔːrt] adj. : dead
Les feuilles mortes volent au vent.
The dead leaves flutter in the wind.

m. et f. : dead man, dead woman

mort f. : death

mot [mo] m. : word
Elle est partie sans dire un mot.
She went away without saying a word.

moteur [mɔtœːr] m. : motor
Papa a un moteur électrique dans son garage.
Dad has an electric motor in his garage.

engine
Le moteur de cette voiture fait un drôle de bruit.
The engine of this car makes a queer noise.

mou, molle [mu, mɔl] adj. : soft
Le beurre est mou en été. *Butter is soft in summer.*

mouche [muʃ] f. : fly
Une mouche bourdonne dans la pièce.
A fly is buzzing in the room.

mouchoir [muʃwaːr] m. : handkerchief
Prends ton mouchoir et mouche-toi.
Take your handkerchief and blow your nose.

mouillé, ée [muje] adj. : wet
Il est rentré les pieds mouillés. *He came home with wet feet.*

moulin [mulɛ̃] m. : mill
Les moulins à vent deviennent de plus en plus rares.
Windmills are getting rarer and rarer.

mourir [muriːr] v. (36) : to die

moustique [mustik] m. : mosquito
Un moustique m'a piquée. *A mosquito bit me.*

mouton [mutɔ̃] m. : (animal) sheep
Un troupeau de moutons a bloqué la route.
A flock of sheep blocked the road.

(boucherie) : mutton
Ces côtelettes de mouton sont trop épaisses.
These mutton chops are too thick.

moyen [mwajɛ̃] m. : way
Y a-t-il moyen de sortir d'ici?
Is there any way of getting out of here?

means
Le cambrioleur est entré dans la maison au moyen d'une fausse clé.
The burglar entered the house by means of a skeleton key.

moyenne [mwajɛn] f. : average
En moyenne, il a plu un jour sur trois.
On an average, it rained one day out of three.

muet, muette [muɛ, muɛːt] adj. : dumb

mur [myːr] m. : wall
Un vieux mur entoure le jardin.
The garden is surrounded by an old wall.

mûr, mûre [myːr] adj. : ripe

mûrir [myriːr] v. (2) : to ripen
Les melons mûrissent au soleil. *Melons ripen in the sun.*

musique [myzik] f. : music

LA MUSIQUE ET LA DANSE : MUSIC AND DANCING

● **Un accordéon** : an accordion - **la batterie** : the drums - **un concert** : a concert - **une guitare** : a guitar - **une flûte** : a flute - **une harpe** : a harp - **un orchestre** : an orchestra - **un orgue** : an organ - **un piano** : a piano - **un violon** : a violin - **un violoncelle** : a violoncello - **un tourne-disque** : a record-player. ● **Un(e) chanteur(euse)** : a singer - **un chef d'orchestre** : a conductor - **un opéra** : an opera - **un refrain** : a refrain - **battre la mesure** : to beat time. ● **Un bal** : a ball - **un ballet** : a ballet - **une valse** : a waltz - **un tango** : a tango - **un(e) danseur(euse)** : a dancer.

nager [naʒe] v. (7) : to swim

Il nage comme un poisson. *He swims like a fish.*

nageur, euse [naʒœːr, øːz] m. et f. : swimmer

naissance [nɛsãːs] f. : birth

naître [nɛːtr] v. (37) : to be born

Elle est née le onze mai 1933.
She was born on the eleventh of May, 1933.

nappe [nap] f. : (table-)cloth

Il a renversé du vin sur la nappe.
He spilt wine on the table-cloth.

nature [natyːr] f. : nature

« L'habitude est une seconde nature. »
"Habit is second nature."

naviguer [navige] v. (1) : to sail

navire [naviːr] m. : ship

Un navire est un grand bateau. *A ship is a big boat.*

ne [nə] : voir PAS; PLUS; QUE

né, née [ne] adj. : born

Où es-tu né? *Where were you born?*

nécessaire [nesesɛːr] adj. : necessary

neige [nɛːʒ] f. : snow

Le soleil faisait étinceler la neige.
The sun made the snow sparkle.

neiger [nɛʒe] v. (7) : to snow

n'est-ce pas ?

Il travaille bien, n'est-ce pas? *He works well, doesn't he?*
Vous ne savez pas chanter, n'est-ce pas?
You cannot sing, can you?
Elle avait un chien, n'est-ce pas?
She had a dog, hadn't she?
Il y a longtemps, n'est-ce pas?
That was a long time ago, wasn't it?

nettoyer [nɛtwaje] v. (9) : to clean

Elle nettoie la maison avec un aspirateur.
She cleans the house with a vacuum cleaner.

neuf, neuve [nœf, nœv] adj. : new

Ma robe neuve est jolie, n'est-ce pas?
My new dress is pretty, isn't it?

neuf [nœf] : nine; **neuvième** [nœvjɛm] : ninth

nez [ne] m. : nose

Elle ne voit pas plus loin que le bout de son nez.
She cannot see any farther than the tip of her nose.

ni ... ni [ni] : neither ... nor

Je n'ai ni papier ni crayon. *I have neither paper nor pencil.*

ni l'un ni l'autre : voir UN

Noël [nɔɛl] m. : Christmas

Nous avons rencontré le Père Noël!
We met Father Christmas! (Santa Claus).

nœud [nø] m. : knot

Il y a un nœud à mon lacet. *There is a knot in my shoe-lace.*

noir, noire [nwaːr] adj. : black

nom [nõ] m. : name

Son prénom est Anne et son nom de famille est Dubout.
Her Christian (first) name is Ann and her surname is Dubout.

nombre [nõbr] m. : number

nombreux, euse [nõbrø, øːz] adj. : many, numerous

Il a reçu de nombreux cadeaux.
He received many (numerous) gifts.

◆ mais : Une famille nombreuse : *a large family.*

se nommer [nɔme] v. (1) : to be called (named)

Ce garçon se nomme Édouard.
This boy is called (named) Edward.

non [nõ] : no, not

— L'as-tu vue? — Non. — *Did you see her? — No.*
J'espère que non. *I hope not.*

nord [nɔːr] m. : north

Sa chambre donne au nord. *His room faces north.*

nos [no] : our

Nos enfants skiaient ensemble.
Our children were skiing together.

un(e) de nos ... : a(n) ... of ours

Nous avons passé une semaine chez une de nos tantes.
We spent a week with an aunt of ours.

note [nɔt] f. : mark

Il m'a donné une mauvaise note. *He gave me a bad mark.*

notre [nɔtr] : our

Notre chien s'est sauvé. *Our dog ran away.*

le nôtre, la nôtre, les nôtres [noːtr] : ours

Vos lilas fleurissent toujours avant les nôtres.
Your lilac always blossoms before ours.

nourriture [nurityːr] f. : food

nous [nu] : (sujet) we; (compl.) us

Nous mangerons les bonbons qu'il nous a donnés.
We shall eat the sweets he gave us.

(réfléchi) : ourselves

Nous nous chauffons près du feu.
We are warming ourselves by the fire.

à nous (possessif) : ours

nous-mêmes : ourselves

Nous n'osons pas le faire nous-mêmes.
We don't dare do it ourselves.

nouveau(x) [nuvo], **nouvel, nouvelle** [nuvɛl] adj. : new

La maîtresse accueille les nouveaux élèves.
The schoolmistress greets the new pupils.

nouvelle(s) f. : news

As-tu entendu la nouvelle à la radio?
Have you heard the news on the radio?

novembre [nɔvãːbr] m. : November

se noyer [nwaje] v. (9) : to drown

Elle tomba du pont et se noya dans la rivière.
She fell from the bridge and drowned in the river.

nu, nue [ny] adj. : naked

C'est visible à l'œil nu. *It's visible to the naked eye.*

bare

Ne restez pas la tête nue au soleil.
Don't stay bareheaded in the sun.

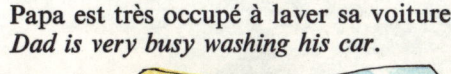

nuage [nɥaːʒ] m. : cloud

Il est toujours dans les nuages. *He is always in the clouds.*

nuit [nɥi] f. : night

Avez-vous bien dormi la nuit dernière?
Did you sleep well last night?

cette nuit : tonight

Il fera du vent cette nuit. *It will be windy tonight.*

bonne nuit : good night

nulle part [nylpar] : nowhere

numéro [nymero] m. : number

Quel est ton numéro de téléphone?
What is your telephone number?

obéir [ɔbeir] v. (2) : to obey

objet [ɔbʒɛ] m. : object

C'est un objet rond. *It is a round object.*

obscur, ure [ɔbskyːr] adj. : dark

La forêt était obscure. *The forest was dark.*

obscurité [ɔbskyrite] f. : dark, darkness

Sais-tu te diriger dans l'obscurité (le noir)?
Can you find your way in the dark?

obtenir [ɔbteniːr] v. (47) : to get

être occupé à [ɔkype] : to be busy

Papa est très occupé à laver sa voiture.
Dad is very busy washing his car.

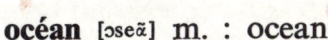

océan [ɔseã] m. : ocean

octobre [ɔktɔbr] m. : October

odeur [odœːr] f. : smell

Cette rose n'a pas d'odeur. *This rose has no smell.*

œil [œːj] m., **yeux** [jø] pl. : eye

Elle s'essuya les yeux. *She wiped her eyes.*

œuf [œf], **œufs** [ø] pl. : egg

Nous aurons des œufs brouillés pour dîner.
We'll have scrambled eggs for dinner.

offrir [ɔfriːr] v. (38) : to offer
Il offrit le bras à Maman. *He offered Mummy his arm.*

to present (with)
Elle lui a offert une cravate. *She presented him with a tie.*

oh! [o] : oh!

oie [wa] f. : goose
Oh! Elle est bête comme une oie!
Oh! She is as silly as a goose!

oiseau(x) [wazo] m. : bird

A VOL D'OISEAU : AS THE CROW FLIES

● **Un aigle** : an eagle - **une alouette** : a lark - **une autruche** : an ostrich -
une cigogne : a stork - **un coucou** : a cuckoo - **un cygne** : a swan - **un
corbeau** : a raven - **une dinde** : a turkey - **un faisan** : a pheasant - **un hibou** :
an owl - **un manchot, un pingouin** : a penguin - **un merle** : a blackbird
- **un moineau** : a sparrow - **une mouette** : a seagull - **un paon** : a peacock -
une perdrix : a partridge - **un perroquet** : a parrot - **une pie** : a magpie -
un pigeon : a pigeon - **un pinson** : a chaffinch - **un rossignol** : a nightingale - **un rouge-gorge** : a robin - **une tourterelle** : a turtledove. **Une
aile** : a wing - **le bec** : the bill - **une coquille** : a shell - **du duvet** : down -
un nid : a nest - **une patte** : a leg. ● **Une bande** : a flock - **couver** : to hatch
- **se percher** : to perch - **planer** : to soar - **plonger** : to dive - **sautiller** :
to hop.

ombre [ɔ̃ːbr] f. : shade
Maintenant le banc est à l'ombre.
The bench is in the shade now.

shadow
Ton ombre est plus grande que la mienne.
Your shadow is longer than mine.

on [ɔ̃] : somebody, someone
On frappe à la porte. *Somebody is knocking at the door.*

one
Comment peut-on repriser ces bas?
How can one darn these stockings?

people
On ne travaille pas le dimanche. *People don't work on Sundays.*

we, you, they
On n'a rien à faire, madame! *We have nothing to do, madam!*
Que peut-on faire dans ce cas? *What can you do in that case?*
On boit du thé en Angleterre. *They drink tea in England.*
◆ mais : On m'a donné ... : *I was given ...*
On lui a dit ... : *He was told...*

ongle [ɔ̃ːgl] m. : nail
Ne ronge pas tes ongles! *Don't bite your nails!*

onze [ɔ̃ːz] : eleven

or [ɔr] m. : gold

d'or, en or : gold, golden
« La poule aux œufs d'or. »
"The goose that laid the golden egg."

orage [ɔraːʒ] m. : storm
L'orage arrive. *The storm is coming.*

orange [ɔrãːʒ] adj. et f. : orange

ordonner [ɔrdɔne] v. (1) : to order
Le docteur a ordonné un repos complet.
The doctor ordered complete rest.

mettre en **ordre** : to tidy up
Il faut que je mette mes affaires en ordre.
I must tidy up my things.

oreille [ɔrɛːj] f. : ear

os [ɔs] m., **os** [o] pl. : bone
Le pauvre enfant était gelé jusqu'aux os.
The poor child was frozen to the bone.

ôter [ote] v. (1) : voir ENLEVER

ou [u], **ou bien** : or
N'hésite pas, dis oui ou non. *Don't hesitate, say yes or no.*

où [u] : (espace) where
Où allez-vous? *Where are you going?*

(temps) : when
C'était le jour où il a fait si chaud.
It was the day (when) it was so hot.

oublier [ublje] v. (1) : to forget
N'oublie pas ce que je t'ai dit. *Don't forget what I told you.*

ouest [wɛst] m. : west
Le soleil se couche à l'ouest. *The sun sets in the west.*

oui [wi] : yes
— Viendras-tu? — Oui. — *Will you come? — Yes, I will.*

ours [urs] m. : bear

outil [uti] m. : tool
Ne touche pas à mes outils! *Don't touch my tools!*

ouvert, erte [uvɛːr, ɛːrt] adj. : open
La porte était grande ouverte. *The door was wide open.*

ouvrier [uvrije] m. : worker
Cette usine emploie de nombreuses ouvrières.
This factory employs many women-workers.

ouvrir [uvriːr] v. (38) : to open
Ouvre la porte à ta sœur. *Open the door for your sister.*

ouvrir le gaz : to turn on the gas
Que je suis bête! J'ai oublié d'ouvrir le gaz!
How stupid! I've forgotten to turn on the gas!

page [paːʒ] f. : page
Ouvrez vos livres page trente-quatre.
Open your books at page thirty-four.

paille [paːj] f. : straw

pain [pɛ̃] m. : bread
Le pain blanc est meilleur que le pain bis.
White bread is better than brown bread.

paire [pɛːr] f. : pair

paix [pɛ] f. : peace
Faisons la paix! *Let's make peace!*

panier [panje] m. : basket

pantalon [pɑ̃talɔ̃] m. : trousers

pantoufle [pɑ̃tufl] f. : slipper
J'ai acheté une paire de pantoufles.
I have bought a pair of slippers.

papa [papa] m. : dad, daddy
Maman dit que je ressemble à Papa.
Mummy says I look like Daddy.

papier [papje] m. : paper

papillon [papijɔ̃] m. : butterfly
La chenille est devenue papillon.
The caterpillar has grown into a butterfly.

paquet [pakɛ] m. : parcel
J'ai envoyé le paquet par la poste. *I sent the parcel by post.*

par [par] : by
Il fera la traversée par Dieppe. *He will cross over by Dieppe.*

through
L'oiseau est entré par la fenêtre.
The bird came in through the window.

out of
Regarde par la fenêtre. *Look out of the window.*

with
L'histoire finit par un mariage. *The story ends with a wedding.*
◆ Mais : Nous payons notre loyer quatre fois par an.
We pay our rent four times a year.

paraître [parɛːtr] v. (19) : to look
Il paraît bien son âge. *He looks his age.*

to seem
Ton idée paraît meilleure que la mienne.
Your idea seems better than mine.

parapluie [paraplчi] m. : umbrella

parce que [parskə] : because
Elle chante parce qu'elle est contente.
She sings because she is happy.

pardon! [pardɔ̃] : sorry!
Je vous demande pardon. *I beg your pardon.*

pardonner [pardɔne] v. (1) : to forgive

pareil, eille [parɛj] adj. : like, alike
Vous ne verrez rien de pareil à ça en France.
You will not see anything like that in France.
Leurs robes sont presque pareilles.
Their dresses are almost alike.

parents [parɑ̃] m. pl. : parents
Mes parents sont jeunes. *My parents are young.*

(famille) : relatives
Nous avons beaucoup de parents dans le village.
We have a lot of relatives in the village.

paresseux, euse [parɛsø, øːz] adj. : lazy

parler [parle] v. (1) : to speak
Parlez-vous anglais? *Do you speak English?*

to talk
Nous ne parlons pas pendant les leçons.
We don't talk during lessons.

partager [partaʒe] v. (7) : to share
Ils partageront notre dîner. *They will share our dinner.*

partie [parti] f. : part

partir [partiːr] v. (34) : to start
Il est temps de partir pour l'école.
It is time to start for school.

    to leave
Le train part dans cinq minutes.
The train leaves in five minutes.

à partir de : from
A partir de maintenant, je serai sage.
From now on, I shall be good.

partout [partu] : everywhere

pas [pa] m. : step
Le vieillard marche à petits pas.
The old man walks with short steps.

pas adv. : not
— As-tu fini? — Non, je n'ai pas fini.
— Have you finished? — No, I have not finished.

pas de : no, not any
Je n'ai pas d'argent. *I have no money. I have not any money.*

pas du tout : not at all
Je ne le connais pas du tout. *I don't know him at all.*

pas encore : not yet
Odile n'est pas encore arrivée. *Odile has not arrived yet.*

ne ... pas : auxiliaire + not
Je ne l'ai pas vu. *I did not see him.*
Il n'aime pas ça. *He does not like that.*

passage [pasaːʒ] **clouté** m. : (pedestrian) crossing
Utilisez le passage clouté. *Use the pedestrian crossing.*

passager, ère [pasaʒe, ɛːr] m. et f. : passenger

passer [pɑse] v. (1) : to pass
Veux-tu me passer le sel? *Will you pass me the salt?*

    (temps) : to spend
Il passe son temps à ne rien faire.
He spends his time doing nothing.

se passer : to happen
Que s'est-il passé? *What happened?*

passionnant, ante [pasjɔnɑ̃, ɑ̃ːt] adj. : exciting

pâté [pɑte] m. : pie
Elle nous a fait un délicieux pâté de lapin.
She baked us an excellent rabbit-pie.

patiner [patine] v. (1) : to skate

patte [pat] f. : leg
L'abeille est un insecte, elle a six pattes.
The bee is an insect, it has six legs.

pauvre [poːvr] adj. : poor
Les pauvres gens avaient froid. *The poor people were cold.*

paye [pɛːj] f. : pay

payer [pɛje] v. (10) : to pay
Chacun paiera sa place. *Everyone will pay for his seat.*

pays [pei] m. : country
La Norvège est un pays froid. *Norway is a cold country.*

    land
L'Australie est le pays des kangourous.
Australia is the land of kangaroos.

paysan [peizɑ̃] m. : peasant
Les paysannes ont vendu leurs œufs.
The peasant women have sold their eggs.

peau(x) [po] f. : skin
Il n'a que la peau et les os.
He is nothing but skin and bones.

pêche [pɛʃ] f. : fishing

pêcher [pɛʃe] v. (1) : to fish
Le pêcheur n'a rien pris.
The fisherman (mer), the angler (rivière) did not catch anything.

pêche f. : (fruit) peach

peigne [pɛɲ] m. : comb
J'ai cassé mon peigne. *I've broken my comb.*

(se) peigner [pɛɲe] v. (1) : to comb

peine [pɛn] f. : sorrow
J'ai appris sa mort avec peine. *I learned of his death with sorrow.*

    trouble
Cela (Ça) n'en vaut pas la peine. *It is not worth the trouble.*

    pains
Charles n'a rien eu pour sa peine.
Charles got nothing for his pains.

peindre [pɛ̃ːdr] v. (13) : to paint
As-tu peint la porte d'entrée? *Did you paint the front door?*

peinture [pɛ̃tyːr] f. : paint, painting
Je veux une boîte de peinture noire. *I want a tin of black paint.*

pelle [pɛl] f. : shovel

pelouse [pluːz] f. : lawn
Il tond sa pelouse tous les samedis.
He mows his lawn every Saturday.

(se) pencher [pɑ̃ʃe] v. (1) : to lean
Ne vous penchez pas par la fenêtre.
Don't lean out of the window.

    to bend
Il penche la tête sur son livre.
He is bending his head over his book.

pendant [pãdã] : during

Nous sommes restés à l'abri pendant l'orage.
We took shelter during the storm.

    for

Ils ont fait la queue pendant vingt minutes.
They queued for twenty minutes.

pendant que : while

pendre [pã:dr] v. (4) : to hang

Des toiles d'araignée pendent au plafond.
Cobwebs are hanging from the ceiling.

pendule [pãdyl] f. : clock

penser [pãse] v. (1) : to think

Il pense d'abord aux autres. *He thinks of others first.*

perdre [pɛrdr] v. (4) : to lose

Elle a perdu son livre. *She lost her book.*

se perdre : to get lost

Ne te perds pas en route! *Don't get lost on the way!*

père [pɛ:r] m. : father

« Tel père, tel fils. » *"Like father, like son."*

permettre [pɛrmɛtr] v. (35) : to allow

Est-il permis de fumer?
Is smoking allowed?

    to let

Permettez-moi de vous dire...
Let me tell you...

avoir la permission de : to be allowed to

personne [pɛrsɔn] f. : person

La personne qui me l'a dit ne ment jamais.
The person who told me never lies.

personnes f. pl. : people

J'ai rencontré plusieurs personnes. *I met several people.*

personne pr. : anybody, anyone

Il n'a rencontré personne. *He didn't meet anybody.*

    nobody, no one

— Qui est-ce? — Personne.
— *Who is there?* — *Nobody.*

peser [pəze] v. (5) : to weigh

Le boulanger pèse la farine. *The baker is weighing flour.*

petit, ite [pəti, it] adj. : little

Je voudrais une petite maison à la campagne.
I would like a little house in the country.

    small

La voici avec son petit chien.
Here she is with her small dog.

    short

« Mon Dieu! Quel homme! quel petit homme! »
Dear me! What a man! what a short man!

petit d'animal : young one, little one

L'alouette et ses petits se sont envolés.
The lark and its young ones flew away.

petits-enfants : grandchildren

petite-fille : grand-daughter

petit-fils : grandson

pétrole [petrɔl] m. : oil

peu [pø] **(de)** : (sing.) little

Il est peu connu. *He is little known.*
J'ai peu d'argent sur moi. *I have little money on me.*

    (pl.) : few

Peu de gens connaissent la nouvelle.
Few people know the news.

un peu (de) : a little

As-tu un peu d'argent? *Have you a little money?*

peuple [pœpl] m. : people

Quels peuples vivent en Asie? *What peoples live in Asia?*

peur [pœ:r] f. : fright

Il a pris peur et s'enfuit. *He took fright and ran away.*

faire peur : to frighten

avoir peur : to be afraid

Nous avons peur de ne pouvoir venir maintenant.
We are afraid we can't come now.

peut-être [pøtɛ:tr] : perhaps

Peut-être l'avez-vous chez vous? *Perhaps you have it at home?*

pharmacien [farmasjɛ̃] m. : chemist

Nous achetons les médicaments à la pharmacie.
We buy medicines at the chemist's (U. S. : drugstore).

photo(graphie) [fɔtɔ(grafi)] f. : photo(graph)

Ma sœur est-elle sur la photo? *Is my sister on the photo?*

photographier [fɔtɔgrafje] v. (1) : to photograph

A la foire, ils se sont fait photographier sur un chameau.
They had themselves photographed on a camel at the fair.

pièce [pjɛs] f. : room

Il n'y a pas de cheminée dans cette pièce.
There is no fireplace in this room.

    coin

On m'a donné une pièce fausse. *I was given a false coin.*

pied [pje] m. : foot

Le bébé joue avec ses pieds. *The baby is playing with its feet.*

    (table, chaise) : leg

Attention, ce tabouret n'a que trois pieds.
Be careful, this stool has only three legs.

à pied : on foot

pierre [pjɛːr] f. : stone
« Pierre qui roule n'amasse pas mousse. »
"A rolling stone gathers no moss."

pigeon [piʒɔ̃] m. : pigeon

pin [pɛ̃] m. : pine-tree
Il y a un bois de pins derrière la maison.
There is a pine-wood behind the house.

pinceau(x) [pɛ̃so] m. : brush

piquer [pike] v. (1) : to prick
Elle s'est piquée avec une épine.
She pricked herself with a thorn.

    (insecte) : to sting
Une guêpe m'a piqué à la jambe. *A wasp stung my leg.*
◆ mais : Un moustique m'a piqué. *A mosquito bit me.*

piscine [pisin] f. : swimming-pool

placard [plakaːr] m. : cupboard

place [plas] f. : place
Veux-tu changer de place avec moi?
Will you change places with me?

    room
Il n'y a pas assez de place pour tout le monde.
There is not enough room for everyone.

    square
La statue est au milieu de la place.
The statue is in the middle of the square.

    seat
Toutes les places sont louées. *All the seats are booked.*

plafond [plafɔ̃] m. : ceiling
Les plafonds sont hauts dans cette maison.
The ceilings are high in this house.

plage [plaːʒ] f. : beach

plaire [plɛːr] **(à)** v. (39) : to please
Cela ne plaira pas à Maman. *This will not please Mummy.*

plaisanterie [plɛzɑ̃tri] f. : joke

plaisir [plɛziːr] m. : pleasure
Ce sera un plaisir pour moi. *It will be a pleasure for me.*

s'il vous plaît : (if you) please
Passe-moi le sel, s'il te plaît. *Pass me the salt, please.*

planche [plɑ̃ːʃ] f. : board

plancher [plɑ̃ʃe] m. : floor
Un épais tapis recouvrait le plancher.
A thick carpet covered the floor.

plante [plɑ̃ːt] f. : plant

planter [plɑ̃te] v. (1) : to plant
On sème le blé, mais on plante les pommes de terre.
You sow corn, but you plant potatoes.

plat [pla] m. : dish

plat, plate [pla, plat] adj. : flat
Le pneu arrière est à plat. *The back tyre is flat.*

plein, pleine [plɛ̃, plɛn] adj. : full

pleurer [plœre] v. (1) : to weep
Grand-mère pleurait en nous quittant.
Grandmother was weeping on leaving us.

    to cry
J'entends pleurer le bébé de la voisine.
I hear the neighbour's baby crying.

pleuvoir [plœvwaːr] v. (40) : to rain

plier [plije] v. (1) : to fold
N'oublie pas de plier ton pyjama.
Don't forget to fold your pyjamas.

pluie [plɥi] f. : rain
J'aime beaucoup me promener sous la pluie.
I am very fond of walking in the rain.

plume [plym] f. : feather
Il a une plume à son chapeau. *He has a feather in his hat.*

    pen
Ma plume à dessin est tordue. *My drawing pen is twisted.*

plus [ply] : more
Elle est plus bavarde que lui.
She is more talkative than he is.
◆ mais : Plus jeune : *younger ;* plus court : *shorter ;* plus haut : *higher...*

le plus : the most
Le plus important est de partir à l'heure.
The most important thing is to leave on time.
◆ mais : Le plus fort : *the strongest ;* la plus pauvre : *the poorest ;* le plus petit : *the smallest...*

ne ... plus : not any more (no more)
Je n'en veux plus. *I don't want any more.*

    not any longer, no longer
Je n'attendrai plus. *I shall wait no longer.*

plusieurs [plyzjœːr] : several

plutôt [plyto] : rather
Elle se sent plutôt fatiguée ce matin.
She feels rather tired this morning.

pneu [pnø] m. : tyre (U.S.: tire)
Mon pneu est crevé. *My tyre is punctured.*

poche [pɔʃ] f. : pocket

poêle [pwɑl] m. : stove
Le feu est éteint; le poêle est froid.
The fire is out; the stove is cold.

    f. : frying-pan
Versez de l'huile dans la poêle. *Pour oil into the frying-pan.*

poids [pwa] m. : weight
Quel est ton poids?
What is your weight?

poignée [pwaɲe] f. : handle
mais : Donne-lui une poignée de mains. *Shake hands with him.*

poil [pwal] m. : hair

pointe [pwɛ̃t] f. : point
Attention à la pointe de son parapluie.
Mind the point of her umbrella.

    tip
L'enfant se tenait sur la pointe des pieds pour regarder par
la fenêtre.
The child was standing on tiptoe to look out of the window.

pointu, ue [pwɛ̃ty] adj. : sharp
Ton crayon est-il assez pointu? *Is your pencil sharp enough?*

poire [pwaːr] f. : pear

pois [pwa] m. : pea
Viens m'aider à écosser les pois.
Come and help me to shell the peas.

poisson [pwasɔ̃] m. : fish
Je n'aime pas le poisson à cause des arêtes.
I don't like fish because of the bones.

LES POISSONS ET LA PÊCHE : FISH AND FISHING

● **Une anguille** : an eel - **une carpe** : a carp - **un hareng** : a herring - **un merlan** : a whiting - **une morue** : a cod - **une raie** : a skate - **une sardine** : a sardine - **un saumon** : a salmon - **une sole** : a sole - **une truite** : a trout. ● **Une écaille** : a scale - **une nageoire** : a fin - **un aquarium** : an aquarium. ● **Une canne à pêche** : a fishing-rod - **un filet** : a net - **un hameçon** : a fish-hook - **la pêche à la ligne** : angling - **un pêcheur** : (rivière) an angler; (mer) a fisherman.

poli, e [pɔli] adj. : polite
Il était à peine poli. *He was hardly polite.*

pomme [pɔm] f. : apple

pomme de terre f. : potato
J'ai acheté des pommes de terre nouvelles.
I bought some new potatoes.

pompier [pɔ̃pje] m. : fireman

pont [pɔ̃] m. : bridge
Un pont traverse la rivière. *A bridge crosses the river.*

porc [pɔːr] m. : (animal) pig; (boucherie) pork
On nous a servi un rôti de porc avec de la compote de
pommes.
We were served roast-pork and apple-sauce.

port [pɔːr] m. : port
Marseille est un port de mer. *Marseilles is a sea-port.*

    harbour
Le bateau est resté deux jours au port.
The ship spent two days in harbour.

porte [pɔrt] f. : door
Laisse la porte de la salle de bains ouverte.
Leave the bathroom door open.

gate
Fermez la porte du jardin. *Shut the garden gate.*

porte-monnaie m. : purse

porte-plume m. : pen-holder

porter [pɔrte] v. (1) : to carry
Le meunier porte un sac de blé sur le dos.
The miller carries a sack of corn on his back.

(vêtements) : to wear
Que portait-elle au mariage?
What was she wearing at the wedding?

se porter : to be
Elle se porte bien. *She is well.*

poser [poze] v. (1) : to lay
Posez ce livre sur le bureau. *Lay this book on the desk.*

possible [pɔsi:bl] adj. : possible

poste [pɔst] f. : post-office
Vous trouverez des timbres à la poste.
You'll find stamps at the post-office.

m. : station
Le poste d'essence est à cinq cents mètres d'ici.
The petrol-station is five hundred metres from here.

pot [po] m. : pot
Le pot de fleurs est tombé et s'est cassé.
The flower-pot fell and was broken.

jug
Où as-tu mis le pot à lait? *Where did you put the milk-jug?*

pouce [pu:s] m. : thumb
Suce-t-il encore son pouce? *Does he still suck his thumb?*

(mesure anglaise) : inch
Douze pouces font un pied. *Twelve inches equal one foot.*

poule [pu:l] f. : hen

poulet [pulɛ] m.; **poussin** [pusɛ̃] m. : chicken
La poule emmène ses poussins dans le pré.
The hen takes its chickens into the meadow.

poupée [pupe] f. : doll, dolly

pour [pu:r] : for
Elle est grande pour son âge. *She is tall for her age.*

to + verbe
Il s'est assis pour écrire. *He sat down to write.*

pourquoi [purkwa] : why
Pourquoi dis-tu cela? *Why do you say so?*

pousser [puse] v. (1) : to push

(faire) pousser : to grow
Ces arbres ont poussé vite. *These trees have grown quickly.*

poussière [pusjɛ:r] f. : dust

pouvoir [puvwa:r] v. (41) : (capacité) can, to be able to
Peux-tu la voir? *Can you see her?*
Je ne pourrai pas sauter si haut.
I shall not be able to jump so high.

(passé) : could
Il ne pouvait pas venir. *He could not come.*

(conditionnel) : could
Si j'avais le temps, je pourrais vous le faire.
If I had time, I could do this for you.

(permission) : may, to be allowed to
Demande si tu peux venir. *Ask if you may come.*
Pourras-tu venir au cinéma avec nous?
Will you be allowed to go to the pictures with us?

(probabilité) : may, might
Tout peut arriver. *Anything may happen.*
Ils pourraient trouver ça difficile.
They might find it difficult.

pré [pre] m. : meadow

préférer [prefere] v. (5) : to prefer
Je préfère y aller maintenant. *I prefer to go there now.*

premier, ière [prəmje, jɛ:r] adj. : first
C'est la première rue à gauche.
It is the first street on the left.

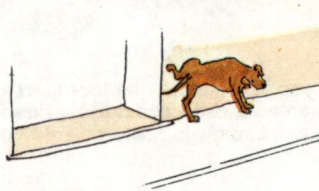

prendre [prɑ̃:dr] v. (42) : to take
Nous avons pris le train. *We took the train.*
Ça me prendra une heure. *It will take me an hour.*

to have
Je prendrai des œufs au jambon. *I'll have eggs and bacon.*

prénom [prenɔ̃] m. : Christian name (U.S.: first name)

préparer [prepare] v. (1) : to prepare
Prépare tes affaires pour demain.
Prepare your things for tomorrow.

près [prɛ] **(de)** : near, by

Viens plus près de moi. *Come nearer me.*
Elle est assise près de la fenêtre. *She is sitting by the window.*

à peu près : about

Il était à peu près minuit quand la pluie a commencé.
It was about midnight when the rain started.

presque [prɛsk] : almost

J'ai presque autant d'argent que toi.
I have almost as much money as you (have).

    nearly

Nous sommes presque arrivés. *We have nearly arrived.*

être pressé, ée [prese] : to be in a hurry

Je ne peux pas m'arrêter maintenant, je suis pressé.
I can't stop now, I'm in a hurry.

prêt, prête [prɛ, prɛt] adj. : ready

Oui, Maman, je suis presque prêt.
Yes, Mummy, I am nearly ready.

prêter [prete] v. (1) : to lend

J'ai prêté ma bicyclette à Georges.
I have lent George my bicycle.

prêtre [prɛ:tr] m. : priest

Le prêtre dit : « Et maintenant, prions. »
The priest says : "And now, let us pray."

prier [prije] v. (1) : to pray

prière [prijɛ:r] f. : prayer

Elle a oublié de prendre son livre de prières.
She forgot to take her prayer-book.
◆ Prière de fermer la porte. *Please, shut the door.*

principal, e [prɛ̃sipal], **aux** adj. : main

printemps [prɛ̃tã] m. : spring

Les oiseaux chantent au printemps. *Birds sing in spring.*

prix [pri] m. : price

Le prix est marqué sur l'étiquette.
The price is marked on the label.

    prize

Le jour des prix est le 26 juin. *Prize-giving day is on June 26th.*

prochain, aine [prɔʃɛ̃, ɛn] adj. : next

La prochaine fois, je viendrai plus tôt.
Next time I'll come earlier.

professeur [prɔfɛsœ:r] m. : teacher

Elle est professeur de mathématiques.
She is a mathematics teacher.

profond, onde [prɔfɔ̃, ɔ̃d] adj. : deep

Le puits est profond de trois mètres.
The well is three metres deep.

profondeur [prɔfɔ̃dœ:r] f. : depth

promenade [prɔmnad] f. : walk

Il a fait une promenade de deux heures.
He went for a two hour walk.

se promener [prɔmne] v. (1) : to walk

aller se promener : to go for a walk

Allez vous promener. *Go for a walk.*

promesse [prɔmɛs] f. : promise

promettre [prɔmɛ:tr] v. (35) : to promise

Il a promis d'arriver à l'heure. *He promised to arrive on time.*

propre [prɔpr] adj. : clean

Mets une chemise propre.
Put on a clean shirt.

prouver [pruve] v. (1) : to prove

provisions [prɔvizjɔ̃] f. pl. : shopping

Prends le sac à provisions. *Take the shopping-bag.*

prudent, ente [prydã, ã:t] adj. : careful

prune [pryn] f. : plum

puis [pɥi] : then

Je me lève, puis je me lave. *I get up, then I wash.*

puisque [pɥisk] : since

Prends ma voiture puisque la tienne est en panne.
Take my car since yours has broken down.

punir ['pynir] v. (2) : to punish

quai [ke] m. : platform

Le train pour Nice part du quai (numéro) trois.
The Nice train leaves from platform three.

    quay

Les quais du port étaient glissants.
The quays of the harbour were slippery.

quand [kã] : when

Quand avez-vous écrit au professeur?
When did you write to the teacher?

quand même : all the same

J'irai quand même. *I shall go all the same.*

quarante [karã:t] : forty

quart [ka:r] : quarter

Je reviendrai dans un quart d'heure.
I'll be back in a quarter of an hour.

quartier [kartje] m. : district

Nous habitons un quartier tranquille.
We live in a quiet district.

quatorze [katɔrz] fourteen

quatre [katr] : four; **quatrième** : fourth

quatre-vingts : eighty

quatre-vingt-dix : ninety

que [kə] : (pr.) whom

Les gens que j'ai rencontrés ne m'ont pas reconnu.
The people whom I met didn't recognize me.

　　　which

Papa a trouvé la pièce que j'avais perdue hier.
Dad found the coin which I lost yesterday.

　　　conj. : that

Mon père a vu que j'étais plus grand que mon cousin.
My father saw that I was taller than my cousin.

　　　than

Elle est plus belle que sage. *She is more beautiful than wise.*

que ...? : what ...?

Que voulez-vous? *What do you want?*

que ...! : how ...!

Que tu es grand! *How tall you are!*

ne ... que : only

Je n'ai que dix ans. *I am only ten.*

quel, quelle [kɛl] **...?** : what ...?

A quelle heure es-tu arrivé?
At what time did you arrive?

　　　which ...?

Quel pied te fait mal?
Which foot is aching?

quelques [kɛlk] : a few

Il y a encore quelques pêches sur l'arbre.
There are still a few peaches on the tree.

quelque chose : anything, something

Entends-tu quelque chose? *Do you hear anything?*
Oui, c'est quelque chose de beau.
Yes, it is something beautiful.

quelquefois : sometimes

quelque part : anywhere, somewhere

L'avez-vous rencontré quelque part?
Did you meet him anywhere?
Il y a une souris quelque part au sous-sol.
There is a mouse somewhere in the basement.

quelqu'un : anyone, anybody

Quelqu'un est-il venu me voir? *Has anybody come to see me?*

　　　somebody, someone

Oui, Madame, quelqu'un est venu.
Yes, Madam, somebody came.

qu'est-ce que ..., qui ...? : what ...?

Qu'est-ce que c'est? (= Qu'est-ce?). *What is it?*
Qu'est-ce qu'elle a oublié? (= Qu'a-t-elle oublié?).
What did she forget?
Qu'est-ce qui te fait rire? *What makes you laugh?*
Qu'est-ce que tu as? *What is the matter with you?*

question [kɛstjɔ̃] f. : question

Le professeur m'a posé une question difficile.
The teacher asked me a difficult question.

faire la queue [kø] : to queue

Il y avait tant de monde que j'ai dû faire la queue.
There were so many people that I had to queue.

qui [ki] : (sujet) who (personnes)

Qui se penche à la fenêtre?
Who is leaning out of the window?

J'ai revu l'homme qui chantait la nuit dernière.
I saw again the man who sang last night.

　　　which (choses)

Ouvrez la fenêtre qui est à votre gauche.
Open the window which is on your left.

　　　(compl.) : whom

Qui demandez-vous? *Whom are you asking for?*
La personne avec qui vous m'avez vu était ma sœur.
The person with whom you saw me was my sister.

(de, à) qui : whose

A qui est ce livre? *Whose book is this?*
De qui Mᵐᵉ Dumont est-elle la mère?
Whose mother is Mrs Dumont?

qui est-ce qui ...? (= qui ...?) : who ...?

Qui est-ce qui te l'a dit? (= Qui te l'a dit?) *Who told you so?*

qui est-ce que ...? (= que ...?) : whom ...?

Qui est-ce que tu as rencontré? (= Qui as-tu rencontré?)
Whom did you meet?

quinze [kɛ̃ːz] : fifteen

quitter [kite] v. (1) : to leave

Elle était désolée de quitter ses parents.
She was sorry to leave her parents.

... quoi ...? [kwa] : what ...?

De quoi parlez-vous? *What are you speaking about?*
Avec quoi t'es-tu essuyé? *What did you dry yourself with?*
◆ Il n'y a pas de quoi. *Don't mention it.*

racine [rasin] f. : root

Penses-tu que le rosier prendra racine?
Do you think the rose-tree will take root?

raconter [rakɔ̃te] v. (1) : to tell

Raconte-moi une histoire. *Tell me a story.*

radio [radjo] f. : radio, wireless

Notre poste de radio est en panne.
Our wireless set (radio set) is out of order.

raide [rɛd] adj. : steep
Que cet escalier est raide!
How steep these stairs are!

raisin [rɛzɛ̃] m. : grapes
Tiens! Voilà une grappe de raisin pour toi.
Look! There is a bunch of grapes for you.

avoir raison [rɛzɔ̃] : to be right

raisonnable [rɛzɔnabl] adj. : reasonable, sensible
Sois plus raisonnable! *Be more reasonable!*
Ce n'est pas raisonnable de manger si peu.
It is not sensible to eat so little.

ramasser [ramase] v. (1) : to pick up
Allons ramasser les pommes tombées
Let's go and pick up fallen apples.

to gather
Ramasse tes affaires avant d'aller au lit.
Gather your things together before going to bed.

rang [rɑ̃] m.; **rangée** [rɑʒe] f. : row
Nous étions assis au premier rang.
We were sitting in the first row.

line
Mettez-vous en rang. *Fall into line.*
Deux rangées de voitures attendaient aux feux tricolores.
Two lines of cars were waiting at the traffic-lights.

ranger [rɑ̃ʒe] v. (7) : to put away
Rangez tous ces papiers. *Put away all these papers.*

to tidy up
Enfin, j'ai rangé ma chambre. *I have tidied up my room at last.*

rapide [rapid] adj. : fast
Le train de deux heures est très rapide.
The two o'clock train is a very fast one.

quick
C'est plus rapide de prendre un taxi.
It is quicker to take a taxi.

rapidement [rapidmɑ̃] : quickly

se rappeler [raple] v. (8) : to remember
Je ne me rappelle pas son nom.
I don't remember his (her) name.

rapporter [raporte] v. (1) : to bring back
Il a rapporté beaucoup de photos de Grèce.
He brought back lots of photographs from Greece.

recevoir [rəcəvwar] v. (3) : to receive
Il recevra ma lettre le lendemain.
He will receive my letter the next day.

réciter [resite] v. (1) : recite, say
Il a récité une fable de La Fontaine.
He recited a fable by La Fontaine.

récolte [rekɔlt] f. : crop

recommencer [rəkɔmɑ̃se] v. (6) : to begin again
Il recommence à pleuvoir. *It's beginning to rain again.*

to start again
Recommencez en haut de la page.
Start again from the top of the page.

réfrigérateur [refriʒeratœr] m. : refrigerator

(se) refroidir [rəfrwadiːr] v. (2) : to cool (down)
Le temps se refroidit. *The weather is cooling down.*

refuser [rəfyze] v. (1) : to refuse
Il a refusé de m'aider. *He refused to help me.*

regarder [rəgarde] v. (1) : to look (at)
Pourquoi me regardes-tu comme ça?
Why are you looking at me like that?

to watch
Il aime regarder les matches de football.
He loves watching football matches.

règle [rɛgl] f. : rule
L'exception confirme la règle. *The exception proves the rule.*

regretter [rəgrɛte] v. (1) : to be sorry
Je regrette ce que j'ai fait. *I am sorry for what I did.*

to miss
Ils vous regretteront. *They will miss you.*

reine [rɛn] f. : queen

religion [rəliʒjɔ̃] f. : religion

remercier [rəmɛrssje] v. (1) : to thank
Elle m'a remercié d'un sourire. *She thanked me with a smile.*

remplir [rɑ̃pliːr] v. (2) : to fill (up)
Elle a rempli son panier au marché.
She filled up her basket at the market.

remuer [rəmɥe] v. (1) : to move
Il ne pouvait remuer la jambe.
He couldn't move his leg.

renard [rənaːr] m. : fox

(se) rencontrer [rɑ̃kɔ̃tre] v. (1) : to meet
Nous nous sommes rencontrés sur le bac.
We met on the ferry-boat.

rendre [rɑ̃ːdr] v. (4) : to give back
Pourrais-tu me rendre l'argent que tu m'as emprunté?
Could you give me back the money you borrowed from me?

to return
« Rendez le bien pour le mal. » *"Return good for evil."*

47

rentrer [rᾱtre] v. (1) : to come back
Je goûte en rentrant de l'école.
I have tea when I come back from school.

    to go back
Il a dîné avec nous, puis il est rentré chez lui.
He had dinner with us, then he went back home.

réparer [repare] v. (1) : to repair
Le bateau a été réparé pendant l'hiver.
The boat was repaired during the winter.

    to mend
Le cordonnier les réparera vite.
The shoemaker will mend them quickly.

repas [rəpᾱ] m. : meal
Nous prendrons un repas léger. *We'll have a light meal.*

repasser [rəpᾱse] v. (1) : to iron

répéter [repete] v. (5) : to repeat
Voudriez-vous répéter votre question, madame?
Would you like to repeat your question, madam?

répondre (à) [repɔ̃:dr] v. (4) : to answer
Il a répondu à ma lettre. *He answered my letter.*

réponse [repɔ̃:s] f. : answer

repos [rəpo] m. : rest
Une nuit de repos vous fera du bien.
A night's rest will be good for you.

se reposer [rəpoze] v. (1) : to rest, to have a rest
Je pense qu'il est temps de se reposer.
I think it is time to have a rest.

reptile [rɛptil] m. : reptile

REPTILES ET BATRACIENS : REPTILES AND BATRACHIANS

● **Un boa** : a boa - **une couleuvre** : a grass-snake - **un crocodile** : a crocodile - **un lézard** : a lizard - **un python** : a python - **une tortue** : a tortoise - **une vipère** : a viper. ● **Un crapaud** : a toad - **une grenouille** : a frog.
● **Une carapace** : a carapace - **une écaille** : a scale - **du venin** : venom - **ramper** : to crawl - **siffler** : to hiss.

respirer [rɛspire] v. (1) : to breathe
Donnez-moi le temps de respirer. *Give me time to breathe.*

ressembler [rəsᾱble] v. (1) : to look like
Comme tu ressembles à ta mère!
How like your mother you look!

    to be like
Son caractère ressemble tout à fait à celui de son père.
His temperament is just like his father's.

se ressembler : to be alike, to look alike
Jean et son frère ne se ressemblent pas.
John and his brother don't look alike.

rester [rɛste] v. (1) : to remain
Il n'en resta que quelques-uns après la guerre.
Only a few remained after the war.

il reste : there is ... left
Il ne reste que deux gâteaux.
There are only two cakes left.

il me reste : I have ... left
Il me reste dix francs. *I have ten francs left.*

rester (= demeurer) : to stay
J'y suis resté une année entière. *I stayed there for a whole year.*

restes [rɛst] m. pl. : remains
Les restes du repas sont dans le réfrigérateur.
The remains of the meal are in the fridge.

être en retard [rəta:r] : to be late
Si tu ne te dépêches pas, tu seras en retard.
If you don't hurry, you'll be late.

avoir ... de retard : to be ... late
Le train a quinze minutes de retard.
The train is fifteen minutes late.

retarder (heure) v. (1) : to be slow
Ta montre retarde-t-elle?
Is your watch slow?
Oui, elle retarde de dix minutes.
Yes, it is ten minutes slow.

retour [rətu:r] m. : return
Je le récompenserai à mon retour.
I shall reward him on my return.

retourner [rəturne] v. (1) : to return, to go back
Tu as oublié le pain; retourne à la boulangerie.
You've forgotten the bread; go back to the baker's.

réussir [reysi:r] **(à)** v. (2) : to succeed

rêve [rɛ:v] m. : dream
Faites de beaux rêves! *Sweet dreams!*

rêver [rɛve] v. (1) : to dream

réveil [revɛːj] m. : alarm-clock

J'ai mis le réveil à sept heures et quart.
I've set the alarm-clock for a quarter past seven.

(se) réveiller [reveje] v. (1) : to awake, to wake (up)

Le coq nous a réveillés. *The cock woke us.*
Il ne s'est pas réveillé, malgré le tonnerre.
He didn't awake in spite of the thunder.

réveillé, e adj. : awake

revenir [rəvniːr] v. (47) : to come back

N'oublie pas de revenir avant cinq heures.
Don't forget to come back before five (o'clock).

au revoir! [rəvwaːr] : good bye!

rhume [rym] m. : cold

J'ai attrapé un rhume.
I have caught a cold.

riche [riʃ] adj. : rich

Il n'est pas riche. *He is not rich.*

rideau(x) [rido] m. : curtain

Tire les rideaux. *Draw the curtains.*

rien [rjɛ̃] : nothing

Tu n'auras rien du tout. *You'll have nothing at all.*

rire [riːr] v. (43) : to laugh

Cela nous a fait rire. *That made us laugh.*
C'était pour rire! *It was a joke!*

rivière [rivjɛːr] f. : river, stream

Cette rivière traverse le village.
This stream flows through the village.

riz [ri] m. : rice

J'aime le gâteau de riz avec du caramel.
I am fond of rice pudding with caramel.

robe [rɔb] f. : dress

roi [rwa] m. : king

Le roi règne, mais ne gouverne pas.
The king reigns, but does not govern.

rond, ronde [rɔ̃], [rɔ̃ːd] adj. : round

Les footballeurs jouent avec un ballon rond.
Footballers play with a round ball.

rose [roːz] f., **rose** adj. : pink

— Je voudrais des roses. — Lesquelles? des roses ou des rouges?
— I should like some roses. — Which ones? pink or red (ones)?

roue [ru] f. : wheel

Les brouettes n'ont qu'une roue.
Wheel-barrows have only one wheel.

rouge [ruːʒ] adj. : red

Elle était rouge comme une écrevisse *(= crayfish).*
She was as red as a lobster (= homard).

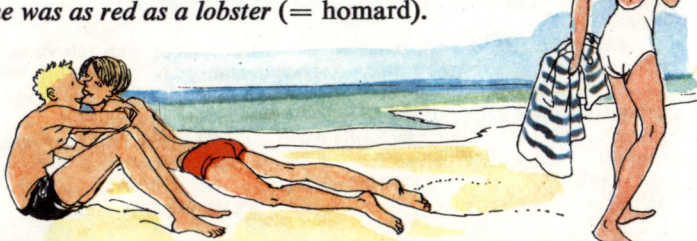

route [rut] f. : road

Peu de voitures passent sur cette route.
Few cars pass along this road.

ruban [rybɑ̃] m. : ribbon

rue [ry] f. : street

Ne traverse pas la rue sans moi.
Don't cross the street without me.

sa [sa] : her, his, its

Papa est dans sa voiture. *Dad is in his car.*
Maman est dans sa chambre. *Mummy is in her room.*
L'oiseau est dans sa cage. *The bird is in its cage.*

　　one's

On doit tenir sa langue. *One must hold one's tongue.*

sable [saːbl] m. : sand

sac [sak] m. : bag

Le sac à main de Maman est en peau de porc.
Mummy's handbag is made of pigskin.

saison [sɛzɔ̃] f. : season

Le printemps est ma saison préférée.
Spring is my favourite season.

salade [salad] f. : salad

On leur a servi de la viande froide et de la salade.
They were served cold meat and salad.

saler [sale] v. (1) : to salt

◆ mais : La salade était trop salée.
There was too much salt in the salad.

sale [sal] adj. : dirty

salir [saliːr] v. (2) : to dirty

J'ai sali mon tablier en faisant le ménage.
I dirtied my apron cleaning the house.

salle [sal] f. : room

La salle était pleine de monde.
The room was full of people.

salle de bains : bath-room

salle de classe : class-room

salle à manger : dining-room

salon [salɔ̃] m. : sitting-room

samedi [samdi] m. : Saturday

Jean et Marie ne travaillent pas le samedi.
John and Mary don't work on Saturdays.

sang [sɑ̃] m. : blood

Son mouchoir était taché de sang.
His (Her) handkerchief was stained with blood.

sans [sɑ̃] : without

Faites-le sans moi. *Do it without me.*

sans travail : out of work

santé [sɑ̃te] f. : health

Buvons à votre santé!
Let us drink your health!

49

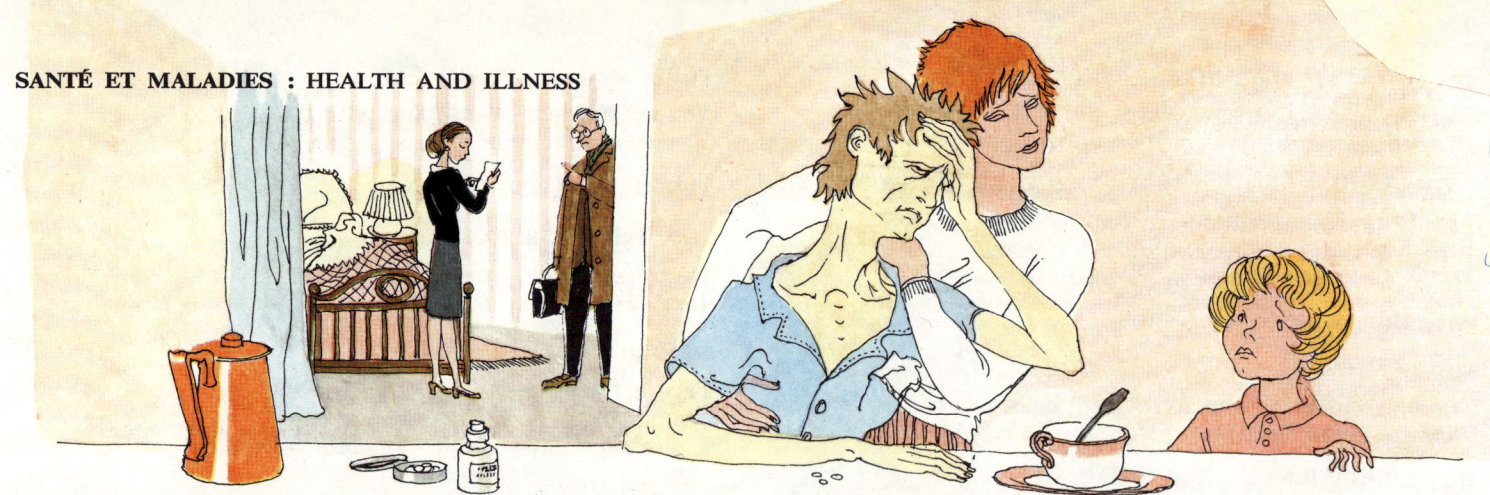

● **Une angine** : tonsillitis - **le cancer** : cancer - **la coqueluche** : hooping-cough - **la diphtérie** : diphtheria - **la fièvre** : fever - **la grippe** : influenza - **la migraine** : headache - **les oreillons** : mumps - **la paralysie** : paralysis - **la rougeole** : measles - **la toux** : cough - **la tuberculose** : tuberculosis - **la varicelle** : chicken-pox - **la variole** : smallpox. ● **Contagieux(euse)** : contagious - **une épidémie** : an epidemic - **un microbe** : a germ - **un vaccin** : a vaccine - **vacciner** : to vaccinate. ● **L'appendicite** : appendicitis - **une bosse** : a bump - **une brûlure** : a burn - **une cicatrice** : a scar - **une écorchure** : a scratch - **une entorse** : a sprain - **une écharde** : a splinter - **une fracture** : a fracture - **un infirme** : a cripple - **une plaie** : a wound. ● **Une**

ambulance : an ambulance - **un brancard** : a stretcher - **une consultation** : a consultation - **une infirmière** : a nurse - **une ordonnance** : a prescription - **la Sécurité sociale** : National Health Service. ● **Un cachet** : a tablet - **une compresse** : a compress - **une opération** : an operation - **une pilule** : a pill - **une pastille** : a lozenge - **du sirop** : syrup - **un pansement** : a dressing - **une piqûre** : an injection - **du poison** : poison - **une radio** : an X-ray - **un thermomètre** : a thermometer. ● **Avaler** : to swallow - **boîter** : to limp - **éternuer** : to sneeze - **étouffer** : to choke - **frictionner** : to rub - **maigrir** : to get thin - **saigner** : to bleed - **tousser** : to cough - **soigner** : to nurse - **prendre le pouls** : to feel the pulse.

sapin [sapɛ̃] m. : fir-tree

saut [so] m. : jump, leap

Le saut en hauteur n'est pas mon point fort.
The high jump is not my strong point.

sauter [sote] v. (1) : to jump, to leap

Les saumons sautent hors de l'eau.
Salmon leap out of the water.

sauvage [sova:ʒ] adj. : wild

J'aime le parfum de la lavande sauvage.
I like the smell of wild lavender.

se sauver [sove] v. (1) : to run away

Il s'est sauvé dans le bois. *He ran away into the wood.*

savoir [savwa:r] v. (44) : to know

Je sais que c'est vrai. *I know (that) it is true.*
Elle sait faire la cuisine. *She knows how to cook.*

can, could

Savez-vous parler français? *Can you speak French?*
Elles ne savaient pas coudre. *They could not sew.*

savon [savɔ̃] m. : soap

SCIENCES ET TECHNIQUES : SCIENCE AND TECHNOLOGY

● **L'acier** : steel - **l'aluminium** : aluminium - **du cuivre** : copper - **l'étain** : tin - **du fer-blanc** : tin - **de l'hydrogène** : hydrogen - **du métal** : metal - **du plomb** : lead - **de l'uranium** : uranium - **du zinc** : zinc - **la rouille** : rust. ● **Inoxydable** : stainless - **artificiel(lle)** : artificial. ● **Un aimant** : a magnet - **un atome** : atom - **une antenne** : an aerial - **un cheval-vapeur** : horse-power - **une découverte** : a discovery - **l'énergie** : energy - **l'électronique** : electronics - **une fusée** : a rocket - **un laboratoire** : a laboratory - **une loupe** : a magnifying glass - **un microscope** : a microscope - **nucléaire** :

nuclear - **une réaction** : a reaction - **le radar** : radar - **un télescope** : a telescope. ● **Un barrage** : a dam - **une benne** : a tipping-wagon - **un câble** : a cable - **une chute d'eau** : a waterfall - **un derrick** : a derrick - **une dynamo** : a dynamo - **une grue** : a crane - **un pipe-line, un oléoduc** : a pipe-line - **un réservoir** : a tank - **un transformateur** : a transformer. ● **Du mazout** : fuel-oil - **un puits de pétrole** : an oil-well - **une raffinerie** : a refinery. ● **Un chimiste** : a chemist - **un industriel** : a manufacturer - **un ingénieur** : an engineer - **un inventeur** : an inventor - **un savant** : a scientist.

scier [sje] v. (1) : to saw

se [sə], **s'** : herself

Elle s'est vite consolée. *She consoled herself quickly.*

>himself

Il se fera mal avec ce couteau.
He'll hurt himself with this knife.

>itself

Le cheval s'est blessé quand il a pris peur.
The horse hurt itself when it took fright.

>oneself

C'est drôle de se voir dans ces miroirs déformants.
It's funny to see oneself in those distorting mirrors.

>themselves

Ils se sont bien amusés. *They enjoyed themselves a lot.*

>each other

Les deux sœurs se tiennent par la main.
The two sisters are holding each other by the hand.

>one another

Ils s'aident. *They help one another.*
◆ Elle se coupe les ongles. *She is cutting her nails.*

seau(x) [so] m. : pail

Les seaux en plastique sont bien pratiques.
Plastic pails are very useful.

sec, sèche [sɛk, sɛʃ] adj. : dry

sécher [seʃe] v. (5) : to dry

Sèche tes larmes et viens avec nous.
Dry your tears and come with us.

second, onde [səgɔ̃, ɔ̃:d] adj. : second

Tu es le second de la liste. *You are the second on the list.*

secouer [səkwe] v. (1) : to shake

Elle secoue le tapis par la fenêtre.
She is shaking the carpet out of the window.

secours [səkur] m. : help

Au secours! *Help! Help!*

seize [sɛ:z] : sixteen

sel [sɛl] m. : salt

Le sel de cuisine est meilleur marché que le sel de table.
Cooking salt is cheaper than table salt.

semaine [səmɛn] f. : week

En semaine, nous prenons le car.
During the week, we go by coach.

sens [sã:s] m. : direction

Nous allions en sens contraire.
We were going in opposite directions.

>meaning

Ce que tu dis n'a pas de sens. *What you say has no meaning.*

sentir [sãti:r] v. (33) : to smell

Je suis enrhumé et je ne sens rien.
I have a cold and I can't smell anything.

se sentir : to feel

« Je me sens en appétit », disait l'Ogre.
« *I feel hungry,* » *the Ogre said.*

sept [sɛt] : seven; **septième** : seventh

septembre [sɛptã:br] m. : September

serpent [sɛrpã] m. : snake

Le serpent est un animal à sang froid.
The snake is a cold-blooded animal.

serrer [sɛre] v. (1) : to squeeze

Ces chaussures me serrent les orteils.
These shoes squeeze my toes.
◆ mais : Serrer la main à : *to shake hands with.*

serrure [sɛry:r] f. : lock

service [sɛrvis] m. : set

Son service à café est ancien. *Her coffee-set is old.*

rendre service : to do a good turn

serviette [sɛrvjɛt] f. : towel

Ma serviette est tombée dans la baignoire.
My towel fell into the bath.

>napkin

Plie ta serviette avant de quitter la table.
Fold your napkin before leaving the table.

servir [sɛrvi:r] v. (45) : to serve

On nous a servi un excellent café.
We were served excellent coffee.

se servir (de) : to use

Je me sers souvent de mon dictionnaire.
I often use my dictionary.

>to help

Servez-lui du pudding. *Help him (her) to pudding.*

ses [sɛ] : her, his, its

Elle a perdu ses affaires. *She lost her things.*
Il perd ses cheveux. *He is losing his hair.*
L'arbre perd ses feuilles. *The tree loses its leaves.*

>one's

On aime voir souvent ses amis. *It's nice to see one's friends often.*

un(e) de ses ... : a(n) ... of his, of hers, of its

Nous avons vu un de ses tableaux.
We saw a picture of his (hers).

seul, seule [sœl] adj. : alone

Ma tante vit seule. *My aunt lives alone.*

>single

Il n'a pas un seul ami. *He has not a single friend.*

seulement [sœlmɑ̃] : only

Il est arrivé seulement hier. *He came only yesterday.*

si [si] : if

Je le réparerai si je le peux.
I will mend it if I can.

    whether

Elle a demandé si c'était vrai.
She asked whether it was true.

          so

        Où cours-tu si vite?

Where are you running so quickly?

    yes

— Ne fais pas cela. — Si, je le ferai.
— Don't do that. — Yes, I will.

le sien [sjɛ̃], **la sienne** [sjɛn] : hers

Grand-mère garde les siens dans une boîte.
Grandmother keeps hers in a box.

    his

Ce n'est pas ma cravate, c'est la sienne
That's not my tie, it's his.

    its (own)

La louve nourrissait le sien.
The she-wolf was feeding its own (cub).

siffler [sifle] v. (1) : to whistle

sifflet [siflɛ] m. : whistle

L'agent a donné un coup de sifflet.
The policeman blew his whistle.

silence [silɑ̃s] m. : silence

Apprenez vos leçons en silence. *Learn your lessons in silence.*

simple [sɛ̃pl] adj. : simple

Nous comprenons les phrases simples.
We understand simple sentences.

    easy

C'est simple comme bonjour.
It's as easy as A B C.

    plain

Elle portait une robe toute simple.
She was wearing a plain dress.

    single

Le prix du billet simple est de vingt francs.
The price of the single ticket is twenty francs.

singe [sɛ̃ʒ] m. : monkey

Il est malin comme un singe.
He is as mischievous as a monkey.

six [si, sis] : six; **sixième** : sixth

sœur [sœr] f. : sister

Sa sœur s'est mariée avec mon frère.
His (Her) sister married my brother.

soi [swa], **soi-même** : oneself

Il faut le faire soi-même pour savoir ce que c'est.
One must do it oneself to know what it is like.

soie [swa] f. : silk

Sa cravate est en soie. *His tie is made of silk.*

soif [swaf] f. : thirst

avoir soif : to be thirsty

J'ai soif. *I am thirsty.*

prendre soin [swɛ̃] m. : to take care

Il prend soin de ses plantes. *He takes care of his plants.*

soir [swaːr] m.; **soirée** [sware] f. : evening

Il arrivera à huit heures du soir.
He'll arrive at eight in the evening.

    night

Je l'ai vu hier soir. *I saw him last night.*

ce soir : tonight

Nous allons au théâtre ce soir.
We are going to the theatre tonight.

soixante [swasɑ̃ːt] sixty

soixante-dix : seventy

sol [sɔl] m. : ground

Le serpent rampe sur le sol. *The snake crawls on the ground.*

soleil [sɔlɛːj] m. : sun

Le soleil a brillé toute la journée. *The sun shone all day long.*

sombre [sɔ̃ːbr] adj. : dark

Le ciel est sombre, il va pleuvoir.
The sky is dark, it's going to rain.

sommeil [sɔmɛːj] m. : sleep

avoir sommeil : to be sleepy

Il avait si sommeil qu'il s'est endormi sur sa chaise.
He was so sleepy that he fell asleep on his chair.

    to feel sleepy

Je vais dans ma chambre parce que j'ai sommeil.
I'm going to my room because I feel sleepy.

son [sɔ̃] : her, his, its

La mère et son enfant. *The mother and her child.*
Le père et son fils. *The father and his son.*
Le loup et son louveteau. *The wolf and its cub.*

    one's

On doit se contenter de son sort.
One must be satisfied with one's lot.

son [sɔ̃] m. : sound

sonner [sɔne] v. (1) : to ring

Le téléphone n'a pas arrêté de sonner de toute la soirée.
The telephone didn't stop ringing all evening.

sorte [sɔrt] f. : kind

Nous avons vu toutes sortes d'animaux.
We saw all kinds of animals.

sortie [sɔrti] f. : way-out

La sortie est indiquée par une flèche.
The way out is shown by an arrow.

sortir [sɔrtiːr] v. (34) : to go out, to come out

Sors d'ici, je veux te parler.
Come out of here, I want to talk to you.
Il est sorti avant moi. *He went out before me.*

souffler [sufle] v. (1) : to blow

Il souffle sur ses doigts pour les réchauffer.
He is blowing on his fingers to warm them.

souffrir [sufriːr] v. (38) : to suffer

Ces peuples ont souffert de la faim.
Those peoples suffered from hunger.

souhaiter [swɛte] v. (1) : to wish

Je vous souhaite une heureuse année.
I wish you a happy new year.

soulever [sulve] v. (5) : to lift

Soulève le couvercle et regarde si l'eau bout.
Lift the lid and see if the water is boiling.

soulier [sulje] m. : shoe

soupe [sup] f. : soup

Mange ta soupe, elle n'est pas trop chaude.
Drink your soup, it's not too hot.

source [surs] f. : spring

Une source est l'endroit où l'eau sort de terre.
A spring is the place where water comes out of the ground.

sourd, sourde [suːr, suːrd] adj. : deaf

sourire [suriːr] v. (43) : to smile

Eh bien! Votre professeur ne sourit pas souvent!
Well! Your teacher doesn't often smile!

souris [suri] f. : mouse

Le chat joue avec une souris. *The cat is playing with a mouse.*

sous [su] : under

Mets un oreiller sous sa tête. *Put a pillow under his (her) head.*

se souvenir [suvniːr] v. (47) : to remember

Je me souviens qu'il pleuvait à verse ce jour-là.
I remember it was raining cats and dogs on that day.

souvent [suvã] : often

Ceci vous arrive-t-il souvent? *Does this often happen to you?*

spectacle [spɛktakl] m. : spectacle

SPECTACLES ET DISTRACTIONS :
SHOWS AND ENTERTAINMENTS

● **La fête foraine** : the fair - **un acrobate** : an acrobat - **le chapiteau** : the tent - **un clown** : a clown - **un dompteur** : a tamer - **un équilibriste** : an equilibrist - **un jongleur** : a juggler - **un lutteur** : a wrestler - **la piste** : the ring - **un prestidigitateur** : a conjurer - **le trapèze** : the trapeze - **une baraque** : a booth - **un badaud** : a gaper - **un forain** : a showman - **les balançoires** : swings - **un manège** : a round-about - **les autos tamponneuses** : dodgems - **les chevaux de bois** : the merry-go-round - **un jeu de massacre** : Aunt Sally - **un toboggan** : a toboggan. ● **Un feu de bengale** : a Bengal light - **le feu d'artifice** : fireworks - **la fanfare** : the brass-band - **un lampion** : a fairy lamp - **un masque** : a mask - **un pétard** : a firecracker - **des confetti** : confetti - **la retraite aux flambeaux** : the torch-light tattoo - **un char fleuri** : a float. ● **Le cinéma** : **les actualités** : the newsreel - **la cabine de projection** : the projection booth - **la caméra** : the camera - **un documentaire** : a documentary film (U. S. : travelog) - **un écran** : a screen - **un film muet, parlant, en couleurs** : a silent, sound, colour film - **un micro** : a microphone - **la publicité** : advertising - **une vedette** : a star - **le haut-parleur** : the loud-speaker. ● **Le théâtre** : **un acteur** : an actor - **une actrice** : an actress - **le décor** : the scenery - **un entracte** : an interval - **une ouvreuse** : an usherette - **la scène** : the stage - **un siège** : a seat - **le programme** : the programme - **le spectacle** : the show - **un spectateur** : a spectator - **le succès** : success - **une pièce** : a play - **applaudir** : to applaud - **complet** : full house.

sport [spɔːr] m. : sport

La course est un sport sain. *Running is a healthy sport.*

station [stasjɔ̃] f. : station

Où est la plus proche station de métro? *Where is the nearest underground station?*

stylo [stilo] m. : (fountain-)pen

sucre [sykr] m. : sugar

Guillaume ne prend pas de sucre dans son café. *William doesn't take sugar in his coffee.*

sud [syd] m. : south

Elles vivent au sud de la Loire. *They live south of the Loire.*

suivant, ante [sɥivɑ̃, ɑ̃ːt] adj. : following

Il revint le jour suivant. *He came back the following day.*

next

Vous descendrez à la station suivante.
You will get off at the next station.

suivre [sɥivr] v. (46) : to follow

Son petit chien la suit partout.
Her little dog follows her everywhere.
A suivre... *To be continued...*

au sujet de : about

Ils se disputent au sujet de l'heure.
They are quarelling about the time.

supérieur, eure [syperjœːr] adj. : upper

Elle tomba et se blessa la lèvre supérieure.
She fell and hurt her upper lip.

sur [syr] : on, upon

Elle est assise sur une chaise basse. *She is sitting on a low chair.*

over

Les nuages passent sur la plaine.
The clouds are passing over the plain.

out of

J'ai eu treize sur vingt. *I got thirteen out of twenty.*

with

Je n'ai pas d'argent sur moi. *I have no money with me.*

sûr, sûre [syr] adj. : sure

Je suis sûre qu'il viendra. *I am sure he will come.*

sûr, sûre adj. : safe

Mettez votre argent dans un endroit sûr.
Put your money in a safe place.

sûrement [syrmɑ̃] : surely

surprendre [syrprɑ̃ːdr] v. (42) : to surprise

Cette triste nouvelle nous a surpris. *This sad news surprised us.*

surveiller [syrveje] v. (1) : to look after

Surveille les enfants. *Look after the children.*

suspendre [syspɑ̃ːdr] v. (4) : voir PENDRE

ta [ta] : your

Ta manche est déchirée. *Your sleeve is torn.*

tabac [taba] m. : tobacco

Où est le bureau de tabac? *Where is the tobacconist's?*

table [tabl] f. : table

Mettons-nous à table. *Let us sit down to table.*

● **Une côtelette** : a chop - **un gigot** : a leg of mutton - **une grillade** : grilled meat - **du jambon** : ham - **du lard** : bacon - **un pâté** : a pie (U. S. : a pate) - **du rosbif** : roastbeef - **une saucisse** : a sausage - **le pot-au-feu** : boiled beef - **un sandwich** : a sandwich. ● **Un œuf à la coque, sur le plat, dur** : a boiled, fried, hard boiled egg, - **un œuf au jambon** : egg and bacon - **des œufs brouillés** : scrambled eggs - **une omelette** : an omelet - ● **Des frites** : chips - **des lentilles** : lentils - **des nouilles** : noodles - **de la purée** : mashed potatoes. ● **Des condiments** : pickles - **des conserves** : preserves - **du jus** : gravy - **la moutarde** : mustard - **le poivre** : pepper - **de la sauce** : sauce - **le vinaigre** : vinegar - **des sardines à l'huile** : tinned sardines. ● **Un biscuit** : a biscuit - **une brioche** : a bun - **une crêpe** : a pancake - **une tarte** : a tart - **de la pâtisserie** : pastry. ● **Du pain beurré** : bread and butter - **du pain blanc, rassis, frais** : white, stale, new bread - **un petit pain** : a roll - **la mie** : the crumb - **des miettes** : crumbs - **la croûte** : the crust - **du pain d'épice** : gingerbread. ● **Venez boire quelque chose** : Come and have a drink. ● **L'alcool** : alcohol - **du champagne** : champagne - **du cidre** : cider - **de l'eau-de-vie** : brandy - **une eau minérale** : mineral water - **une liqueur** : liqueur - **un soda** : soda-water - **une tisane** : an infusion. ● **Le bar** : the bar - **un bol** : a bowl - **une carafe** : a decanter - **un flacon** : a flask - **un tonneau** : a barrel - **ivre** : drunk. ● **Liquide** : liquid - **mousseux** : sparkling - **pétiller** : to sparkle. ● **La note** : the bill - **le garçon de café** : the waiter - **la serveuse** : the waitress - **servir à boire** : to pour out the drinks.

tableau(x) [tablo] m. : board

Qui essuiera le tableau noir? *Who will wipe the blackboard?*

picture

Connaissez-vous un tableau de Picasso?
Do you know any picture by Picasso?

tache [taʃ] f. : stain

Il y a des taches de graisse sur ta veste.
There are grease stains on your coat.

blot

J'ai fait une tache d'encre sur mon cahier.
I made an ink-blot on my exercise-book.

tacher [taʃe] v. (1) : to stain
Verse du vin sans tacher la nappe.
Pour out wine without staining the table-cloth.

tailler [tɑje] v. (1) : (crayons) to sharpen
Qui a mon taille-crayon? *Who's got my pencil-sharpener?*

se taire [tɛːr] v. (39) : to be quiet
Taisez-vous, vous êtes trop bavards.
Be quiet, you are too talkative.

tant [tɑ̃] **(de)** : (sing.) so much
Il a tant travaillé qu'il en est épuisé.
He has worked so much that he is tired out.

pl. : so many
Il a mangé tant de gâteaux qu'il en est malade.
He has eaten so many cakes that he is sick.
Tant pis! *So much the worse!*

tapis [tapi] m. : carpet
Les enfants jouent sur le tapis.
The children are playing on the carpet.

tard [taːr] : late
Le docteur est venu tard dans la nuit.
The doctor came late at night.

tas [tɑ] m. : heap

tasse [tɑːs] f. : cup
Voulez-vous une tasse de café?
Would you like a cup of coffee?

taxi [taksi] m. : taxi

te [tə], **t'** : you
Je ne te donnerai rien du tout. *I shall give you nothing at all.*

yourself
Tu ne t'es pas bien tenu à l'école.
You did not behave yourself at school.

tel, telle [tɛl] : such
De tels hommes sont utiles. *Such men are useful.*

téléphone [telefɔn] m. : (tele)phone
Entrez dans la cabine téléphonique.
Go into the telephone box.

téléphoner [telefɔne] v. (1) : to ring up
En cas de besoin, téléphonez-moi.
In case it is necessary, ring me up.

télévision [televizjɔ̃] f. : television, T.V.
Nous avons regardé la télévision jusqu'à minuit.
We watched television until midnight.

température [tɑ̃peratyːr] f. : temperature
Elle doit prendre sa température deux fois par jour.
She has to take her temperature twice a day.

temps [tɑ̃] m. : weather
Quel temps fait-il? *What's the weather like?*

time
Je lis cette revue de temps en temps.
I read this magazine from time to time.

tendre [tɑ̃ːdr] v. (4) : to hold out
Le mendiant tendit la main. *The beggar held out his hand.*

tenir [təniːr] v. (47) : to hold
Tiens la corde à deux mains. *Hold the rope with both hands.*

to keep
Qui tient sa maison? *Who keeps his (her) house?*

se tenir (bien) : to behave
Promettez-moi de bien vous tenir.
Promise me to behave yourselves (yourself).

terrain [tɛrɛ̃] m. : ground
Il n'y a pas de terrain de sport dans le village.
There is no sports ground in the village.

field
Ne laissez pas le bétail paître sur le terrain d'aviation.
Do not let the cattle graze on the airfield.

terre [tɛːr] f. : earth
La Terre est-elle vraiment ronde? *Is the Earth really round?*

land
Nous voyagerons par terre et par mer.
We shall travel by land and sea.

ground
Le chien est couché par terre.
The dog is lying on the ground.

soil
La terre est-elle bonne ici? *Is the soil good here?*

tes [tɛ] : your
Range tes crayons dans ton tiroir.
Put your pencils away in your drawer.

un(e) de tes ... : a(n) ... of yours, one of yours.
J'ai rencontré un de tes camarades.
I met a school-fellow of yours.

tête [tɛt] f. : head
Steve marchait à la tête du cortège.
Steve walked at the head of the procession.

thé [te] m. : tea
Qui veut une bonne tasse de thé?
Who wants a nice cup of tea?

théâtre [teɑːtr] m. : theatre (U.S.: theater)

ticket [tikɛ] m. : ticket
As-tu un ticket de métro?
Have you got a tube-ticket? (U. S. : a subway-ticket).

le tien [tjɛ̃], **la tienne** [tjɛn] : yours
Montre-moi les tiennes. *Show me yours.*

tigre [tigr] m. : tiger

timbre [tɛ̃br] m. : stamp
J'ai acheté un carnet de vingt timbres (-poste).
I bought a book of twenty (postage) stamps.

tirer [tire] v. (1) : to pull
Elle me tirait par le bras.
She was pulling me by the arm.
Oh! Il tire la langue!
◆ *Oh! He's putting his tongue out.*

    to draw
Tu as tiré le bon numéro. *You drew the lucky number.*

    to shoot
Ne tirez pas! C'est dangereux!
Don't shoot! It's dangerous!

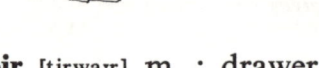

tiroir [tirwaːr] m. : drawer

tissu [tisy] m. : cloth
Mon tailleur a reçu d'Angleterre du beau tissu de laine.
My tailor has received some beautiful woollen cloth from England.

    material
En quel tissu est ce costume?
What material is this suit made of?

toi [twa] : you
Est-ce toi qui l'a fait? *Was it you who did it?*

    yourself
Regarde-toi dans la glace.
Look at yourself in the mirror.

à toi : yours
Cette balle n'est pas à toi. *This ball is not yours.*

toi-même : yourself
Les as-tu vus toi-même? *Did you see them yourself?*

faire sa toilette [twalɛt] : to get washed
Va faire ta toilette. *Go and get washed.*

toilettes : toilets, lavatories

toit [twa] m. : roof

tomber [tɔ̃be] v. (1) : to fall
Ils tombèrent de cheval. *They fell from their horses.*
◆ Il tombe de l'eau. *It's raining.*

ton [tɔ̃] : your
C'est ton tour de jouer. *It's your turn to play.*

torchon [tɔrʃɔ̃] m. : dish-cloth

tordre [tɔrdr] v. (4) : to wring
Tords le linge avant de l'étendre sur le fil.
Wring the linen before hanging it on the line.

(se) tordre : to twist
Je me suis tordu la cheville. *I twisted my ankle.*

avoir tort [tɔːr] : to be wrong
A mon avis, tu as tort. *In my opinion, you are wrong.*

tôt [to] : soon
Je ne vous attendais pas si tôt. *I didn't expect you so soon.*

    early
Cet arbre fleurit toujours très tôt.
This tree always blossoms early.

toucher [tuʃe] v. (1) : to touch
Prière de ne pas toucher. *Please, don't touch.*

toujours [tuʒuːr] : always
Il est toujours le premier servi.
He is always the first to be served.

    (for) ever
Je t'aimerai toujours. *I shall love you for ever.*

    still
Le vieux chien est toujours vivant. *The old dog is still alive.*

tour [tuːr] f. : tower
La tour de contrôle dirige les avions.
The control tower directs the planes.

    m. : turn
Chacun parlera à son tour. *Every one will speak in turn.*

(se) tourner [turne] v. (1) : to turn
Tournez-vous vers la lumière, s'il vous plaît.
Please turn towards the light.

tousser [tuse] v. (1) : to cough
Paul a toussé pendant trois jours.
Paul has been coughing for three days.

tout, toute [tu, tut], **tous, toutes** adj. : all
Je les connais tous. *I know them all.*

    whole
Toute la ville était en feu. *The whole town was on fire.*

    any
Tout élève passant par ce couloir sera puni.
Any pupil going along this passage will be punished.

    every
Cette boutique est ouverte tous les jours.
This shop is open every day.

tout [tu] m. : everything
Tout est prêt dans ma chambre.
Everything is ready in my room.

tout à coup : all of a sudden
Tout à coup, la porte s'ouvrit.
All of a sudden the door opened.

tout à fait : quite
Il est tout à fait sûr de venir avec nous.
He is quite sure he'll come with us.

tout le monde : everybody, everyone
Bonjour, tout le monde! *Good morning, everybody!*

tout de suite : at once

Obéis tout de suite! *Obey at once!*

traduction [tradyksjɔ̃] f. : translation

« No smoking » est la traduction anglaise du français « Défense de fumer ».
« *Défense de fumer* » *is the French translation of the English "No smoking".*

traduire [tradɥiːr] v. (18) : to translate

train [trɛ̃] m. : train

Louis n'a pas pris le train de Bordeaux.
Lewis did not take the Bordeaux train.

être en train de ... : to be ...ing

Il est en train de manger. *He is eating.*
Nous étions en train de lire. *We were reading.*

tranche [trãːʃ] f. : slice

Elle a coupé le rôti en tranches minces.
She carved the roast into thin slices.

tranquille [trãkil] adj. : quiet

Le petit village est tranquille au printemps.
The small village is quiet in spring.

rester tranquille : to keep quiet

Ces enfants ne peuvent pas rester tranquilles.
These children can't keep quiet.

transporter [trãspɔrte] v. (1) : to carry

Le premier wagon transportait du charbon.
The first truck was carrying coal.

travail m. [travaːj], **travaux** [travo] pl. : work

Voyons votre travail. *Let us see your work.*

> job

Il fait de petits travaux. *He does odd jobs.*

travailler [travaje] v. (1) : to work

à travers [travɛːr] : through

Le fantôme passa à travers le mur.
The ghost went through the wall.

> across

Nous avons coupé à travers bois.
We cut across the woods.

traverser [travɛrse] v. (1) : to cross

Nous avons besoin d'un bateau pour traverser la rivière.
We need a boat to cross the river.

> verbe + across

Il traversera la rivière à la nage. *He will swim across the river.*

treize [trɛːz] : thirteen

trembler [trãble] v. (1) : to tremble

Tout le monde tremblait en sa présence.
Everyone trembled in his presence.

> to shake

Il tremblait comme une feuille. *He was shaking like a leaf.*

> to shiver

Le vent froid le faisait trembler. *The cold wind made him shiver.*

trente [trãːt] : thirty

très [trɛ] : very

La porte n'est pas très large. *The door is not very wide.*

triste [trist] adj. : sad

Tu parais triste aujourd'hui. *You look sad today.*

trois [trwɑ] : three; **troisième** : third

se tromper [trɔ̃pe] v. (1) : to make a mistake

Je crains de m'être trompé. *I am afraid I made a mistake.*

> to be mistaken

Si je ne me trompe pas, nous nous sommes déjà rencontrés.
If I am not mistaken, we have met before.

se tromper de ... : to take the wrong ...

Ils se sont trompés de chemin. *They took the wrong way.*

trop [tro] : too

Il est trop fatigué pour aller plus loin.
He is too tired to go any farther.

trop de : (sing.) too much; (pl.) too many

« On n'a jamais trop d'argent ni trop d'amis. »
"One can never have too much money nor too many friends."

trottoir [trɔtwaːr] m. : pavement (U.S.: sidewalk)

trou [tru] m. : hole

Je ne peux pas trouver le trou de la serrure.
I can't find the keyhole.

trouver [truve] v. (1) : to find

J'ai trouvé une pièce dans le sable. *I found a coin in the sand.*

T. S. F. (= télégraphie sans fil) : wireless

tu [ty] : you

Tu chantes bien. *You sing well.*

tube [tyb] m. : tube

Si tu sors, achète-moi un tube de colle.
If you go out, buy me a tube of glue.

tuer [tɥe] v. (1) : to kill

Le renard a tué quatre poulets cette nuit.
The fox killed four chickens last night.

un, une [œ̃, yn] adj. : a, an

Un garçon doit toujours être propre.
A boy must always be clean.
Ils ont eu un accident. *They had an accident.*

> adj. et pr. : one

Je n'ai cassé qu'un œuf. *I only broke one egg.*
Prenez-les un par un. *Take them one by one.*
L'une d'elles est ma sœur. *One of them is my sister.*
◆ mais : Ce n'est pas un de mes amis.
He is not a friend of mine.

(les) uns : some

Les uns sont contents, les autres se plaignent.
Some are pleased, others complain.

l'un et l'autre : both
L'un et l'autre ont répondu à ma lettre.
Both answered my letter.

l'un ou l'autre : either
— Lequel prendras-tu? — L'un ou l'autre ira.
— *Which will you take?* — *Either will do.*

ni l'un ni l'autre : neither
Ni l'un ni l'autre ne m'a écrit. *Neither of them wrote to me.*

user [yze] v. (1) : to wear out
Il use ses vêtements en un rien de temps.
He wears out his clothes in no time.

usine [yziːn] f. : factory
Les ouvriers quittent l'usine à six heures.
The workers leave the factory at six.

utile [ytil] adj. : useful
A la campagne, les bottes sont plus utiles que les souliers.
Boots are more useful than shoes in the country.

vacances [vakɑ̃ːs] f. pl. : holiday(s)
Nous irons en Suisse pendant les vacances de Noël.
We shall go to Switzerland during the Christmas holidays.

vache [vaʃ] f. : cow
La fermière trait ses vaches deux fois par jour.
The farmer's wife milks her cows twice a day.

vague [vag] f. : wave
Les vagues avaient au moins deux mètres de haut.
The waves were at least two metres high.

faire la vaisselle [vɛsɛl] : to wash up
    (U. S. : to wash the dishes)

valise [valiːz] f. : suit-case

valoir [valwaːr] v. (48) : to be worth
Cette maison vaut plus de quarante mille francs.
This house is worth more than forty thousand francs.

valoir mieux : to be better
Il vaut mieux rester ici. *It is better to stay here.*

vapeur [vapœːr] f. : steam
La cuisine est pleine de vapeur.
The kitchen is full of steam.

veau(x) [vo] m. : (animal) calf
Il y a quinze veaux dans le pré.
There are fifteen calves in the meadow.

    (boucherie) : veal
On leur servira du rôti de veau et des petits pois.
They will be served roast veal with green peas.

vélo [velo] m. : bike

vendre [vɑ̃ːdr] v. (4) : to sell
Mon voisin veut vendre sa voiture.
My neighbour wants to sell his car.
Maison à vendre. *House for sale.*

vendredi [vɑ̃drədi] m. : Friday

venir [vəniːr] v. (47) : to come
D'où vient cette fumée? *Where is this smoke coming from?*

venir + infinitif : to come and + verbe
Viens jouer avec nous. *Come and play with us.*

venir de (passé proche) : to have just
Ils venaient de dîner. *They had just had their dinner.*

vent [vɑ̃] m. : wind
Quel bon vent vous amène? *What good wind brings you here?*

vente [vɑ̃ːt] f. : sale
Cette maison est-elle en vente? *Is this house for sale?*

ver [veːr] m. : worm
As-tu vu des vers luisants cet été?
Did you see glow-worms this summer?

vérité [verite] f. : truth

verre [veːr] m. : glass
Je voudrais un verre d'eau fraîche.
I would like a glass of cold water.

vers [veːr] : towards
Il va vers la maison. *He is going towards the house.*

verser [vɛrse] v. (1) : to pour
As-tu versé le lait sur le cacao?
Did you pour the milk on the cocoa?

vert, verte [veːr, veːrt] adj. : green
Ne traverse pas encore, le feu est toujours au vert.
Don't cross yet, the light is still green.

veste [vɛst] f. : coat
Boutonne ta veste. *Button your coat.*

vêtements [vɛtmɑ̃] m. pl. : clothes
Je mets de vieux vêtements pour jardiner.
I wear old clothes for gardening.

viande [vjɑ̃ːd] f. : meat

vide [viːd] adj. : empty
J'ai cassé deux verres vides. *I broke two empty glasses.*

vider [vide] v. (1) : to empty

vie [vi] f. : life
Ils ont perdu la vie dans un accident d'avion.
They lost their lives in a plane crash.

vieux, vieille [vjø, vjɛːj] adj. : old
Ce sont des vieux livres. *These are old books.*
◆ Comment vas-tu, mon vieux? *How are you, old chap?*

village [vilaːʒ] m. : village
La route principale traverse le village.
The main road goes through the village.

ville [vil] f. : town
Ils se sont promenés dans la ville. *They walked about the town.*
    city
Londres et Paris sont de grandes villes.
London and Paris are big cities.

vin [vɛ̃] m. : wine

Voudriez-vous un verre de vin blanc?
Would you like a glass of white wine?

vingt [vɛ̃] : twenty

violet, ette [vjɔlɛ, ɛt] adj. : violet

Veux-tu m'apporter une bouteille d'encre violette?
Will you bring me a bottle of violet ink?

violette f. : violet

visage [vizaːʒ] m. : face

visite [vizit] f. : visit

Leur visite m'a fait grand plaisir. *Their visit pleased me a lot.*

visiter [vizite] v. (1) : to visit

Nous visiterons le Louvre et Notre-Dame.
We shall visit the Louvre and Notre-Dame.

vite [vit] : fast

N'allez pas si vite, attendez-moi! *Don't go so fast, wait for me!*

    quickly

Ça a été vite fait. *It was quickly done.*

vitesse [vitɛs] f. : speed

Ils allaient à toute vitesse. *They were going at full speed.*

faire de la vitesse : to speed

vitre [vitr] f. : window-pane

vitrine [vitrin] f. : shop-window

Les vitrines de Paris sont souvent disposées avec goût.
Shopwindows in Paris are often attractively set out.

vivant, ante [vivɑ̃, ɑ̃ːt] adj. : living

Les êtres vivants sont innombrables.
Living creatures are innumerable.

vive ...! [viːv] : long live ...!

vivre [viːvr] v. (49) : to live

Il vit dans les nuages. *He lives in the clouds.*

voici [vwasi] : here is, this is

Le voici! *Here he is!*
Voici mon ami. *This is my friend.*

    here are, these are

Nous voici! *Here we are!*
Voici vos gants. *These are your gloves.*

voilà [vwala] : there is, that is

Voici mon parapluie et voilà le vôtre.
Here is my umbrella and there is yours.

    there are, those are

Voilà les photos dont je vous avais parlé.
Those are the photos I told you about.
Nous voilà! *There we are!*

voir [vwaːr] v. (50) : to see

Tu peux te voir dans le miroir.
You can see yourself in the mirror.

voisin, ine [vwazɛ̃, in] m. et f. : neighbour

Nos voisins d'à côté sont des gens aimables.
Our next-door neighbours are nice people.

    adj. : neighbouring

Elles vivent dans la ville voisine.
They live in the neighbouring town.

voiture [vwatyːr] f. : car

◆ En voiture! (G.-B.) *Take your seats!* (U. S.) *All aboard!*

aller en voiture : to drive

● **Voulez-vous monter dans ma voiture?** Shall I give you a lift? ● **Une aile** : a wing - **le capot** : the bonnet - **le coffre** : the luggage-boot - **le cric** : the jack - **le démarreur** : the starter - **les essuie-glaces** : the windscreen-wipers - **les freins** : brakes - **l'avertisseur** : the horn - **un pare-chocs** : a bumper - **un phare** : a headlight - **la portière** : the door - **le rétroviseur** : the driving mirror - **la roue de secours** : the spare wheel -

le volant : the steering-wheel. ● **Accélérer** : to accelerate - **crever** : to have a puncture - **croiser** : to meet - **dégonflé** : flat - **démarrer** : to start - **dépasser, doubler** : to overtake - **déraper** : to skid - **éclater** : to burst - **freiner** : to brake - **se garer** : to park - **gonfler** : to blow up - **ralentir** : to slow down - **reculer, aller en marche arrière** : to reverse - **aller à toute vitesse** : to go at full speed - **passer en 1ʳᵉ, 2ᵉ, 3ᵉ** : to engage 1st, 2nd, 3 d gear - **faire du 100 à l'heure** : to do 100 km an hour - **changer de vitesse** : to change gear - **faire le plein** : to fill up - **une auto-école** : a driving school - **le Code de la route** : the Highway Code.

voix [vwa] f. : voice
Le professeur a une extinction de voix.
The teacher has lost his (her) voice.

voler [vɔle] v. (1) : to fly
Le papillon vole de fleur en fleur.
The butterfly flies from flower to flower.

voler : to steal
On a retrouvé le tableau volé.
The stolen picture has been found.

to rob
On a volé le trésor d'Harpagon; qui est le voleur?
Harpagon was robbed of his treasure; who was the thief?

voleur, euse [vɔlœr, øz] m. et f. : thief
Les policiers ont arrêté une bande de voleurs.
The police have arrested a gang of thieves.

robber
Je crois que j'entends des voleurs dans notre grenier.
I believe I can hear robbers in our attic.

vos [vo] : your
Vos enfants sont-ils ici? *Are your children here?*

un(e) de vos ... : a ... of yours, one of your ...
Un de vos élèves vous demande.
A pupil of yours is asking for you.

votre [vɔtr] : your
Votre fille est-elle là? *Is your daughter there?*

le vôtre [voːtr] : yours
Notre fils n'est pas aussi grand que le vôtre.
Our son is not so tall as yours.

vouloir [vulwaːr] v. (51) : will
Voulez-vous me donner du pain?
Will you give me some bread?

to want
Je veux parler à votre père. *I want to speak to your father.*

to wish
Qui veut venir avec moi? *Who wishes to come with me?*

to like
Viens demain, si tu veux. *Come tomorrow if you like.*

vouloir dire : to mean
Cette phrase ne veut rien dire.
This sentence doesn't mean anything.

vous [vu] : you
Il vous le dira et vous l'écouterez.
He will tell you and you will listen to him.

(réfléchi) : yourself
Vous êtes-vous blessé? *Did you hurt yourself?*

(réfléchi) : yourselves
Vous ne vous êtes pas blessés. *You have not hurt yourselves.*

à vous (possessif) : yours
Ce chien est-il à vous? *Is this dog yours?*

vous-même : yourself
L'avez-vous entendue vous-même? *Did you hear her yourself?*

vous-mêmes : yourselves

voyage [vwajaːʒ] m. : journey
Il part pour un voyage de six semaines.
He is going on a six weeks' journey.

travel
As-tu aimé « les Voyages de Gulliver »?
Did you like "Gulliver's Travels"?

voyager [vwajaʒe] v. (7) : to travel
Il a voyagé dans de nombreux pays.
He has travelled in many countries.

voyageur, euse [vwajaʒœːr, øːz] : traveller
Son beau-frère est voyageur de commerce.
Her brother-in-law is a commercial traveller.

passenger
Les voyageurs pour Lyon, en voiture s'il vous plaît!
Will passengers for Lyons please take their seats!

vrai, e [vrɛ] adj. : true
Est-ce vrai qu'il va partir? *Is it true he is leaving?*

vue [vy] f. : sight
Je les connais de vue. *I know them by sight.*

view
J'ai rapporté quelques vues de Londres.
I brought back a few views of London.

wagon [vagɔ̃] m. : carriage
◆ mais : Un wagon-lit : *a sleeping-car;* un wagon de marchandises : *a goods truck...*

y [i] : there
Elle s'y est souvent promenée. *She often walked there.*

it
L'endroit est bruyant, mais vous vous y habituerez.
The place is noisy, but you'll get used to it.

yeux [jø] m. pl. : eyes
Ferme les yeux et compte jusqu'à vingt.
Close your eyes and count up to twenty.

zéro [zero] m. : zero
Il y a huit au-dessous de zéro. *It is eight degrees below zero.*
J'ai eu zéro. *I got a nought.*

zoo [zɔo] m. : zoo
Allons au zoo voir les singes.
Let's go to the zoo and watch the monkeys.

Abréviations — Abbreviations

adj.	adjectif	*adjective*
adv.	adverbe	*adverb*
aux.	auxiliaire	*auxiliary*
cond.	conditionnel	*conditional*
f.	féminin	*feminine*
imp.	imparfait	*imperfect*
Imp.	impératif	*imperative*
ind.	indicatif	*indicative*
invar.	invariable	*invariable*
m.	masculin	*masculine*
n.	nom anglais	*noun*
pl.	pluriel	*plural*
p.p.	participe passé	*past participle*
p.pr.	participe présent	*present participle*
pr.	présent	*present*
prép.	préposition	*preposition*
pron.	pronom	*pronoun*
s.	substantif	*substantive*
subj.	subjonctif	*subjonctive*
U.S.	Etats-Unis	*United States*
v.	verbe	*verb*

◆ This sign indicates the idiomatic use of a word. It is followed by *but* or *mais* to stress the difference.

SONS ANGLAIS

SIGNE	MOT TYPE ANGLAIS	SIGNE	MOT TYPE ANGLAIS
[i]	*if*	[f]	*farm*
[iː]	*peas; feel*	[v]	*veal*
[e]	*get*	[t]	*tart*
[æ]	*bag; can*	[d]	*door*
[ɑː]	*alarm; army*	[m]	*mud*
[ɑ]	*coffee; cock*	[n]	*nor*
[ɔː]	*law; hot*	[l]	*lay*
[o]	*November*	[r(*)]	*rest*
[u]	*book; put*	[j]	*yes*
[uː]	*pool*	[ʃ]	*ship*
[ʌ]	*glove; come*	[tʃ]	*cheek*
[əː]	*bird*	[ʒ]	*measure*
[ə]	*again*	[dʒ]	*jam*
[ɛə]	*air*	[k]	*kiss*
[ei]	*pay*	[g]	*give*
[ai]	*tie*	[h]	*here; his*
[ou]	*go; flow*	[ŋ]	*sing*
[au]	*cow*	[s]	*ski; seem*
[ɔi]	*boy*	[z]	*position*
[iə]	*here*	[ks]	*accident*
[ju]	*few*	[gz]	*exam*
[w]	*wait; wet*	[θ]	*thick*
[p]	*part*	[ð]	*breathe*
[b]	*beef*		

FRENCH SOUNDS

Sign	French type	Sign	French type
[i]	m*i*di	[ɔ̃ː]	n*om*bre
[iː]	démol*i*r; fam*i*lle	[œ̃]	auc*un*; l*un*di
[e]	cl*é*	[iːj]	f*ille*
[ɛ]	b*e*c; s*e*pt; angl*ai*s	[ɛːj]	rév*eil*
[ɛː]	angl*ai*se; t*e*rre	[aːj]	p*aille*
[a]	c*a*nne; p*a*pa	[œːj]	faut*euil*
[ɑː]	t*a*rd; cour*a*ge	[j]	cah*i*er; *y*eux
[ɑ]	p*a*s; *â*gé	[w]	*ou*i
[ɑː]	t*a*sse	[p]	*p*art
[ɔ]	br*o*sse	[b]	*b*alai
[ɔː]	f*o*rt	[f]	*f*arine; *f*erme
[o]	d*o*s; f*au*sse	[v]	*v*ent; *v*ue
[u]	t*ou*t; g*ou*tte	[t]	*t*arte
[uː]	c*ou*r; p*ou*le	[d]	*d*ormir
[y]	cr*u*	[m]	*m*idi
[yː]	m*û*r	[n]	*n*ord
[ɥ]	l*u*i	[l]	*l*ait
[ø]	*eu*x; f*eu*	[r]	*r*ideau
[øː]	nombr*eu*se	[ʃ]	*ch*acun; dé*ch*irer
[œ]	*œu*f; m*eu*ble	[ʒ]	man*g*er
[œː]	fl*eu*r; b*eu*rre	[k]	*q*ui
[ə]	c*e*	[g]	*g*arde
[ɛ̃]	v*in*; f*aim*	[ɲ]	monta*gn*e; si*gn*e
[ɛ̃ː]	m*in*ce	[s]	*s*ki; *s*ot
[ɑ̃]	bl*an*c	[z]	deu*x*ième
[ɑ̃ː]	*en*cre; l*an*gue	[ks]	a*cc*ident; ex*pr*ès
[ɔ̃]	s*on*	[gz]	e*x*amen; e*x*act

French verbs

1. First conjugation. **Aimer,** to love

INDICATIVE

PRESENT		IMPERFECT		PAST TENSE		FUTURE	
J'	aime	J'	aimais	J'	aimai	J'	aimerai
Tu	aimes	Tu	aimais	Tu	aimas	Tu	aimeras
Il	aime	Il	aimait	Il	aima	Il	aimera
Nous	aimons	Nous	aimions	Nous	aimâmes	Nous	aimerons
Vous	aimez	Vous	aimiez	Vous	aimâtes	Vous	aimerez
Ils	aiment	Ils	aimaient	Ils	aimèrent	Ils	aimeront

CONDITIONAL

PRESENT

J'	aimerais
Tu	aimerais
Il	aimerait
Nous	aimerions
Vous	aimeriez
Ils	aimeraient

IMPERATIVE

Aime. Aimons. Aimez

PARTICIPE

PRESENT	PAST
Aimant	Aimé, ée, és, ées

2. Second conjugation. **Finir,** to end

INDICATIVE

PRESENT		IMPERFECT		PAST TENSE		FUTURE	
Je	finis	Je	finissais	Je	finis	Je	finirai
Tu	finis	Tu	finissais	Tu	finis	Tu	finiras
Il	finit	Il	finissait	Il	finit	Il	finira
Nous	finissons	Nous	finissions	Nous	finîmes	Nous	finirons
Vous	finissez	Vous	finissiez	Vous	finîtes	Vous	finirez
Ils	finissent	Ils	finissaient	Ils	finirent	Ils	finiront

CONDITIONAL

PRESENT

Je	finirais
Tu	finirais
Il	finirait
Nous	finirions
Vous	finiriez
Ils	finiraient

IMPERATIVE

Finis. Finissons. Finissez

PARTICIPE

PRESENT	PAST
Finissant	Fini, ie, is, ies

3. Third conjugation. **Recevoir,** to receive

INDICATIVE

PRESENT		IMPERFECT		PAST TENSE		FUTURE	
Je	reçois	Je	recevais	Je	reçus	Je	recevrai
Tu	reçois	Tu	recevais	Tu	reçus	Tu	recevras
Il	reçoit	Il	recevait	Il	reçut	Il	recevra
Nous	recevons	Nous	recevions	Nous	reçûmes	Nous	recevrons
Vous	recevez	Vous	receviez	Vous	reçûtes	Vous	recevrez
Ils	reçoivent	Ils	recevaient	Ils	reçurent	Ils	recevront

CONDITIONAL

PRESENT

Je	recevrais
Tu	recevrais
Il	recevrait
Nous	recevrions
Vous	recevriez
Ils	recevraient

IMPERATIVE

Reçois. Recevons. Recevez

PARTICIPE

PRESENT	PAST
Recevant	Reçu, ue, us, ues

4. Fourth conjugation. **Rompre,** to break

INDICATIVE

PRESENT		IMPERFECT		PAST TENSE		FUTURE	
Je	romps	Je	rompais	Je	rompis	Je	romprai
Tu	romps	Tu	rompais	Tu	rompis	Tu	rompras
Il	rompt	Il	rompait	Il	rompit	Il	rompra
Nous	rompons	Nous	rompions	Nous	rompîmes	Nous	romprons
Vous	rompez	Vous	rompiez	Vous	rompîtes	Vous	romprez
Ils	rompent	Ils	rompaient	Ils	rompirent	Ils	rompront

CONDITIONAL

PRESENT

Je	romprais
Tu	romprais
Il	romprait
Nous	romprions
Vous	rompriez
Ils	rompraient

IMPERATIVE

Romps. Rompons. Rompez

PARTICIPE

PRESENT	PAST
Rompant	Rompu, ue, us, ues

5. Espérer. — *Ind. pr.* : j'espère, nous espérons — *Imp.* : j'espérais, nous espérions — *Fut.* : j'espérerai, nous espérerons — *Impér.* : espère, espérons, espérez — *Part. pr.* : espérant — *Part. p.* : espéré.

6. Commencer. — *Ind. pr.* : je commence, nous commençons — *Imp.* : je commençais, nous commencions — *Fut.* : je commencerai, nous commencerons — *Impér.* : commence, commençons, commencez — *Part. pr.* : commençant — *Part. p.* : commencé.

7. Manger. — *Ind. pr.* : je mange, nous mangeons — *Imp.* : je mangeais, nous mangions — *Fut.* : je mangerai, nous mangerons — *Impér.* : mange, mangeons, mangez — *Part. pr.* : mangeant — *Part. p.* : mangé.

8. Appeler. — *Ind. pr.* : j'appelle, nous appelons — *Imp.* : j'appelais, nous appelions — *Fut.* : j'appellerai, nous appellerons — *Impér.* : appelle, appelons, appelez — *Part. pr.* : appelant — *Part. p.* : appelé.

9. Appuyer. — *Ind. pr.* : j'appuie, nous appuyons — *Imp.* : j'appuyais, nous appuyions — *Fut.* : j'appuierai, nous appuierons — *Impér.* : appuie, appuyons, appuyez — *Part. pr.* : appuyant — *Part. p.* : appuyé.

10. Essayer. — *Ind. pr.* : j'essaie, nous essayons — *Imp.* : j'essayais, nous essayions — *Fut.* : j'essaierai, nous essaierons — *Impér.* : essaie, essayons, essayez — *Part. pr.* : essayant — *Part. p.* : essayé.

11. Aller. — *Ind. pr.* : je vais, tu vas, il va, nous allons, vous allez, ils vont — *Imp.* : j'allais, nous allions — *Fut.* : j'irai, nous irons — *Impér.* : va (vas-y), allons, allez — *Part. pr.* : allant — *Part. p.* : allé.

12. S'asseoir. — *Ind. pr.* : je m'assieds, tu t'assieds, il s'assied, nous nous asseyons, vous vous asseyez, ils s'asseyent. — *Imp.* : je m'asseyais, nous nous asseyions — *Fut.* : je m'assiérai, nous nous assiérons — *Impér.* : assieds-toi, asseyons-nous, asseyez-vous — *Part. pr.* : s'asseyant — *Part. p.* : assis.

13. Atteindre. — *Ind. pr.* : j'atteins, nous atteignons — *Imp.* : j'atteignais, nous atteignions — *Fut.* : j'atteindrai, nous atteindrons — *Impér.* : atteins, atteignons, atteignez — *Part. pr.* : atteignant — *Part. p.* : atteint.

14. Avoir. — *Ind. pr.* : j'ai, tu as, il a, nous avons, vous avez, ils ont — *Imp.* : j'avais, nous avions — *Fut.* : j'aurai, nous aurons — *Impér.* : aie, ayons, ayez — *Part. pr.* : ayant — *Part. p.* : eu.

15. Battre. — *Ind. pr.* : je bats, nous battons — *Imp.* : je battais, nous battions — *Fut.* : je battrai, nous battrons — *Impér.* : bats, battons, battez — *Part. pr.* : battant — *Part. p.* : battu.

16. Boire. — *Ind. pr.* : je bois, nous buvons — *Imp.* : je buvais, nous buvions — *Fut.* : je boirai, nous boirons — *Impér.* : bois, buvons, buvez — *Part. pr.* : buvant — *Part. p.* : bu.

17. Bouillir. — *Ind. pr.* : je bous, nous bouillons — *Imp.* : je bouillais, nous bouillions — *Fut.* : je bouillirai, nous bouillirons — *Impér.* : bous, bouillons, bouillez — *Part. pr.* : bouillant — *Part. p.* : bouilli.

18. Conduire. — *Ind. pr.* : je conduis, nous conduisons — *Imp.* : je conduisais, nous conduisions — *Fut.* : je conduirai, nous conduirons — *Impér.* : conduis, conduisons, conduisez — *Part. pr.* : conduisant — *Part. p.* : conduit.

19. Paraître. — *Ind. pr.* : je parais, nous paraissons — *Imp.* : je paraissais, nous paraissions — *Fut.* : je paraîtrai, nous paraîtrons — *Impér.* : parais, paraissons, paraissez — *Part. pr.* : paraissant — *Part. p.* : paru.

20. Coudre. — *Ind. pr.* : je couds, nous cousons — *Imp.* : je cousais, nous cousions — *Fut.* : je coudrai, nous coudrons — *Impér.* : couds, cousons, cousez — *Part. pr.* : cousant — *Part. p.* : cousu.

21. Courir. — *Ind.* : je cours, nous courons — *Imp.* : je courais, nous courions — *Fut.* : je courrai, nous courrons — *Impér.* : cours, courons, courez — *Part. pr.* : courant — *Part. p.* : couru.

22. Croire. — *Ind. pr.* : je crois, nous croyons — *Imp.* : je croyais, nous croyions — *Fut.* : je croirai, nous croirons — *Impér.* : crois, croyons, croyez — *Part. pr.* : croyant — *Part. p.* : cru.

23. Cueillir. — *Ind. pr.* : je cueille, nous cueillons — *Imp.* : je cueillais, nous cueillions — *Fut.* : je cueillerai, nous cueillerons — *Impér.* : cueille, cueillons, cueillez — *Part. pr.* : cueillant — *Part. p.* : cueilli.

24. Devoir. — *Ind. pr.* : je dois, nous devons — *Imp.* : je devais, nous devions — *Fut.* : je devrai, nous devrons — *Part. pr.* : devant — *Part. p.* : dû, due, dus, dues.

25. Dire. — *Ind. pr.* : je dis, nous disons, vous dites, ils disent — *Imp.* : je disais, nous disions — *Fut.* : je dirai, nous dirons — *Impér.* : dis, disons, dites — *Part. pr.* : disant — *Part. p.* : dit.

26. Dormir. — *Ind. pr.* : je dors, nous dormons — *Imp.* : je dormais, nous dormions — *Fut.* : je dormirai, nous dormirons — *Impér.* : dors, dormons, dormez — *Part. pr.* : dormant — *Part. p.* : dormi.

27. Écrire. — *Ind. pr.* : j'écris, nous écrivons — *Imp.* : j'écrivais, nous écrivions — *Fut.* : j'écrirai, nous écrirons — *Impér.* : écris, écrivons, écrivez — *Part. pr.* : écrivant — *Part. p.* : écrit.

28. Envoyer. — *Ind. pr.* : j'envoie, nous envoyons — *Imp.* : j'envoyais, nous envoyions — *Fut.* : j'enverrai, nous enverrons — *Impér.* : envoie, envoyons, envoyez — *Part. pr.* : envoyant — *Part. p.* : envoyé.

29. Être. — *Ind. pr.* : je suis, tu es, il est, nous sommes, vous êtes, ils sont — *Imp.* : j'étais, nous étions — *Fut.* : je serai, nous serons — *Impér.* : sois, soyons, soyez — *Part. pr.* : étant — *Part. p.* : été (invar.).

30. Faire. — *Ind. pr.* : je fais, nous faisons, vous faites, ils font — *Imp.* : je faisais, nous faisions — *Fut.* : je ferai, nous ferons — *Impér.* : fais, faisons, faites — *Part. pr.* : faisant — *Part. p.* : fait.

31. Falloir. — (Only used in the third person.) *Ind. pr.* : il faut — *Imp.* : il fallait — *Fut.* : il faudra — *Part. p.* : fallu.

32. Frire. — (Only used in the following tenses.) *Ind. pr.* : je fris, tu fris, il frit — *Fut.* : je frirai, nous frirons — (The verb **faire** is used with **frire** to supply the persons and tenses that are wanting: as *nous faisons frire*.) — *Part. p.* : frit.

33. Lire. — *Ind. pr.* : je lis, nous lisons — *Imp.* : je lisais, nous lisions — *Fut.* : je lirai, nous lirons — *Impér.* : lis, lisons, lisez — *Part. pr.* : lisant — *Part. p.* : lu.

34. Sentir. — *Ind. pr.* : je sens, nous sentons — *Imp.* : je sentais, nous sentions — *Fut.* : je sentirai, nous sentirons — *Impér.* : sens, sentons, sentez — *Part. pr.* : sentant — *Part. p.* : senti.

35. Mettre. — *Ind. pr.* : je mets, nous mettons — *Imp.* : je mettais, nous mettions — *Fut.* : je mettrai, nous mettrons — *Impér.* : mets, mettons, mettez — *Part. pr.* : mettant — *Part. p.* : mis.

36. Mourir. — *Ind. pr.* : je meurs, nous mourons — *Imp.* : je mourais, nous mourions — *Fut.* : je mourrai, nous mourrons — *Impér.* : meurs, mourons, mourez — *Part. pr.* : mourant — *Part. p.* : mort.

37. Naître. — *Ind. pr. :* je nais, nous naissons — *Imp. :* je naissais, nous naissions — *Fut. :* je naîtrai, nous naîtrons — *Impér. :* nais, naissons, naissez — *Part. pr. :* naissant — *Part. p. :* né (the auxiliary is **être**).

38. Ouvrir. *Ind. pr. :* j'ouvre, nous ouvrons — *Imp. :* j'ouvrais, nous ouvrions — *Fut. :* j'ouvrirai, nous ouvrirons — *Impér. :* ouvre, ouvrons, ouvrez — *Part. pr. :* ouvrant — *Part. p. :* ouvert.

39. Plaire. — *Ind. pr. :* je plais, nous plaisons — *Imp. :* je plaisais, nous plaisions — *Fut. :* je plairai, nous plairons — *Impér. :* plais, plaisons, plaisez — *Part. pr. :* plaisant — *Part. p. :* plu.

40. Pleuvoir. — (Only used in the third person sing.) *Ind. pr. :* il pleut — *Imp. :* il pleuvait — *Fut. :* il pleuvra — *Part. pr. :* pleuvant — *Part. p. :* plu.

41. Pouvoir. — *Ind. pr. :* je peux (*ou* puis), nous pouvons, ils peuvent — *Imp. :* je pouvais, nous pouvions — *Fut. :* je pourrai, nous pourrons — *Part. pr. :* pouvant — *Part. p. :* pu.

42. Prendre. — *Ind. pr. :* je prends, nous prenons — *Imp. :* je prenais, nous prenions — *Fut. :* je prendrai, nous prendrons — *Impér. :* prends, prenons, prenez — *Part. pr. :* prenant — *Part. p. :* pris.

43. Rire. — *Ind. pr. :* je ris, nous rions — *Imp. :* je riais, nous riions — *Fut. :* je rirai, nous rirons — *Impér. :* ris, rions, riez — *Part. pr. :* riant — *Part. p. :* ri.

44. Savoir. — *Ind. pr. :* je sais, nous savons — *Imp. :* je savais, nous savions — *Fut. :* je saurai, nous saurons — *Impér. :* sache, sachons, sachez — *Part. pr. :* sachant — *Part. p. :* su.

45. Servir. — *Ind. pr. :* je sers, nous servons — *Imp. :* je servais, nous servions — *Fut. :* je servirai, nous servirons — *Impér. :* sers, servons, servez — *Part. pr. :* servant — *Part. p. :* servi.

46. Suivre. — *Ind. pr. :* je suis, nous suivons — *Imp. :* je suivais, nous suivions — *Fut. :* je suivrai, nous suivrons — *Impér. :* suis, suivons, suivez — *Part. pr. :* suivant — *Part. p. :* suivi.

47. Tenir. — *Ind. pr. :* je tiens, nous tenons — *Imp. :* je tenais, nous tenions — *Fut. :* je tiendrai, nous tiendrons — *Impér. :* tiens, tenons, tenez — *Part. pr. :* tenant — *Part. p. :* tenu.

48. Valoir. — *Ind. pr. :* je vaux, nous valons — *Imp. :* je valais, nous valions — *Fut. :* je vaudrai, nous vaudrons — *Part. pr. :* valant — *Part. p. :* valu.

49. Vivre. — *Ind. pr. :* je vis, nous vivons — *Imp. :* je vivais, nous vivions — *Fut. :* je vivrai, nous vivrons — *Impér. :* vis, vivons, vivez — *Part. pr. :* vivant — *Part. p. :* vécu.

50. Voir. — *Ind. pr. :* je vois, nous voyons — *Imp. :* je voyais, nous voyions — *Fut. :* je verrai, nous verrons — *Impér. :* vois, voyons, voyez — *Part. pr. :* voyant — *Part. p. :* vu.

51. Vouloir. — *Ind. pr. :* je veux, nous voulons — *Imp. :* je voulais, nous voulions — *Fut. :* je voudrai, nous voudrons — *Impér. :* veuille, veuillons, veuillez — *Part. pr. :* voulant — *Part. p. :* voulu.

Verbes anglais dits " irréguliers "

Cette liste comporte les verbes les plus usuels. Les trois formes présentées successivement sont : l'INFINITIF, le PRÉTÉRIT, le PARTICIPE PASSÉ.

1. to **awake**	s'éveiller	awoke	awaked		54. to **lend**	prêter	lent	lent
2. to **be**	être	was, were	been		55. to **let**	laisser	let	let
3. to **beat**	battre	beat	beaten		56. to **lie**	être couché	lay	lain
4. to **become**	devenir	became	become		57. to **light**	allumer	lighted, lit	lighted, lit
5. to **begin**	commencer	began	begun					
6. to **bend**	courber	bent	bent		58. to **lose**	perdre	lost	lost
7. to **bite**	mordre	bit	bitten		59. to **make**	faire	made	made
8. to **blow**	souffler	blew	blown		60. to **mean**	signifier	meant	meant
9. to **break**	briser	broke	broken		61. to **meet**	rencontrer	met	met
10. to **bring**	apporter	brought	brought		62. to **pay**	payer	paid	paid
11. to **build**	construire	built	built		63. to **put**	mettre	put	put
12. to **burn**	brûler	burnt (U.S. burned)	burnt (U.S. burned)		64. to **read**	lire	read	read
					65. to **ride**	chevaucher	rode	ridden
13. to **burst**	éclater	burst	burst		66. to **ring**	sonner	rang	rung
14. to **buy**	acheter	bought	bought		67. to **rise**	se lever	rose	risen
15. to **catch**	attraper	caught	caught		68. to **run**	courir	ran	run
16. to **choose**	choisir	chose	chosen		69. to **saw**	scier	sawed	sawn, sawed
17. to **come**	venir	came	come					
18. to **cost**	coûter	cost	cost		70. to **say**	dire	said	said
19. to **cut**	couper	cut	cut		71. to **see**	voir	saw	seen
20. to **dig**	creuser	dug	dug		72. to **sell**	vendre	sold	sold
21. to **do**	faire	did	done		73. to **send**	envoyer	sent	sent
22. to **draw**	tirer	drew	drawn		74. to **shake**	secouer	shook	shaken
23. to **dream**	rêver	dreamed, dreamt	dreamed, dreamt		75. to **shine**	briller	shone	shone
					76. to **shoot**	tirer	shot	shot
24. to **drink**	boire	drank	drunk		77. to **show**	montrer	showed	shown
25. to **drive**	conduire	drove	driven		78. to **shut**	fermer	shut	shut
26. to **eat**	manger	ate	eaten		79. to **sing**	chanter	sang	sung
27. to **fall**	tomber	fell	fallen		80. to **sit**	être assis	sat	sat
28. to **feel**	sentir	felt	felt		81. to **sleep**	dormir	slept	slept
29. to **fight**	combattre	fought	fought		82. to **slide**	glisser	slid	slid, slidden
30. to **find**	trouver	found	found					
31. to **fly**	voler	flew	flown		83. to **smell**	sentir	smelt (U.S. smelled)	smelt (U.S. smelled)
32. to **forbid**	interdire	forbade	forbidden					
33. to **forget**	oublier	forgot	forgotten					
34. to **forgive**	pardonner	forgave	forgiven		84. to **speak**	parler	spoke	spoken
35. to **freeze**	geler	froze	frozen		85. to **spend**	dépenser	spent	spent
36. to **get**	obtenir	got	got (U.S. gotten)		86. to **stand**	se tenir debout	stood	stood
					87. to **stay**	séjourner	staid (U.S. stayed)	staid (U.S. stayed)
37. to **give**	donner	gave	given					
38. to **go**	aller	went	gone		88. to **steal**	voler; dérober	stole	stolen
39. to **grow**	croître	grew	grown		89. to **stick**	coller	stuck	stuck
40. to **hang**	suspendre	hung, hanged	hung, hanged		90. to **sting**	piquer	stung	stung
					91. to **strike**	frapper	struck	struck, stricken
41. to **have**	avoir	had	had					
42. to **hear**	entendre	heard	heard		92. to **sweep**	balayer	swept	swept
43. to **hide**	cacher	hid	hidden, hid		93. to **swim**	nager	swam	swum
					94. to **take**	prendre	took	taken
44. to **hold**	tenir	held	held		95. to **teach**	enseigner	taught	taught
45. to **hurt**	blesser	hurt	hurt		96. to **tear**	déchirer	tore	torn
46. to **keep**	garder	kept	kept		97. to **tell**	dire	told	told
47. to **know**	connaître	knew	known		98. to **think**	penser	thought	thought
48. to **lay**	poser	laid	laid		99. to **throw**	lancer	threw	thrown
49. to **lead**	conduire	led	led		100. to **understand**	comprendre	understood	understood
50. to **lean**	se pencher	leant, leaned	leant, leaned		101. to **undo**	défaire	undid	undone
					102. to **wear**	porter; user	wore	worn
51. to **leap**	bondir	leapt	leapt		103. to **weep**	pleurer	wept	wept
52. to **learn**	apprendre	learnt	learnt, learned		104. to **win**	gagner	won	won
					105. to **wring**	tordre	wrung	wrung
53. to **leave**	laisser	left	left		106. to **write**	écrire	wrote	written

VI

Tableaux de vocabulaire

Vocabulary tables

Principales formes contractées

can't	cannot	it's	it is
couldn't	could not	I've	I have
didn't	did not	let's	let us
doesn't	does not	shan't	shall not
don't	do not	that's	that is
hadn't	had not	there's	there is
hasn't	has not	wasn't	was not
haven't	have not	we'll	we shall
he'll	he will	what's	what is
I'd	I had	who's	who is
I'll	I shall	won't	will not
I'm	I am	you'll	you will
isn't	is not		

Europe : Europe; *European:* Européen (-enne).
Austria: Autriche; *Austrian:* Autrichien (-ienne). — **Belgium:** Belgique; *Belgian:* Belge. — **Bulgaria:** Bulgarie; *Bulgarian:* Bulgare. — **Czechoslovakia:** Tchécoslovaquie; *Czechoslovak:* Tchécoslovaque. — **Denmark:** Danemark; *Dane:* Danois, e. — **Finland:** Finlande; *Finn:* Finlandais, e. — **Germany:** Allemagne; *German:* Allemand, e. — **Great Britain:** Grande-Bretagne. — **Greece:** Grèce; *Greek:* Grec (-que). — **Holland:** Hollande; *Dutchman (-woman):* Hollandais, e. — **Ireland:** Irlande; *Irishman (-woman):* Irlandais, e. — **Italy:** Italie; *Italian:* Italien (-ienne). — **Norway:** Norvège; *Norwegian:* Norvégien (-ienne).— **Poland:** Pologne; *Pole:* Polonais, e. — **Portugal:** Portugal; *Portuguese:* Portuguais, e. — **Romania:** Roumanie, *Romanian* Roumain, e. — **Russia:** Russie; *Russian:* Russe. — **Spain:** Espagne; *Spaniard:* Espagnol, e. — **Sweden:** Suède; *Swede:* Suédois, e. — **Switzerland:** Suisse; *Swiss:* Suisse (-esse). — **Turkey:** Turquie ; *Turk:* Turc, Turque. — **Yugoslavia:** Yougoslavie; *Yugoslav:* Yougoslave.

America: Amérique; *American:* Américain, e.
Argentina: Argentine; *Argentine:* Argentin, e. — **Brazil:** Brésil; *Brazilian:* Brésilien (-ienne). — **Canada:** Canada; *Canadian:* Canadien (-ienne). — **Chile:** Chili; *Chilean:* Chilien (-ienne). — **Greenland:** Groenland; *Greenlander:* Groenlandais, e. — **Mexico:** Mexique; *Mexican:* Mexicain, e. — **Peru:** Pérou; *Peruvian:* Péruvien (-ienne). — **United States of America :** États-Unis d'Amérique.

Asia: Asie; *Asiatic:* Asiatique.
Arabia: Arabie; *Arab:* Arabe. — **Australia:** Australie; *Australian:* Australien (-ienne). — **China:** Chine; *Chinese:* Chinois, e. — **India:** Inde; *Indian:* Indien (-ienne). — **Iran:** Iran; *Iranian:* Iranien (-ienne). — **Japan:** Japon; *Japanese:* Japonais, e. — **Oceania:** Océanie.

Africa: Afrique; *African:* Africain, e.
Algeria: Algérie; *Algerian:* Algérien (-ienne). — **Congo:** Congo; *Congo(l)ese:* Congolais, e. — **Egypt:** Égypte; *Egyptian:* Égyptien (-ienne). — **Ethiopia:** Éthiopie; *Ethiopian:* Éthiopien (-ienne). — **Morocco:** Maroc; *Moroccan:* Marocain, e. — **Rhodesia:** Rhodésie; *Rhodesian:* Rhodésien (-ienne). — **Sudan:** Soudan; *Sudanese:* Soudanais, e. — **Tunisia:** Tunisie; *Tunisian:* Tunisien (-ienne).

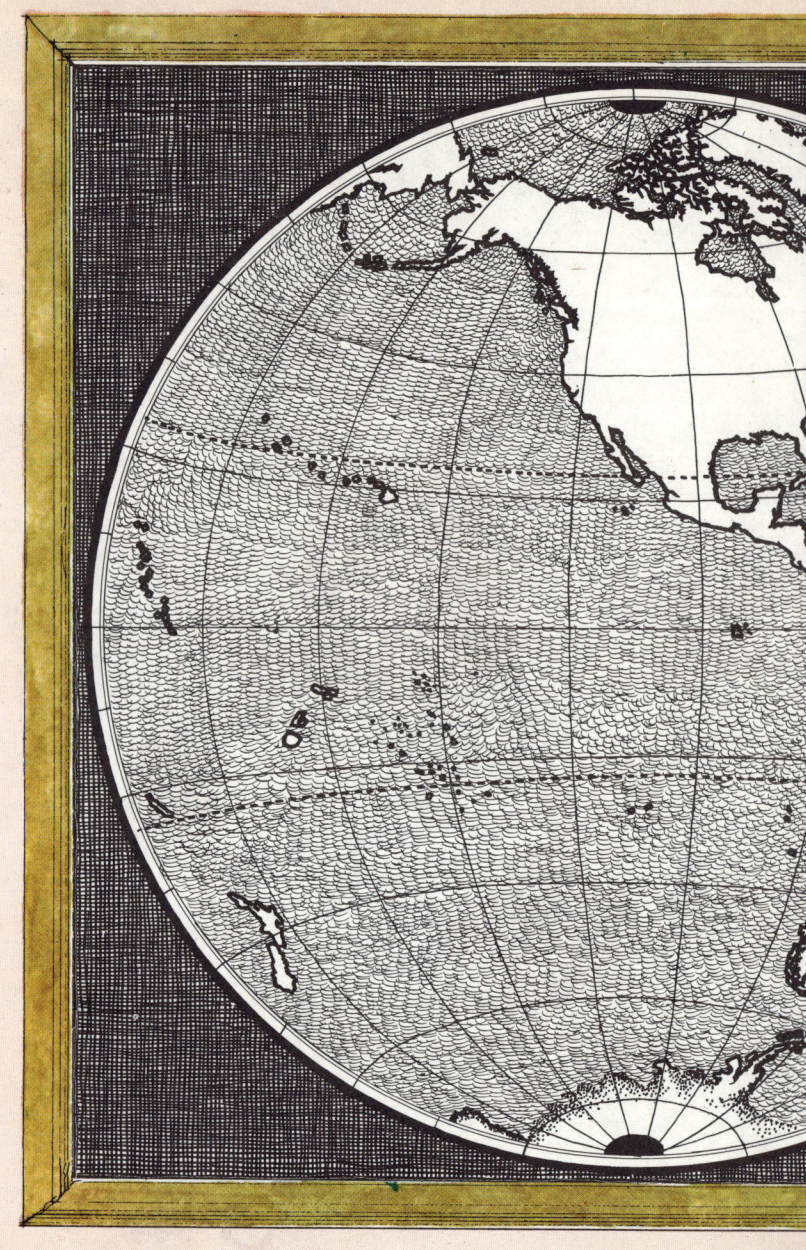

First published 1973
Second impression 1975
Published by The Hamlyn Publishing Group Limited
London · New York · Sydney · Toronto
Astronaut House, Feltham, Middlesex, England
© Copyright Librairie Larousse, Paris 1969
© Copyright this edition The Hamlyn Publishing Group Limited 1973
ISBN 0 600 35484 9
Printed by: Litografía A. Romero, S. A.
Tenerife (Spain). D. L. 1.306 - 1973